No limiar do desconhecido

FUNDAÇÃO EDITORA DA UNESP

Presidente do Conselho Curador
Herman Jacobus Cornelis Voorwald

Diretor-Presidente
José Castilho Marques Neto

Editor Executivo
Jézio Hernani Bomfim Gutierre

Conselho Editorial Acadêmico
Alberto Tsuyoshi Ikeda
Áureo Busetto
Célia Aparecida Ferreira Tolentino
Eda Maria Góes
Elisabete Maniglia
Elisabeth Criscuolo Urbinati
Ildeberto Muniz de Almeida
Maria de Lourdes Ortiz Gandini Baldan
Nilson Ghirardello
Vicente Pleitez

Editores Assistentes
Anderson Nobara
Fabiana Mioto
Jorge Pereira Filho

WAGNER CINTRA

No limiar do desconhecido
Reflexões acerca do objeto no teatro de Tadeusz Kantor

© 2012 Editora UNESP

Direitos de publicação reservados à:

Fundação Editora da UNESP (FEU)

Praça da Sé, 108
01001-900 – São Paulo – SP
Tel.: (0xx11) 3242-7171
Fax: (0xx11) 3242-7172
www.editoraunesp.com.br
feu@editora.unesp.br

CIP – Brasil. Catalogação na fonte
Sindicato Nacional dos Editores de Livros, RJ

C521L

Cintra, Wagner
   No limiar do desconhecido: reflexões acerca do objeto no teatro de Tadeusz Kantor / Wagner Francisco Araujo Cintra. São Paulo: Editora Unesp, 2012.

   Inclui bibliografia
   ISBN 978-85-393-0383-0

   1. Kantor, Tadeusz, 1915-1990 – Crítica e interpretação 2. Teatro experimental – Polônia. 3. Teatro – Polônia. I. Título.

12-9346
CDD: 792.09438
CDU: 792(438)

Este livro é publicado pelo projeto Edição de Textos de Docentes e Pós-Graduados da UNESP – Pró-Reitoria de Pós-Graduação da UNESP (PROPG) / Fundação Editora da UNESP (FEU)

Editora afiliada:

Asociación de Editoriales Universitarias
de América Latina y el Caribe

Associação Brasileira de
Editoras Universitárias

À Ana Amaria Amaral, a quem muito admiro, orgulhando-me sempre por todos os anos de orientação a mim dedicados.

Aos meus pais Nair e Francisco.

Aos meus irmãos e sobrinhos

Especialmente à Luciana Lima Batista, amor e companheira dos últimos anos.

*Agradeço à administração da
Cricoteka (Cracóvia, Polônia);
Anna Halcsak; Berenice Raulino;
Małgorzata Paluch-Cybulska
(Cricoteka Archives);
Valner Cintra; Valdir Medeiros.*

Sumário

Introdução   11

1   Considerações sobre a imagem
e a forma no teatro de Tadeusz Kantor   19

2   Os objetos e a poesia da morte
no teatro de Tadeusz Kantor   69

3   A especificidade do tempo, da morte e
do objeto-imagem na poética kantoriana   173

4   A realidade relativa: o jogo entre
realidade e ilusão, espaço e memória   197

5   Ilações acerca da variabilidade
do real dentro da realidade variável   233

Referências bibliográficas   257

Introdução

Para o teatro atual, torna-se cada vez mais difícil encontrar um assunto que tenha relevância por sua originalidade. No entanto, o universo artístico de Tadeusz Kantor é ainda hoje um vasto campo de investigação e, mesmo que muito já se tenha dito ao seu respeito e sobre seu trabalho, ainda é muito pouco diante da potência criadora do seu teatro. As possibilidades de jogo entre os homens, objetos e bonecos são elementos de singular importância, pois abrem as portas para outro universo situado em um nível de espaço/tempo distinto da lógica cotidiana. Um mundo desconhecido no qual as leis da lógica formal não podem ser aplicadas.

O teatro de Tadeusz Kantor é uma forma de *Gesamtkunstwerk,* uma obra de arte total, e nem sempre é fácil alcançar os verdadeiros desígnios que inspiraram o seu trabalho. Nele, encontram-se variadas formas de expressão artística, dentre as quais o confronto entre o humano e o inanimado. Em uma leitura superficial, sobressai a impressão de um interesse obsessivo pela morte, pelos manequins e objetos – impressão de que o humano pouco importa. Isso não é verdadeiro. Kantor não é obcecado pela morte, ele apenas manipula os seus signos em função da criação artística. Entretanto, o ser humano deve ter a consciência da sua condição de efemeridade, degradação e finitude, pois, no final, o inanimado persevera e ao homem restará apenas a arte como realização de eternidade, porque, para ele, arte é sinônimo de eternidade. A arte e o homem são as suas maiores motivações.

A arte de Tadeusz Kantor é um universo em eterna expansão, rico em conteúdo e em realizações de imprescindíveis importâncias para o teatro no século XX e para a própria história do teatro universal. Um dos aspectos mais significativos desse universo polissêmico, que se distende a todo instante, refere-se à importância atribuída ao objeto.

Em se tratando do objeto, na linguagem, coexistem frequentemente dois termos que se sobrepõem a uma mesma realidade: de um lado aquela de "acessório"; do outro, de "objeto teatral". No plano lexical, o termo "acessório" (empregado como adjetivo) é antônimo de essencial, ou seja: é dado a ele um aspecto secundário. É sem dúvida a razão pela qual, em um momento dado, à ordem de uma mudança de perspectiva na arte do espetáculo, como comentam Gourgaud e Verdeil, se efetuou a passagem de uma palavra à outra. Não é de maneira fortuita que especialistas como Anne Ubersfeld (1978) e Georges Banu (1998, p.1196) falam de objeto teatral: "hoje o objeto faz parte do projeto global da representação".

Até o início do século XX, o objeto no teatro sempre ocupou o lugar de acessório, um elemento a mais da decoração. Sempre foi usado como um complemento, um instrumento para ajudar o ator a compor a personagem. No entanto, em Kantor, como parte de tendências que reinterpretavam o objeto na arte, entre as quais o Construtivismo, o Surrealismo e o Dadaísmo, o objeto passou a ocupar um lugar de destaque. Em seu teatro, o objeto é valorizado no sentido de se criar a tensão, tensão que está presente entre os diversos elementos da cena. O ator não possui mais o privilégio de concentrar a atenção e de catalisar a emoção. O elemento humano é um dos componentes do jogo teatral e a emoção surge das infinitas possibilidades de arranjo dos elementos que compõem o espetáculo.

Tudo aquilo que está materialmente presente na cena, mesmo que colocado ao acaso, torna-se significante somente por sua presença no universo cênico e, consequentemente, possibilita a leitura de algum significado, significado que está contido em um universo recomposto pelo trabalho artístico da cena. Tudo o que é figurável em cena e manipulável pelos atores, constata Ubersfeld (ibidem, p.109), é objeto. *A priori*, a presença do objeto em cena escapa a toda isenção e se supõe a plena consciência de uso. Imediatamente se pode ver a sua função mais evidente que é uma função utilitária. Com Tadeusz Kantor, devido à importância dada ao objeto teatral, verifica-se a ocorrência de uma mutação, relativa não mais à sua presença, mas ao seu emprego como "essencial" no desenvolvimento do espetáculo.

O objeto torna-se um elemento ativo da narrativa kantoriana e por meio dele é possível adentrar um universo enigmático e distinto da realidade prosaica da vida cotidiana. O objeto no teatro de Kantor possibilita a entrada naquilo que neste momento nomearei "outra dimensão espaço/temporal" constituindo, assim, as relações poéticas de uma arte que é resultante de um conjunto de procedimentos que resultam de uma análise introspectiva que o artista exercia sobre o seu próprio trabalho. Kantor é consciente de que o processo ou o comportamento do artista é um modo autônomo e completo de estar na realidade e apreendê-la; assim, a sua arte configura-se como um investimento em todas as dimensões do ser, assumindo como campo próprio o universo na sua totalidade.

Kantor dá significativa importância ao objeto. Ele não o utiliza somente como um instrumento de jogo. Ele o agarra, anexa-o, despoja-o de seus atributos estéticos ou formais, imediatamente utilitários. Ele o priva de suas funções habitualmente reconhecidas para atribuir-lhe um novo peso e uma nova existência. Embora o objeto continue a existir e a exibir a sua natureza mesma, as relações imediatas entre os significantes e os significados são destruídas em função da reconstrução de um novo conteúdo, ou seja: o objeto não ilustra mais o conteúdo. Ele é o próprio conteúdo.

De acordo com a sua convicção, os objetos mais pobres, desprovidos de quaisquer prestígios, são capazes de revelar suas qualidades de objetos em uma obra de arte. A existência desses objetos, utilizados à imagem do homem, mas sem nenhuma humanidade, é uma manifestação desse lado tenebroso, noturno, revoltado e cruel do ser humano. Nesta atitude sacrílega e nos sortilégios do pecado, observam-se os traços da morte transformados em princípio de conhecimento. O teatro de Tadeusz Kantor é algo como um mundo de mortos que revivem as suas lembranças. De uma maneira geral, essas lembranças estão associadas ao objeto que é o elo que permite a criação de uma relação entre o passado, o presente e o futuro. Fazer o objeto intervir no jogo é dar-lhe uma importância idêntica àquela atribuída ao humano, esse condenado ao desaparecimento rápido. Essa importância dada ao objeto, quase em detrimento do homem, não é sem razão. Dentro da lógica e do universo de Tadeusz Kantor, assinala alhures Mira Rychlika:[1] "nós mesmos não somos dominados pelos objetos que nos rodeiam?" (Skiba-Lickel, 1991, p.75).

A relação entre o ator e o objeto é o elemento mais importante no Teatro Cricot 2. Nesta relação não existe o elemento principal. Kantor continuamente fala sobre o respeito pelo objeto. Não se podia considerar o objeto como um acessório de teatro, mas sim como um objeto preso à vida corrente. Uma cadeira era sempre uma cadeira, uma cruz sempre uma cruz. Kantor constantemente criticava a maneira de os atores tratarem os objetos; ele frequentemente repetia, como provocação, que os objetos eram mais importantes do que eles. Assim comenta Luigi Arpine, ator, que trabalhou com Kantor nos anos 1980:

> ele pegava certos materiais e os transformava nos bio-objetos. A primeira vez que eu representei com os bio-objetos, em *Wielopole Wielopole*, ele nos fez prestar atenção nos manequins,[2] porque eles eram mais fortes, mais dotados, que eles possuíam mais talentos que nós. (apud ibidem, p.112)

Com tal procedimento, ele reforçava no elenco a modéstia, graça com a qual o ator é mais bem percebido pelo público.

Kantor exigia que o ator tivesse com o objeto um contato real e não mecânico. Este processo já acontecia durante o período dos *happenings* realizados nos anos 1960. Para ele, os movimentos do *happening* são os movimentos característicos da vida. Quando repetidos, os movimentos

---

1 Atriz que trabalhou com Kantor por cerca de trinta anos.

2 O manequim como manifestação da realidade mais trivial; como um processo de transcendência, um objeto vazio, um artifício, uma mensagem de morte, um modelo para o ator (Kantor, 1977, p.220).

ocorrem em outro sentido, eles deixam a realidade da vida e passam para realidade da arte, pois são privados da prática da vida: Kantor era excepcional em seu culto do objeto. Ele conseguia provocar situações que levavam o ator a se estender verdadeiramente por meio dele, e que articuladas no jogo cênico, constituíam-se nos elementos fundamentais da construção do espetáculo. Seus espetáculos organizavam-se na fusão de elementos diferentes que possuíam o mesmo valor; ele trabalhava no mesmo sentido que o artista plástico, que objetiva destinar a sua obra para a eternidade. No entanto, o drama do teatro é que ele não se conserva, é uma arte efêmera condenada a desaparecer, daí a necessidade de Kantor de fazer do seu teatro uma experiência em que desaparecessem as fronteiras entre a arte e a vida.

Explicar o problema do objeto no teatro de Tadeusz Kantor, suas diferenças em relação ao teatro tradicional e sua importância para o teatro contemporâneo não é uma missão fácil. Entretanto, há o desejo de compreensão de certas questões levantadas pelo artista polonês, e que muito repercutiram e ainda repercutem no pensamento teatral e que se tornaram temas polêmicos e que, por muito tempo, ainda serão responsáveis por acirrados debates no mundo do teatro, entre as quais a questão do confronto do ator com o objeto.

Desde a fundação do Cricot 2, gradualmente os objetos se multiplicaram a tal ponto que Kantor foi obrigado, em seu último espetáculo, *Hoje é meu aniversário*, a abandonar projetos de construir outros. Ele sempre foi obcecado pelos objetos: cada vez mais numerosos e inusitados, eles dominaram o espaço cênico tornando-se indissociáveis dos atores que os manipulavam como uma prótese.

No desenvolvimento do teatro de Kantor, existe um processo de transformação do papel ou da função do objeto que é de significativa importância na evolução do seu trabalho e até mesmo para o teatro, de uma maneira geral. No entanto, pouco ainda se sabe sobre o sentido da natureza e do surgimento dessa ocorrência em seu teatro. Dessa forma, esse trabalho constitui-se como um meio para uma revisitação aos objetos dos espetáculos a partir de *O retorno de Ulisses*, procurando vislumbrar um caminho para um melhor entendimento desde as primeiras manifestações, abordando o tema no intento de verificar

16 WAGNER CINTRA

como os objetos, reais ou inventados, se postulam cenicamente, desde a abstração intelectual até a sua concretização cênica como objeto de arte, em função das transformações no curso de sua evolução na história do teatro de Kantor.

O objeto no teatro de Tadeusz Kantor sempre foi tratado pelos principais pensadores do seu teatro (dentre eles Denis Bablet, Brunella Eruli, Guy Scarpetta) como mais um elemento articulado dentro de um teatro total. A situação do objeto na arte, sobretudo no teatro de Tadeusz Kantor, suas significações e suas funções merecem, acredito, um estudo mais aprofundado.

Para Kantor, a criação artística necessita de enfrentamentos e riscos para que seja possível engajar-se em um processo de descobertas constantes. Por esse caminho, o problema do objeto torna-se um desafio no conhecimento da sua gênese e, mais ainda, na direção do entendimento do teatro em um processo de criação no qual o objeto se torna ator. E no mesmo processo, o ator torna-se objeto. Assim, um dos fatos assumidos por Tadeusz Kantor é permanecerem seus atores eles mesmos: são os chamados *ready-men*,[3] e sobre isso muito já se falou em diversas publicações. Entretanto, Kantor nunca explicou, de fato, o sentido do objeto em seu teatro. A meu ver, toda a problemática da sua obra está aí: se os atores e os objetos permanecem na cena como eles mesmos, ou seja, como "objetos prontos", não metamorfoseiam a especificidade da sua natureza, como são capazes de produzir essa "realidade outra" e distinta da lógica da realidade cotidiana?

Para responder a essa questão, inicialmente será preciso falar um pouco das transformações da forma no teatro de Kantor e de como o objeto é o maior responsável pela construção das imagens dos espetáculos e da relação do seu teatro com a pintura, assim como de alguns dos principais elementos que influenciaram a sua arte, como o Construtivismo, a Bauhaus, o Dadaísmo, e o Surrealismo, além das influências mais conhecidas, Marcel Duchamps, Meyerhold, Bruno

---

3 *Ready-men* é o processo de criação em que os atores não representam, isto é, são no teatro exatamente como são na vida. É uma reinterpretação dos *ready-mades* de Marcel Duchamp.

Schuls, Witkiewicz, que foram de fundamental importância para a construção da sua poética. Na sequência, o objeto no teatro de Tadeusz Kantor será apresentado em seu aspecto histórico no curso do desenvolvimento da ideia do objeto nas diferentes etapas de criação do Cricot 2.

Para tanto, selecionei vinte objetos[4] que acredito serem, dentre tantos, aqueles que poderão nos dar uma visão geral e objetiva sobre os objetos nas diferentes fases de criação de Tadeusz Kantor e do Cricot 2 e de como esses objetos estão necessariamente ligados à existência de outro estado de realidade na qual os espetáculos de Tadeusz Kantor se realizam, constituindo-se assim como os responsáveis pela entrada e pela criação desse universo paralelo. O teatro de Kantor constituir-se--á como um processo de deslocamento do real no interior da própria realidade, ou seja: uma realidade que se configura a partir da realidade evidenciando a relatividade dessa mesma realidade.

---

4 Eventualmente, no desenvolvimento, outros objetos serão citados a título de ilustração ou complemento da argumentação. Todas as imagens reproduzidas neste livro pertencem ao acervo pessoal do autor.

1
CONSIDERAÇÕES SOBRE A IMAGEM E A FORMA NO TEATRO DE TADEUSZ KANTOR

Todo o trabalho de Tadeusz Kantor foi sempre uma reflexão cruzada entre a arte e a realidade que se fundamenta, desde o início, no desejo de destruir e de reconstruir a forma a partir da matéria bruta, liberar o objeto de sua função prática e fazer obra de arte com os dejetos da realidade, com a realidade abandonada e esquecida nas lixeiras. Sua arte situa-se, então, entre a eternidade e as latas de lixo, no sentido de a arte tender à eternidade – e somente a arte pode ser eterna – e por meio dela o ser humano realizar o desejo da eternidade. Assim, Kantor busca fazer arte com aquilo que não tem mais utilidade para a vida prática e a lixeira torna-se o signo maior da degradação da matéria, fazendo eco ao conceito de "realidade degradada"[1] expresso na obra de Bruno Schulz.

---

1 Para Bruno Schulz não existe a matéria morta. O estado de morte é apenas uma aparência. Desse pensamento, Schulz cria uma nova noção para a criação artística: a esfera da realidade degradada. E seguindo o mesmo princípio, Kantor desenvolve a ideia da "realidade de classe mais baixa". Em Schulz encontramos a personificação da matéria morta por meio dos manequins que devem ser utilizados na arte como um processo de uma segunda gênese. Em Kantor isso se transforma em um objeto que prende o papel principal, ainda que se torne igual ao da personagem humana, torna-se o elemento do seu corpo para se transformar em seu parceiro. A vida secreta da matéria morta que preocupa Schulz, Kantor a direciona para os objetos que se tornam parceiros do ator, para as máquinas que tomam posse desse. E o manequim tornar-se-á o modelo do ator no teatro de Tadeusz Kantor. O

20 WAGNER CINTRA

Aos poucos, alguns elementos constituirão um grande vocabulário cênico que se tornará recorrente em toda a sua obra.

Com o início das atividades do Teatro Cricot 2, ele desenvolve um processo criativo único, próprio, extremamente subjetivo, mas totalmente amparado em uma realidade vivida e experimentada. Não se trata de um trabalho apenas autobiográfico, não, é algo que, a partir das suas lembranças, ele traça: traça suas contas com o martírio histórico do povo polonês, com a religião católica e o antissemitismo, com a família e com o exército, dentre outros. A partir dessas lembranças, em geral representadas com pouco ou nenhum afeto, seus espetáculos são espécies de via-crúcis, um caminho tanto doloroso quanto blasfematório. De certa maneira, "Kantor criou o arquétipo da sua própria *commedia dell'art* de uma peça a outra" (Brunella apud Corvin, 1988, p.914).

Os personagens de Kantor superpõem-se, revivem situações em um universo marcado pelo desespero, pela incapacidade de ação da consciência individual frente ao esmagador e brutal movimento coletivo dos governos e das próprias instituições artísticas (que não são menos agressivas e totalitárias) associadas ao desespero da guerra e à bestialidade humana da ação dos nazistas nos campos de concentração. Neste cenário de horror, degradação, impotência e morte, surge uma veia cômica, quase burlesca, que transpassa o terror e a humilhação humana, criando um clima de ironia marcado pelos diálogos e pelo gestual frequentemente cômico e grotesco dos atores. Diante deste espetáculo orquestrado na fronteira entre a vida e a morte, a matéria viva e a inanimada, a qual nos remete novamente a Bruno Schulz, e que "nunca havia aparecido na arte antes dele com tanta força de humor e ironia" (ibidem, p.913), inscreve-se uma reflexão sobre o teatro na qual, em uma civilização de consumo, Kantor propõe uma obra de arte desprovida de todo valor e de toda significação, portanto impossível de ser consumida.

---

manequim carrega em si o duplo sentido: a imagem de um homem e de um objeto, e dessa maneira Kantor realiza não somente o sonho de Schulz, mas, em parte, os ideais de Kleist, Maeterlinck e Craig: criar o homem pela segunda vez conforme a imagem de um manequim semelhante a ele. Schulz personifica a matéria morta, ao passo que Kantor dá aos vivos os traços dessa matéria. Os atores fundem-se com a imagem dos manequins e a vida se constrói conforme a imagem da morte.

Apesar da dimensão coletiva da produção teatral, para Kantor o teatro é algo de solitário da mesma maneira que solitária é toda arte pictórica. É evidente que em seu trabalho existem os atores; entretanto, por sua formação como artista plástico, ele cria uma obra com o mesmo grau de autonomia que um trabalho pictórico possui. Ele falava muito sobre a arte em geral, sobre os caminhos abertos pelas vanguardas do início do século XX, e daquilo que ficou para os movimentos posteriores. A evolução das artes plásticas muito o preocupava: "ele tinha a necessidade de não se deixar adoecer em um só território do teatro" (Scarpetta, 2000, p.67).

A arte do século XX configura-se e desenvolve-se pelo choque de diferentes domínios artísticos, no qual suas funções e suas formas constantemente se entrecruzam e se distanciam, se provocam e se contaminam. O teatro de Tadeusz Kantor está situado, conforme comenta Guy Scarpetta, em uma "zona de desafio", um lugar de concorrência e interação entre duas artes: o teatro e a pintura, um processo criativo no qual ele "teatraliza a sua pintura e picturaliza o seu teatro" (ibidem, p.138), daí a sua força de invenção.

Após o final da guerra, e a consequente ocupação da Polônia pelo Exército Vermelho, iniciando o período stalinista, ele se dedica ao trabalho de cenógrafo e concebe um novo espaço – o espaço nu ou espaço mental[2] – e realiza cenografias de inspiração construtivista, o que o inspirará em algumas das suas encenações, a partir de 1955, com a formação do Teatro Cricot 2.[3]

---

2 Basicamente trata-se de um espaço que não é psiquicamente construído. De uma maneira geral, o cenário arquitetônico era substituído por elementos soltos pelo espaço, como grandes manequins, como objetos diversos. Não existindo o espaço arquitetural, subsistindo apenas o espaço vazio, os objetos que se encontravam no espaço eram tratados como "buracos" na vida arquitetural. Por um lado, essa concepção do espaço, segundo ele, permitia aos atores agirem e se deslocarem pela cena sem depararem com os obstáculos da arquitetura. Por outro lado, as correspondências que se estabeleciam entre os atores e os objetos faziam com que os atores se movessem conforme as ideias e não em relação à arquitetura.

3 Aquilo que é normalmente chamado de a "grande obra de Tadeusz Kantor" tem seu início em 1955, com a fundação do Teatro Cricot 2.

Para Kantor, o teatro é uma criação demiúrgica e o espetáculo é uma obra de arte. Assim, não é possível pensar o seu teatro somente no domínio da encenação. Desta forma, faz-se necessária a reflexão sobre alguns contextos da arte do século XX, como o Construtivismo, o Abstracionismo, o Dadaísmo e o Surrealismo, e como estes dialogaram com o teatro de Kantor.

Construtivismo: o amanhecer do teatro contemporâneo

O nascimento do Construtivismo é tradicionalmente situado em 1915 com os primeiros contrarrelevos de Tatlin, colagens não figurativas de materiais diversos (madeira, metal, vidro etc.). Desde o principio, percebe-se o desenvolvimento de duas tendências diferentes: uma orientada na direção de novas pesquisas formais sobre a construção oposta à composição, ou seja, só o trabalho do material e as forças cinéticas; a outra, resolutamente antiartística, definida como "produtivista". A oposição entre essas duas tendências concretiza-se pela publicação, em 1920, do manifesto dos irmãos Pvsner, que se apresentam ao Ocidente como os inventores do Construtivismo artístico. Existe, nesse período, coincidente com a revolução socialista, a adoção de contornos de uma utopia que desejava modificar os comportamentos do "novo homem" que nascia com a revolução. Esta modificação se daria em diversas frentes, tais como o *habitat* e as vestimentas, dentre outras, e também pela organização das possibilidades contidas nos novos organizadores sociais. Na maioria dos casos, o Construtivismo está ligado ao pensamento de esquerda, embora os objetivos políticos do movimento não fossem claramente afirmados. Em seu âmago, como comenta Aaron Scharf (2000a, p.148),

> o construtivismo era acima de tudo a expressão de uma convicção profundamente motivada de que o artista podia contribuir para suprir as necessidades físicas e intelectuais da sociedade como um todo, relacionando-se diretamente com a produção de máquinas, com a engenharia arquitetô-

nica e com os meios gráficos e fotográficos de comunicação. Satisfazer as necessidades materiais, expressar as aspirações, organizar e sistematizar os sentimentos do proletariado revolucionário – eis o objetivo: não a arte política, mas a socialização da arte.

De certa maneira, nenhuma outra arte esteve tão ligada à ideologia marxista e aos movimentos revolucionários como o Construtivismo. Antes dele, os artistas, pelo menos aqueles que tinham aproximações com o pensamento de esquerda, eram por muitas vezes motivados não somente por aspirações sociais e políticas, mas também por aquelas que eram estritamente formais. Apesar dos desmentidos, "o Construtivismo era de fato vermelho" (ibidem).

Com relação ao teatro, o Construtivismo surge do desejo de um grupo de artistas plásticos de fazer da cena um lugar de experimentação, desejo que remonta a alguns encenadores como Meyerhold, que queria abrir o teatro para as novas formas plásticas redefinindo o *status* social da representação. Durante alguns anos, essa vontade comum resultou em verdadeiros projetos utópicos, espetáculos nos quais artistas plásticos, homens de teatro e teóricos diversos buscavam criar sobre a cena um "laboratório da vida futura". Neste dispositivo a biomecânica[4] tem um lugar central, sendo ela, como comenta Camila Gray (2004, p.138), a aplicação das ideias construtivistas no teatro. Este método acelerado de formação focalizado por Meyerhold submete os atores a um princípio de organização racional do trabalho, procurando obter, com o mínimo de tempo e de atividade, o máximo rendimento. Para tanto é preciso suprimir todos os movimentos inúteis. Esta percepção, tipicamente taylorista, buscava ainda a formação de um homem hábil e esportivo, cujos movimentos precisos e sem hesitações serviriam de modelo de trabalho-prazer ao público.

---

4 Método de treinamento do ator baseado na execução instantânea de tarefas "que lhe são ditadas de fora pelo autor, pelo encenador [...] Na medida em que a tarefa do ator consiste na realização de um objetivo específico, seus meios de expressão devem ser econômicos para garantir a precisão do movimento que facilitará a realização mais rápida possível do objetivo" (Pavis, 2001, p.33).

A primeira vez que se falou em construtivismo teatral foi em 1922 com a montagem de *O cornudo magnífico*, dirigido por Meyerhold. Para esta encenação, Livbov Popova consagra uma fórmula que rejeita a ideia de decoração cenográfica: "a máquina para representar". Tratava--se de uma estrutura de madeira leve, em vários níveis, recoberta de negro e vermelho, e integrava um tobogã das portas e dos elementos cinéticos sob a forma de rodas que evocavam um moinho.[5] Todas as situações da peça se traduzem em saltos, quedas, perseguições nas quais a referência ao circo está sempre presente. Em outros espetáculos foram introduzidos objetos técnicos autênticos como um caminhão, e motocicletas em movimento se avizinhavam com telefones e máquinas de escrever, além do uso de telas nas quais imagens eram projetadas. Popova, construtora desses espaços cênicos, buscava constante e insistentemente uma relação mais radical com o real. Por esse caminho, a encenação de *Máscara de gás* (texto de Tetryakov), dirigida por Eisenstein em 1924, é representada em uma verdadeira usina a gás em Moscou. No entanto, "a utopia construtivista é irremediavelmente negada pela ficção teatral" (Hamon-Siréjols, 1992), tornando-se o Construtivismo, antes de tudo, a ocupação dos artistas plásticos:

> A teoria do Construtivismo não era só uma estética, mas uma filosofia de vida. Afetou não só o ambiente do homem, mas o próprio homem. O homem, este seria o rei deste mundo novo, mas um rei robô, uma entidade mecânica. Essa utopia vislumbrava um mundo no qual a arte não era mais um mundo de sonhos para o qual o trabalhador se retirava a fim de relaxar e recuperar seu equilíbrio, mas tornou-se a própria substância da sua vida. (Gray, 2004, p.138)

Entretanto, é fora da Rússia que o Construtivismo se une ao teatro. É na Bauhaus, no período entre guerras, que se opera a junção efetiva do Construtivismo com as pesquisas teatrais por meio de procedimentos originais que revelam um espírito construtivo em sentido amplo.

---

5 Outros cenógrafos construíram estruturas semelhantes. Vesnine em 1923 construiu uma máquina de representar abstrata na qual integrava dois elevadores.

No início de *Lições de Milão*, Kantor (1990, p.16) dedica-se a alguns comentários sobre a Bauhaus: "A abstração, no sentido mais radical, foi um fenômeno raro no teatro. Ela foi plenamente realizada na Bauhaus, no teatro de Oscar Schlemmer".

Segundo ele, são os elementos da abstração e suas potencialidades:

o quadrado, o triângulo, o círculo, o cubo, o cone, a esfera, a linha reta, o ponto, as concepções do espaço, as tensões, os movimentos são os elementos do drama.

Elementos estes possíveis de serem traduzidos em categorias filosóficas, humanas, psicológicas.

Cada um deles tem a sua essência, a sua irrevogabilidade e sua finalidade.

A linha infinita, o círculo contínuo, o ponto solitário, se pode com esses, assim como com todas as peripécias da vida, conflitos e catástrofes, criar um drama também interessante, tal qual uma tragédia grega.

A criação abstrata nasce, desenvolve-se, conquista o mundo, reina. (ibidem, p.16-7)

Em seus experimentos, Oscar Schlemmer, com o uso dos figurinos, dá ao corpo dos atores a aparência de uma estrutura forte pelo arranjo de formas simples, as formas básicas da geometria. Nascia assim, no teatro pelo menos, o conceito da figura de arte por oposição à simples figura humana. Assim como as vanguardas do seu tempo, ele desejava livrar os homens do caos da vida e da tragédia cotidiana. Schlemmer, confrontando o corpo com o espaço, por meio da elementaridade do ponto, da linha e da superfície, do espaço e de suas leis, das posições do corpo lançado nesse espaço, faz com que um simples mover de dedos torne-se uma admirável aventura cênica. O ator, transfigurado pela abstração, confronta-se com as leis determinadas pelo novo espaço no percurso da geometria abstrata configurada em seus gestos que se misturam aos volumes do cenário. Nesse processo simbiótico, o homem não é mais o artista. Ele torna-se a própria obra de arte.

Oscar Schlemmer fez diversas experimentações no teatro. Criou estudos e códigos de movimentos e buscou realizar novas linguagens.

Ele se preocupou com os gestos dos atores e os significados de cada movimento. Cada elemento colocado em cena era metodicamente pensado e correspondia às necessidades visuais alicerçadas no desejo de compartilhar um sentimento espiritual com o espectador por meio de vivências poéticas abstratas. A emoção dinamiza-se ao se aliar às leis da geometria e da matemática. Ele utiliza a simplicidade de figuras como o círculo, a linha, o cubo. Esse é, inegavelmente, um momento original na história do teatro.

Tadeusz Kantor, a exemplo de Oscar Schlemmer, também realizou estudos sobre a abstração. Em 1985, por ocasião de um curso realizado em Milão, Itália, na Escola Municipal de Arte Dramática, Kantor faz uma exposição sobre abstração no teatro:

(Em cena encontram-se duas personagens, uma branca e outra negra)

A personagem branca marcha traçando um CÍRCULO.
O negro vai e vem traçando uma LINHA RETA.
No encontro da cena e na direção do fundo, ao lado do círculo.
Os personagens não executam nenhuma atividade prática da vida.
Eles não tratam de motivos psicológicos ou emocionais.
Eles pertencem, pois, a uma composição abstrata.
Estas atividades repetem-se e podem não ter fim.
Desta maneira, elas afirmam e se definem sempre mais fortes.
A repetição obriga à reflexão, à interpretação dramática.

Estudo: "o círculo e a linha reta".

Um personagem faz um círculo. O outro faz qualquer coisa de contrário em oposição ao CÍRCULO: A LINHA.

Quando a linha reta se aproxima do círculo, o drama se intensifica.

Quando ela o ultrapassa e se afasta: o perigo desaparece pouco a pouco.

A repetição nos sugere o pensamento do infinito, o pensamento de nossa vida em relação ao infinito, da iminência de QUALQUER COISA de passagem e do desaparecimento. (ibidem, p.21)

É evidente o caráter antinaturalista tanto em Kantor quanto em Schlemmer. Não há, evidentemente, nenhuma relação com o desenvolvimento de qualquer fator emocional ou psicológico. As forças que atuam no espetáculo, abstraídas da natureza e evocadas pela abstração, são capazes de revelar conteúdos muito mais profundos.

A propósito do Naturalismo, Kantor dizia que é algo de artificial e ridículo, e mesmo as formas abstratas, quando aplicadas à construção de objetos, são falsas e não passam de estilização. Para ele as formas abstratas puras existem por si mesmas, criam a sua própria existência, ou seja: uma existência concreta. A abstração e a cena possuem uma ligação intrínseca, ao passo que o Naturalismo, ao estimular a contemplação, constitui um obstáculo para a percepção da verdadeira obra de arte. Isso se dá pelo fato de as formas concretas atuarem de uma maneira muito mais imediata no mecanismo de compreensão humana e de, na sua superficialidade, a percepção humana responder mais rapidamente à objetividade das formas naturalistas. Entretanto, as formas abstratas não nos lembram de nada e por isso agem diretamente no nosso subconsciente. Isso quer dizer que o espectador as experimenta, em vez de distingui-las e analisá-las objetivamente. É por esta razão que, conforme as palavras de Tadeusz Kantor (1977, p.38), "as formas abstratas são capazes de exprimir estados psíquicos". Tais formas apresentam-se e se organizam das maneiras mais inesperadas e inusitadas e esperam o momento exato para ganhar exterioridade: "Neste sistema, o objeto e o homem atraem sobre si toda a atenção" (ibidem).

Para Kantor, a imagem abstrata (a cena) não é um ornamento. É um mundo fechado, dinâmico, repleto de tensões e energias; um universo próprio que existe por si mesmo cuja esfera das formas abstratas penetra no subconsciente. Esta estrutura apresenta, sem dúvida, uma estrutura metafísica semelhante àquela de algumas tendências da Bauhaus. O próprio Oscar Schlemmer definia seu teatro como metafísico, ao passo que Kantor repudiava esta ideia, apesar de admitir a existência de misticismo na abstração:

\Alguém entre os ouvintes colocou esta questão.
Eu respondo: sim, existe misticismo na abstração.
Na abstração autêntica.
O "Quadrado negro sobre fundo branco" de Malevich é um mundo.
O "fundo" branco é igualmente uma realidade.
Dois elementos formam a unidade.
Dois iguais a um!
O quadrado em Malevich é uma realidade. Ele é o objeto.
Seus imitadores não eram mais que estetas.
Este quadrado real existe como conceito em geometria.
Na linguagem religiosa este quadrado é DEUS.
Por meio deste quadrado, nós podemos hoje, formular uma definição paradoxal: não existe diferença entre a abstração e o objeto.
E isto é uma UNIDADE MÍSTICA.
A ABSTRAÇÃO é talvez o conceito do OBJETO em um outro mundo, e cuja arte nos dá a intuição. (idem, 1990, p.23)

Em *Lições de Milão*, Kantor fala sobre o espetáculo *O retorno de Ulisses*, de 1944. Este trabalho marca o momento em que a abstração na Polônia cede lugar à realidade e só voltaria para lá nos anos 1950, e é por meio da arte informal, que acontece no período de 1955 a 1964, que Kantor faz sua incursão pelos caminhos das formas geométricas ou abstratas. É clara a existência de um fator que é determinante para esta ocorrência na obra de Tadeusz Kantor e da própria arte polonesa em geral. É uma maneira de a arte transcender a dolorosa experiência de duas guerras mundiais e da bestial época do genocídio nos campos de concentração. Qual o sentido da arte após Auschwitz?[6]

ANO DE 1944. CRACÓVIA. TEATRO CLANDESTINO. O RETORNO DE ULISSES DE STALINGRADO.
A abstração existiu na Polônia até a explosão da guerra (isto não significa um fenômeno tardio).

---

6 Nos primeiros anos após o término da Segunda Guerra Mundial, em um pronunciamento, o filósofo alemão Theodor Adorno dirá que "fazer poesia após Auschwitz é imoral". Diante da reação que se desenvolveu, ele reformula a afirmativa transformando-a em pergunta: "como fazer poesia após Auschwitz?".

Na época do genocídio bestial, ela desapareceu. Isto se produzia sempre em tais circunstâncias.

A crueldade que veiculava esta guerra era demais estranha a esta ideia purista.
A realidade era mais forte.
Toda idealização torna-se igualmente impotente,
a obra de arte, a estetizante reprodução tornaram-se impotentes.
O furor do homem encurralado pelo monstro humano excluiu A ARTE.
Nós tínhamos força somente para agarrar
AQUILO QUE ESTAVA SOB A MÃO, O "OBJETO REAL",
e proclamá-lo como obra de arte!
No entanto era:
um objeto miserável, POBRE, incapaz de servir na vida, bom para ser jogados às sujeiras. Liberto de sua função vital, protetora,
nu, desinteressado, artístico!
Apelando à piedade e à EMOÇÃO!
Este era um objeto completamente diferente do outro.
Uma roda lamacenta de carroça.
Um pedaço de madeira podre.
Um andaime de pedreiro borrado de cal.
Um horrível alto-falante urrando comunicados de guerra...
sem voz...
Uma cadeira de cozinha... (idem, 1990, p.18)

Kantor define a abstração como a ausência do objeto, e é nesta falta que reside, a seu ver, todo drama de abstração, que é também a ausência da figura humana. No teatro, existem formações que são espontâneas e que mesmo se não estiverem presentes não quer dizer que desapareceram. O ato de carregar um objeto não significa a derrocada da abstração. Não, ela continua existindo em germe, esperando as condições propícias para germinar. Em *O retorno de Ulisses*, a abstração é substituída pelo objeto real – isto porque diante da miséria, do genocídio e da degradação humana, a realidade era muito mais forte do que qualquer forma criada pela imaginação. Em face dessa realidade degradante e degradada pelos horrores da guerra, Kantor apropria-se dos objetos da realidade iminente a fim de explorar o seu potencial como objeto artístico em um meio no qual fosse possível estabelecer outras funções com outros elementos colocados no espaço. Em se tratando de *O retorno de Ulisses*, o objeto era um objeto pobre, miserável, incapaz de ter qualquer utilidade para a vida prática. Tratava-se de um objeto destinado ao lugar reservado para a sujeira e no qual a inutilidade da matéria se define como forma: as latas de lixo. O espetáculo, que aconteceu fora do lugar destinado às produções oficiais, ou seja, o teatro, desenvolvia-se em meio aos escombros de edifícios bombardeados pelo exército alemão. Nesse espaço marcado pela realidade do dejeto, da podridão e da morte, um outro objeto aparece e é por Kantor despido e liberto de sua função real, objetiva, para ganhar um novo *status* na representação:

> Surge um objeto ARRANCADO DA REALIDADE DA VIDA, SUBTRAÍDA A SUA FUNÇÃO VITAL, QUE MASCARAVA A SUA ESSÊNCIA, SUA OBJETIVIDADE.
> Isto acontecia em 1916.
> Marcel Duchamps fez isto.
> Ele o despiu de todo o sentido estético.
> Ele o chamou de "OBJETO PRONTO".
> O objeto puro.
> Se poderia dizer: ABSTRATO!
> A abstração agia assim "subterraneamente". (ibidem)

O cenário do espetáculo era composto por uma roda lamacenta, um andaime de pedreiro borrado de cal e uma cadeira de cozinha, dentre outros, cuja realidade era marcada pelos eventos mais impactantes da guerra e, segundo Wiesaw Boroski (apud Kobialka, s. d., p.14),

> esta realidade não funciona como uma estratégia artística, mas sim como uma indução tática, que permitirá ao artista ser surpreendido, acidentalmente ou de forma inesperada, pela esfera desconhecida e ignorada da realidade que intervém na arte.

Apesar do retorno do objeto, a abstração ainda se encontrava no teatro de maneira subsumida ao objeto real; este, liberto de sua função vital, torna-se esvaziado de significação e revela a existência em si mesmo, não necessitando sua existência de qualquer justificativa. Por este caminho, a imagem humana também é abstraída da sua significação. O ator, esvaziado da noção de imitação, integra-se plenamente aos demais elementos do espetáculo: "A figura inclinada de um soldado com um capacete, usando um sobretudo surrado (de soldado alemão) em pé contra a parede, neste dia, seis de junho de 1944, ele se torna parte da sala" (Kobialka, 1993, p.272).

Figura 1 – Reprodução do cenário de *O retorno de Ulisses*.

Neste espetáculo, a dimensão do drama de Stanislaw Wyspianski é fundida por Kantor aos aspectos da vida contemporânea. Este retorno, conforme assinala Kantor, não se opera na dimensão da ilusão, mas na própria realidade. A ação desenvolve-se no meio de objetos reais e em um espaço real. Ulisses é um homem real. Ulisses recusa-se determinantemente a ser uma imagem, uma representação.

Figura 2 – *O retorno de Ulisses*, de Tadeusz Kantor: desenho de cena.

Este homem real carrega sobre os ombros um manto, andrajo com o qual se veste. Não se sabe ao certo quem é e o que é. Aparenta ser uma massa disforme, literalmente irregular, não se sabe efetivamente o que é esta coisa. Movimenta-se, mistura-se e se liga aos demais objetos da cena. Em um dado momento, mostra seu rosto humano e, como já foi dito anteriormente, as formas abstratas que são capazes de exprimir estados psíquicos, evocam a abstração e seus sistemas que estão inevitavelmente soldados à cena, e "os sentidos do espectador, visão e audição, se concentrarão intensivamente e a esfera das formas abstratas penetrará no seu subconsciente" (Kantor, 1977, p.38). Ao revelar-se esta forma incompreensível, e porque não dizer abstrata, diz: "eu sou Ulisses, eu volto de Troia" (ibidem, p.34).

Nesse momento a dimensão histórica do mito funde-se à realidade da vida. No entanto, Ulisses não é a imagem ou o reflexo do herói grego. Não, Ulisses é um homem atual,[7] comporta-se como um homem atual, e sua Troia, todos sabem tratar-se ela de Stalingrado. Assim, o drama

---

7 Lembrando que essa é a atualidade da Europa dos anos 1940.

em cena não se passa diante dos olhos do espectador, mas torna-se um contínuo devir no qual o desenvolvimento dos acontecimentos é espontâneo e imprevisível.

A Segunda Guerra Mundial modificou o desenvolvimento de uma vanguarda na arte polonesa. Nesse período de transformação, com a descoberta da realidade, Kantor faz uma série de reflexões sobre a arte e suas convenções que se estende até 1963. *O retorno de Ulisses* foi de fundamental importância para a elaboração de alguns dos seus principais conceitos, sobretudo o espaço, noção que será desenvolvida oportunamente. Mas voltando à questão da abstração, após esvaziar o objeto da sua natureza prática, livrando--o da ditadura da utilidade e da sua promoção a objeto de arte, esta atitude constitui-se como um ato demiúrgico e, como já foi dito, a criação artística para Kantor é demiúrgica e cada acontecimento em cena ocorre como se fosse feito pela primeira vez. Ao utilizar-se de uma cadeira quebrada, destinada ao lixo por sua falta de utilidade, esse ato de sentar torna-se um ato único, primordial e em meio aos escombros, a arte e o teatro escrevem um novo capítulo do gênesis. Uma nova fase da criação, criação puramente humana – original, genuína, sem intervenção divina. Uma criação associada à realidade da vida que se utiliza dos dejetos da vida.

> Pela primeira vez na história, o objeto aparece liberto de sua função vital. Ele torna-se vazio.
>
> Ele não se justificava mais pelas circunstâncias estranhas, mas por ele mesmo.
>
> Ele revelou a sua existência.
>
> E se uma ação, decorrente de sua função estava a ele ligada, isto era de tal forma que esta ação teve lugar pela primeira vez após a criação do mundo.
>
> Em *O retorno de Ulisses*, Penélope sentava sobre uma cadeira de cozinha, manifestando, mostrando ostensivamente – o estado de estar sentado – como um primeiro ato "humano".
>
> O objeto adquire uma função histórica, filosófica, artística! (idem, 1990, p.19)

A primeira encenação que Kantor realizou foi uma peça romântica, *Balladyna*, de Juliusz Slowacki, espetáculo em que ele transpôs para o palco formas inspiradas pela Bauhaus em uma erupção da forma abstrata na realidade do drama e da cena. Já em *O retorno de Ulisses*, a promoção do objeto real elevado à condição de objeto de arte, o uso da vida real, promove o aparecimento de formas cênicas ilusórias que agiam subliminarmente no processo de desenvolvimento da abstração. Por esse caminho, por paradoxal que seja, ao se voltar para a realidade, e por mais que tenha se empenhado em abstrair toda forma real, Tadeusz Kantor inevitavelmente desperta a ilusão que estava escondida atrás do gesto criador, do pensamento construído, dos atores que são percebidos como signos. Assim, faz-se necessário encontrar meios para afastar a ilusão da cena e encontrar as condições para a edificação de uma obra que não tenha nenhuma causa anterior.

Na encenação de *O casamento*, realizada em Milão em 1986, na primeira parte, que era um exercício sobre o Construtivismo no teatro, Kantor desenvolveu suas noções sobre a abstração com os atores que participaram do estágio. Nos elementos básicos da abstração, apontados por Kantor, ainda se incluem o espaço, a tensão e o movimento que, segundo ele, são noções indispensáveis para o teatro. Entre os estudos teóricos que sustentaram o espetáculo, Kantor desenvolve um metódico estudo sobre a abstração para, em seguida, estabelecer e definir a sua concepção sobre o espaço e as forças que nele atuam, noções que mais adiante merecerão um estudo mais aprofundado, mas que, em relação ao espetáculo, tornaram-se a base para a sua concepção sobre o Construtivismo no teatro.

Segundo Naum Gabo (apud Rickey, 2002), o Construtivismo é o primeiro movimento artístico a aceitar e assumir o espírito da era científica, fazendo dele a base para as suas percepções do mundo exterior e interior à vida da humanidade. O Construtivismo estabeleceu-se como a primeira ideologia do século XX a negar a crença de que apenas a personalidade do indivíduo deveria servir de valor para a criação artística. Essa atitude revolucionária instaura uma nova percepção e um processo de reflexão quanto à finalidade da arte e quais são os desígnios do artista. Existe uma concepção de que o conhecimento que nos é dado pelo sentido não é o suficiente para que tenhamos uma ampla percepção da natureza e da vida. Existem forças muito maiores e profundas que se escondem do *a priori* dos sentidos. Nestas profundezas habitam forças e valores nunca vistos mas que, por vezes, acabam, sem o controle, ganhando forma por algum tipo de imagem ou de sensações capturadas pela razão ou pelas percepções imediatas dos sentimentos da vida cotidiana e da natureza. A ideologia construtivista rejeita esse tipo de percepção, exigindo do artista a mais alta exatidão de meios de expressão de todos os campos da criação humana. Kantor, sem dúvida, era sensível a esta necessidade, não só do desenvolvimento, mas também do conhecimento dos meios de expressão e sua produção.

> É necessário abraçar toda a arte para compreender a essência do teatro. A profissionalização teatral conduz o teatro a sua derrota. Isto é uma opinião particular.
> O teatro não tem pontos de apoio específicos.
> Ele se apoia sobre a literatura, o drama, a arte visual, a música, a dança, a arquitetura.
> Mas tudo isso "caminha" para o teatro, mas não provém dele.
> Tudo isso servirá igualmente ao teatro como matéria.
> Assim, tentaremos descobrir a matéria original, "a UR-MATÉRIA", a PROTOMATÉRIA do teatro, o "ELEMENTO ESPECÍFICO" do teatro.
> Independente! Autônomo!
> Se tivermos êxito, isso será paradoxalmente a consequência do conhecimento de TODA A ARTE contemporânea, de sua ideia, de sua problemática, de seus conflitos. (Kantor, 1990, p.16)

Após o esclarecimento dos pontos fundamentais e necessários para a elaboração da concepção do espetáculo, para a encenação de *O casamento*, é instalada em cena uma "máquina de representar", ideia que remonta aos primeiros construtivistas. Este "aparelho cênico" foi construído com materiais encontrados no depósito do teatro, elementos como uma plataforma e tábuas de madeira, postes e uma roda de bicicleta. Os utensílios utilizados não representavam objetos e não eram cenários. Eram dispositivos que ajudavam os atores a se moverem sobre diferentes níveis favorecendo a ampliação das possibilidades de movimentos, o que não seria possível realizar em uma cena plana. Esta construção está liberada de qualquer tema, de qualquer imagem utilitária, uma construção que se comporta como uma escultura, e em escultura, assim como nas atividades técnicas, qualquer material é bom, valioso e útil, pois cada material específico tem seu próprio valor estético: "em escultura, assim como nas atividades técnicas, o método de trabalho é determinado pelo material" (Gabo apud Rickey, 2002, p.48).

Figura 3 – Projeto de cenário da encenação de *O casamento* na versão construtivista.

Esta "máquina de representar" segue os mesmos princípios de construção das vanguardas construtivistas do início do século XX que tinham como um dos objetivos liberar a arte do mundo representacional. O Construtivismo englobou tanto a pintura quanto a escultura e absorveu muitas das ideias do Suprematismo e não se restringiu ao "construído" a partir de materiais industriais. Também não se limitou à geometria pura, tampouco canonizou o espaço vazio:

O caráter essencial da arte construtivista não se concentrava no estilo, no material ou na técnica, mas sim na imagem. Esta requeria do artista uma alteração radical de ideias que se mantinham há milhares de anos. Agora, a imagem em si mesma era real. Gabo resumiu a questão da seguinte maneira: "[...] não fazemos imagem de [...]". (Rickey, 2002, p.57)

Tadeusz Kantor, seguindo um princípio semelhante, ao se reportar ao texto teatral, dizia a propósito da encenação de uma peça de Stanislaw Ignacy Witkiewicz: "nós não representamos Witkiewicz, nós jogamos com Witkiewicz" (Kantor, 1983, p.39). Aqui, tanto em Gabo quanto em Kantor, existe um completo repúdio ao conceito de mimese.

Originalmente, o Construtivismo não objetivava ser uma forma de arte qualificada como abstrata. Sobre isso comenta Aaron Scharf (2000a, p.148): "o Construtivismo não pretendia ser um estilo abstrato em arte, nem uma arte *per se*". Posteriormente, devido ao insistente uso de figuras geométricas, alguns artistas perceberam, na geometria e na uniformidade das cores puras, a existência de uma organização racional: uma organização que eles queriam impor à sociedade.

O teatro construtivista, no modelo de Kantor, limitar-se-á aos aspectos mais essenciais da construção cênica, incorporará elementos dos jogos populares e o ator será um comediante, um saltimbanco, um homem do circo: "O CIRCO se misturará aos ecos da realidade presente, e aos elementos compatíveis com a natureza dos andaimes" (Kantor, 1990, p.34).

A primeira parte do espetáculo, encenado em Milão, foi intitulada *O casamento* e foi um exercício sobre o Construtivismo; foi a realização de um tema composto por acontecimentos da vida cotidiana. Havia, pois, nesse trabalho, a exemplo de *O retorno de Ulisses*, uma realidade que se conectava com outra. Existiam a realidade do tema e a realidade das ações, além da atmosfera ritual comum a todo casamento. Estes elementos deveriam ser quebrados, destruídos pelas ações em função do lugar e dos objetivos das ações:

> Em consequência, o curso naturalista da atividade vital encontra formas que nas categorias da vida podem parecer bizarras, absurdas, desprovidas de sentido lógico, provocantes, incompreensíveis,

mas nas categorias da arte, elas tornam-se AUTÔNOMAS, não reproduzem nada, nada informam,
e já falamos claramente sobre isto, que a partir de agora é dito, isto que é o original e reconhecido como tal.
FORMAS AUTÔNOMAS, OBRAS AUTÔNOMAS
LIBERTAS, NÃO SUBMISSAS! (ibidem, p.35)

É muito difícil distinguir as experiências teatrais e picturais de Kantor. De certa maneira, sua pintura e seu teatro são partes de uma mesma experiência. Suas primeiras descobertas aconteceram por meio do desenho e da pintura, mas uma arte não vive em função da outra e sim com a outra: "trata-se de fazer o mesmo tipo de descoberta, com o mesmo risco, de se comportar com o mesmo tipo de liberdade" (Scarpetta, 2000, p.32). E Tadeusz Kantor "contribuiu como nenhum outro para liberar a arte da encenação de sua função ilustrativa, para fazer dela um lugar de exploração de territórios desconhecidos, jamais vistos, e que não existem fora deste teatro" (ibidem, p.15).

O seu trabalho define-se então como uma arte liberta e liberada de toda e qualquer preocupação com a imitação. Uma linguagem que, antes de tudo, constitui-se como plástica na qual todos os elementos teatrais são independentes de toda e qualquer função ilustrativa, e nenhum elemento está subordinado a outro. De certa maneira ele realiza o desejo utópico de Antonin Artaud, "de uma arte que não seja o reflexo da vida, mas se situe do mesmo lado, no qual cada espetáculo seja percebido como uma ação real, e não a reprodução de uma ação" (ibidem, p.26).

Para Kantor isso é o desejo de realização de uma obra que não dependa da natureza e que seja totalmente autossuficiente, que exista unicamente por existir. Uma arte que não represente e não seja a imitação de nada.

Kantor (1977, p.31) dizia não possuir cânones estéticos, sendo Meyerhold assumidamente a única influência admitida por ele. No entanto, esta influência configura-se muito mais como inspiração de um movimento artístico revolucionário do que uma influência poético-formal. Por um lado, é claro que as barracas de feira, o circo e a *commedia dell'art* são estruturas comuns aos dois encenadores e, sem dúvida, são alguns dos fundamentos formais da linguagem kantoriana. Por outro lado, aquilo que se tornou em Meyerhold a base do seu trabalho com o ator no universo construtivista distancia--se radicalmente do interesse do encenador polonês, o corpo do ator no teatro.

O *status* do trabalho do ator no teatro de Kantor emana da sua presença real. Neste caso, a representação é levada a um ponto de desenvolvimento em que o jogo do ator contamina o real, ao contrário daquelas das vanguardas construtivistas que desejavam fazer surgir do real o lugar simbólico. São duas maneiras distintas de subverter a representação. Na encenação de *O casamento*, na sua primeira parte, o corpo do ator está associado, necessariamente, a todo o processo da construção e seus objetos. O espaço do jogo é liberado de qualquer frescor ilusionista. Mesmo os bastidores, as passagens para os camarins, que poderiam dar guarida à ilusão, foram suprimidas. A ilusão nesse espetáculo foi insistentemente bloqueada e o processo de bloqueio tornou-se mais importante do que o próprio tema do casamento e os meios de combate assumiram o *status* da forma do espetáculo:

Os atores estarão inicialmente sentados na sala e terminarão sua transformação em personagens do espetáculo.

A coisa se passa na igreja – será preciso preparar esta igreja diante dos olhos do público. Nada a esconder!

Na sala monta-se uma cruz, transformando o jogo dos atores em uma ação prática.

A cruz é montada em cena pelo bispo e pelo sacerdote. Eles procuram um lugar.

O cortejo do casamento forma-se em cena. Sobre o plano inclinado a jovem noiva é empurrada em um carrinho de mão de metal borrado de cal. Isto é feito com crueldade. A situação está em contradição com a realidade da vida.

Interpretação lúdica de uma cerimônia convencional.

No espírito do construtivismo.

A jovem noiva fica atrás, esquecida.

A mãe da jovem chora o tempo todo.

Ela não se separa de sua cadeira, que é uma paródia de construção e prova que o construtivismo no teatro deve se colocar às margens do cômico. A construção é complicada a cada vez que a Mãe, em pranto, quer se sentar, ela se curva e desaba quase como um trejeito de circo CONSTRUTIVISTA. É obvio, a cada vez, a mãe cai por terra e chora. Este choro, no momento da queda, "compromete" o outro choro, aquele que todas as mães derramam no casamento de seus filhos.

A irmã da jovem noiva salta através de um arco cantando ulalala... ulalala...ulalala...

O sacristão puxa uma corda que está no lugar do sino do campanário. Esta corda está esticada sobre uma roda de bicicleta e faz o papel de uma correia de transmissão. Apesar disto, entende-se o som de um sino de igreja.

O Bispo dirige esta cerimônia ambígua. (idem, 1990, p.38)

No jogo de ambiguidades em que o espetáculo é conduzido, é possível observar a relação entre dois mundos distintos, mas complementares: o do teatro e o da vida. É evidente a existência de um discurso de oposição à cena tradicional. Um discurso que confronta a "construção" com a instituição, no sentido de romper com as fronteiras que separam a arte da realidade. Conforme as reflexões de Kantor, o Construtivismo é o responsável pela destruição daquilo que ele considera o estreito mundo da cena tradicional e abriu o caminho para o infinito horizonte da criação humana.

O Construtivismo nasce do espírito da revolução e da fé na transformação de um mundo antigo, sustentado por uma armadura escura, enferrujada e obsoleta, em um mundo novo do qual surgiria um novo homem e, consequentemente, no pleno desenvolvimento da humanidade e fundamentalmente na convicção de que a arte representa um papel capital na construção desse mundo.

O construtivismo exigia a liberação da arte da servidão naturalista da reprodução da vida.

Esta liberação era a condição indispensável para tornar possível a criação de uma obra autônoma, independente, criação situada sobre o mesmo plano hierárquico como a natureza ou Deus.

Obra humana, e não obra da natureza ou obra "divina".
Esta era uma ambição que justificava todos os sacrifícios, aí inclusos aqueles da sua própria vida. (ibidem, p.39)

Na condução da montagem do espetáculo *O casamento*, o ideal dos construtivistas é conduzido e elevado por Kantor à estatura da vida. Isso quer dizer que tudo está de acordo com as normas do cotidiano, mas a junção dos acontecimentos apresenta-se de maneira autônoma que deverá causar perplexidade. O curso dos acontecimentos, que na vida acontece de maneira servil ao pragmatismo da realidade (aqui sustentados pelo Construtivismo e seus ideais), transforma-se em exercício pleno da liberdade – os construtivistas travavam uma luta de morte pela vitória da arte sobre o mundo da vida prática. Há certamente uma necessidade, tanto em Kantor quanto nos construtivistas, de arrancar as máscaras e as amarras do materialismo que envolve o mundo dos homens e das artes. Os meios para tal, e que ascenderiam ao novo e às camadas mais originais da vida, encontravam-se na zombaria, na ironia e na provocação do circo.

Como em *O retorno de Ulisses*, quando as pessoas em *O casamento* ganham a cena e se misturam ao espaço e seus elementos, não é possível saber o que são essas pessoas e o que pretendem. A abstração causa-nos dúvida. Os movimentos cerimoniais causam a impressão de um funeral, percepção que é logo destruída pela entrada da noiva com seu véu branco. Esse é o momento em que os códigos saciam-nos a curiosidade e a ansiedade. No entanto, conforme o próprio Kantor diz, essas duas alternativas reaproximam-se fora da nossa consciência convencional, ou seja: o casamento em alinhamento ao funeral institui uma relação direta entre amor e morte. Existe, nessa situação, um fenômeno que vai além daquilo que é visualmente percebido. O que é visto é desprovido de sentido em si mesmo, o significativo é a sensação, como tal, interligada à estrutura da "máquina de representar". Existe algo no espetáculo que não pode ser tocado, conquistado pela razão, mas apenas intuído, o que me faz pensar em Malevich, para quem o mundo dos sentidos é ilusório, e a realidade encontra-se além. De acordo com o pensamento de Kantor (ibidem, p.42) era preciso, conforme os construtivistas, "arrancar a epiderme e descobrir as camadas profundas da vida".

Não existe nessa encenação uma causa anterior, uma peça que determina o acontecimento das ações e que é o primeiro impulso do comportamento teatral convencional. O drama, caso se faça necessário, nasce durante a criação do espetáculo. Durante esse processo toda a estrutura imitativa é eliminada. Com esse procedimento substitui-se a noção da peça que se deve apresentar por algo essencial: o drama não é mais a razão de ser do teatro, mas a forma. Então, concluindo, neste universo da imagem e da abstração, no sentido construtivista, o drama não nasce meramente da forma. A peça é a própria forma. A forma cria uma realidade que parece ser um estado de suspensão da vida:

> Sem passado, sem causas e sem consequências.
> Tudo vem "DE LUGAR ALGUM" e vai "NA DIREÇÃO DE NENHUM LUGAR"
> OBRA DE ARTE!
> AUTÔNOMA! (ibidem, p.47)

Todo o espetáculo, nessa primeira parte, é estruturado de maneira a enfatizar a necessidade de esclarecimento dos meios formais utilizados pelo Construtivismo. Pouco a pouco, a cerimônia do casamento é transformada em pretexto para introduzir na cena todos os elementos que contribuíram para a criação do teatro contemporâneo. Para ele, foi o Construtivismo que deu origem ao teatro contemporâneo (Halczak, 2000).

Em relação ao ator, a sua grande preocupação nesse trabalho, já que não eram aqueles atores do Teatro Cricot 2, eram os estudantes e os jovens atores recém-formados. Eles não tinham, evidentemente, nenhum treinamento ou domínio da linguagem de Kantor, que se dedicava intensamente a esclarecer aos jovens a necessidade de dar vida, por meio de cada movimento, a todos os elementos presentes na cena, por exemplo, a rampa, cujo movimento devia ser cadenciado, ritmado. O ator deveria incessantemente adaptar o seu jogo à forma do objeto, nesse caso, a construção que foi erguida na cena. O ator deveria se empenhar para dar, de qualquer maneira, vida a essa construção. Em relação à rampa inclinada, ele diz: "No teatro, o melhor para o ator é manter o corpo em posição oblíqua, porque nesse momento, todo o corpo pode representar" (apud ibidem).

Após cada sequência, os atores deveriam se imobilizar por um instante como se eles não soubessem o que deveriam fazer em seguida. Evidentemente, esse é mais um recurso para melhor destruir a ilusão que eventualmente viesse a se erguer na tentativa de estabelecer critérios de verossimilhança com um casamento real. Dessa forma, o espetáculo começa como um ensaio do casamento, e ele deve atender a todos os princípios da construção. Como a cerimônia deve acontecer em uma catedral, fez-se necessário que ela fosse construída diante dos olhos dos espectadores. Entre os espectadores, o Bispo e o Padre constroem uma cruz e a levam em seguida para a cena. Os momentos trágicos e cômicos sucedem-se constantemente. As emoções nascem surpreendentemente de situações que são anunciadas por ações que a precedem, como o simples ato de construir uma cruz, que é reduzido ao próprio ato de construir por uma ação cotidiana e neutra, mas é graças a esta ação que uma cruz e uma catedral tornam-se visíveis para o espectador.

Durante a cerimônia, os noivos são unidos por uma corda que os aproxima e os separa. Durante esse processo, frequentemente a ação é interrompida pelo som de um alto-falante que mecanicamente repete: "Com a revolução surge o construtivismo que destruiu toda transposição duradoura da ilusão" (ibidem).

Seguindo esse princípio da construção, os noivos, durante a noite de núpcias, são emparedados, cercados por tijolos de forma que o leito nupcial se transforme em tumba que é erguida tijolo após tijolo. Entretanto, apesar desse fim catastrófico de um casamento marcado pela morte dos noivos, tudo isso se apoiava na convenção do circo.

Da mesma forma que os construtivistas, talvez essa seja a principal inferência do Construtivismo em Kantor: ele se servia do cômico para reforçar o efeito catastrófico ulterior, e apesar de o Construtivismo ter suas bases alicerçadas na transformação social do homem por meio da construção de um novo homem que seria estruturado em outras bases sociais, políticas e ideológicas, Kantor não está preocupado com questões políticas, pelo menos não no sentido ideológico. Além disso, uma nova ordem social dá necessariamente vida a novas formas de expressão – assim pensavam os primeiros construtivistas, que também repudiavam a ideia da arte pela arte. A orientação materialista das suas obras desvendaria, acreditavam eles, estruturas formais, novas e lógicas em relação à qualidade e à expressividade que são inatas aos materiais que o artista utiliza. Por esse caminho, o Construtivismo em Kantor direciona-se não no sentido da concepção ou da fabricação de coisas socialmente úteis, mas na objetividade do processo que transforma a matéria e a reinterpreta em novas formas e novos significados sem se desvencilhar da forma anterior. Nesse sentido, podemos até perceber, em função da multiplicação dos significados, principalmente pela constante incidência do humor e da ironia nas imagens que se formam na cena, questionamentos ideológicos, sociais ou políticos. Esses elementos, caso existam, são leituras posteriores, não o objetivo de Kantor. Uma das principais preocupações de Tadeusz Kantor, se não for a principal, reside no seu desejo de valoração do artista em sua individualidade de criador. Inegavelmente, essa postura constitui-se como uma reação ao mercado e consequentemente aos valores sociais e políticos que sustentam o mercado e seus valores. Assim, por esse caminho, outro elemento que virá a se constituir como uma estrutura que se tornará o principal elemento reativo às instituições artísticas, e ao mesmo tempo será um dos componentes mais fortes da forma kantoriana, é o Surrealismo.

Se a primeira parte de *O casamento* faz uma investida no universo da forma construtivista, a segunda parte, por sua vez, sem abandonar os princípios do Construtivismo, fará uma imersão no universo surrealista, estrutura que na sua obra se caracterizará como um elemento que nos conduzirá, uma vez mais, ao limiar do desconhecido do seu teatro. Entretanto, antes de entrar efetivamente nesse tema, faz-se necessário atentar para uma estrutura muito significativa e peculiar ao processo de criação de Tadeusz Kantor: um lugar significativo no qual ele se recolhe e de onde as imagens são convocadas – o "quarto da imaginação".

O quarto da imaginação: onde as imagens se criam

Em uma passagem de *Lições de Milão*, Kantor (1990, p.66-7) fala sobre esse lugar insólito e de alguns dos seus objetivos e funções:

> Eu pertenço à geração surgida na época dos genocídios e dos atentados mortíferos contra a arte e a cultura.
> Eu não quero salvar o mundo com a minha arte.
> Eu não acredito na "universalidade".
> Após todas as experiências do nosso século, eu sei como isso termina, e a quem e a que serve essa célebre "universalidade", tanto mais perigosa que hoje ela atingiu a dimensão do globo terrestre.
> Eu quero SALVAR A MIM MESMO,
> não egoisticamente, mas somente com a fé
> no VALOR INDIVIDUAL!
> Eu me tranco no meu estreito quarto da imaginação.
> E LÁ
> E SOMENTE LÁ
> EU ARRANJO O MUNDO.
> COMO NA INFÂNCIA.
> EU ACREDITO FIRMEMENTE QUE NESSE PEQUENO QUARTO DA INFÂNCIA
> SE SITUA A VERDADE!
> E HOJE, TALVEZ COMO NUNCA, ESSA É A VERDADE EM QUESTÃO!

Conforme o pensamento de Gaston Bachelard (1978, p.185), "a imagem existe antes do pensamento". Assim, neste "pobre e estreito quarto" residem as lembranças e as imagens que se constituirão no núcleo cervical da sua criação, imagens existentes à espera de forma.

Mas o que é este quarto? Certamente não se trata de uma invenção criada unicamente para justificar ou para escamotear as definições de um processo de criação de um artista movido por excentricidades. O "quarto da imaginação" é, antes de tudo, uma maneira pessoal de encarar o mundo e a sua realidade no mundo. Um lugar no qual o valor individual se recusa, determinantemente, a ser diluído na generalidade do coletivo e de ser absorvido pelas instituições artísticas:

UM QUARTO
O meu.
Pessoal.
Privado.
[...]
Único lugar
onde, "minada" pela sociedade,
a individualidade humana,
o homem,
pode se proteger,
e nele ser mestre. (Kantor, 1993, p.158)

Esse lugar também não é um refúgio para o qual Kantor se recolhe a fim de se proteger da banalidade e das ameaças das instituições. Como ele mesmo comenta:

Lugar POBRE,
constantemente ameaçado
pelos
"ORGANISMOS PÚBLICOS..." (ibidem)

Kantor cria um lugar no qual ele pode exercer o direito de ser independente, de ser individual, um espaço habitado pelas experiências e vivências do passado e que é capaz de transcender o próprio espaço e burlar as barreiras do tempo.

Devido à importância da imagem no teatro de Tadeusz Kantor, eu, como outros o fizeram, até poderia qualificá-lo como um teatro de imagens, mas se assim o fizesse, eu também cometeria o mesmo deslize de uma análise por demais simplista. Kantor não cria a imagem pela imagem; não, ela é constituída de uma série de vivências históricas e de experiências poéticas que se avolumam e se sobrepõem nesse lugar insólito onde a sua imaginação tem o poder pleno da liberdade. O quarto da imaginação não é um artifício, mas um lugar concreto, reduto de sensações e paixões experimentadas e que lá são reestruturadas, sentidas novamente e, com outra intensidade, tornam-se mais apaixonadas.

Na astrofísica, "buraco negro" é uma região do espaço na qual o campo gravitacional é tão forte que tudo atrai e dele nada escapa. A matéria atraída é que produz o campo gravitacional a sua volta e que impede até mesmo que a luz capturada saia. Pois bem, essa imagem do buraco negro bem se aplica a esse tal quarto da imaginação. Ao que me parece, esse local condensa de uma maneira extrema e extremada toda a experiência da arte do século XX, associada às experiências da sua contemporaneidade histórica que se avolumam mais e mais e, como se produzindo um campo gravitacional, tornam-no cada vez mais denso, e cuja única possibilidade de desenvolvimento é exatamente o inverso, um universo nascente em um estourar de imagens, como um *big-bang* de sensações, ou seja, um "buraco branco".[8]

Esse quarto da imaginação, uma espécie de nascedouro de imagens, faz com que cada imagem presa na memória se constitua como universo próprio e que, no processo da explosão, toda a energia acumulada seja liberada como forma, principiando o espetáculo. Assim, parafraseando o livro do *Genesis*: no início era a imagem, e Kantor viu que a imagem era boa, e uma nova realidade se fez.

Esse movimento criativo é um universo rotatório em forma de toro, no qual um fluxo ininterrupto de energia, cuja matéria é a imagem afixada na memória, traça um caminho que se fecha sobre si mesmo em um movimento contínuo. Mas o que isso significa? Essa é a maneira como cada imagem construída exteriormente é atraída para o interior do estreito quarto da imaginação e se refaz como imagem autônoma e independente, apesar de conter elementos da anterior. É o caso da banheira utilizada em *A galinha d'água*, espetáculo de 1968, em que uma banheira, um objeto real encontrado em uma construção em estado de demolição, é utilizada como elemento de jogo, mas na sua condição de objeto real, ou seja, uma banheira cheia de água com a Galinha d'água no seu interior.

---

8   Teoricamente trata-se de uma região do espaço na qual a matéria é criada e ejetada para o universo. Está em contraste com o buraco negro, que suga a matéria em suas vizinhanças, retirando-a do universo. Especula-se que, de uma maneira ainda não totalmente compreendida, um buraco negro e um buraco branco estão ligados por meio de um túnel chamado buraco de minhoca, que pode atuar como meio de transportar a matéria de um ponto de nosso universo para outro.

48 WAGNER CINTRA

Já em 1988, em *Não voltarei jamais*, existe um retorno da banheira, não mais como objeto real, mas reinterpretada como barco: o barco de Caronte, o barqueiro que transporta as almas para o Hades. A imagem inicial, presa na memória, é transformada e uma nova imagem se constitui. Entretanto a relação antiga, banheira/água/ ator, permanece na nova relação barco/água/ator, na qual a água é somente uma ilusão.

Outra situação, ilustrativa desse processo, é aquela em que ele utiliza de imagens retiradas do seu universo pictórico e que invadem incessantemente a dimensão do teatro e, da mesma forma, o inverso é verdadeiro. Kantor sempre foi um apaixonado pela arte espanhola, e essa paixão, sobretudo por Velázquez e Goya, fará constantemente a passagem de um universo a outro, contemplando mais uma vez esse processo de utilização e reaproveitamento interpretativo da imagem. Na série *As Infantas de Velázquez*, na obra *Certa noite pela segunda vez a Infanta de Velázquez entrou em meu quarto*, Kantor utiliza-se do quadro do pintor espanhol como motivo para a sua pintura, na qual o seu autorretrato dialoga com a pintura de Velázquez. Em outro sentido, temos nessa tela uma relação temporal em que o passado se associa ao presente do artista em uma simbiose perfeita. O tempo relativo identifica o passado e o presente acontecendo em um único instante. A Infanta remete-nos instantaneamente ao passado e a Velázquez, ao passo que o autorretrato, à obra no presente – um passado que se movimenta continuamente na direção do presente.

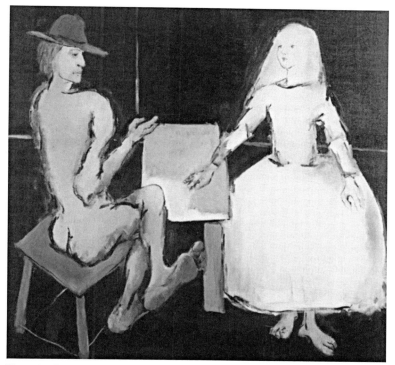

Figura 4 – *Certa noite pela segunda vez a infanta de Velázquez entrou em meu quarto* (1990), de Tadeusz Kantor (acrílico sobre tela).

Já na peça *Hoje é meu aniversário*, a pintura é materializada na cena. O autorretrato do artista torna-se o próprio artista em cena. Mais uma vez a relação entre passado e presente mantém-se, só que com maior intensidade, isso devido ao acúmulo das dimensões temporais. Existe um presente que se justapõe a passados diferentes e que estão perfeitamente integrados na realidade do artista que os conjuga harmoniosamente.

Um terceiro exemplo dessa pluralidade de universos que nascem no interior do seu estreito quarto da imaginação diz respeito à maneira como o espaço é pensado. É um espaço que pode coexistir com outros espaços: o bidimensional interage ao mesmo tempo com a terceira dimensão, em um mesmo instante.

Na figura seguinte, uma composição mista faz um jogo entre duas realidades. O próprio Kantor está deixando o espaço da tela. Está saindo do domínio da ilusão interior do quadro e caminha em direção à realidade exterior a ele, ou seja: passa de uma realidade bidimensional para outra em três dimensões. De certa maneira, esse tipo de composição ilustra bem a natureza do seu trabalho, um jogo de tensões entre a pintura e o teatro, entre a realidade e a ilusão, na qual "apagada a linha de demarcação entre o espaço real e o espaço imaginário, se confundem os discursos tradicionais sobre a representação em arte" (Kobialka, 1993, p.380-3).

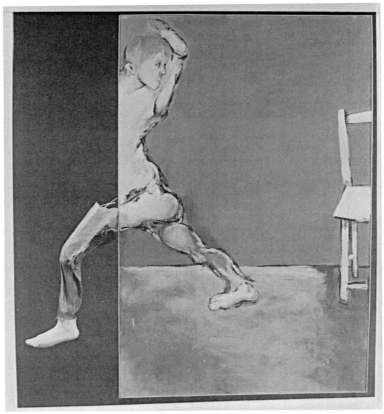

Figura 5 – *Eu tive o bastante. Eu estou de partida desta pintura* (1988), de Tadeusz Kantor. Galerie de France, Paris.

Para uma exposição realizada em Nova Iorque, esse quadro teve muitos problemas para entrar nos Estados Unidos devido à sua ambiguidade enquanto obra de arte. As leis norte-americanas não conseguiram classificar a obra nem como pintura, nem como escultura, ficando o quadro retido, por um bom tempo, na alfândega daquele país.

Em seu último espetáculo, *Hoje é meu aniversário*, essa situação é evidente. A exemplo da obra anterior, os personagens tentam deixar a realidade da tela em direção à realidade do teatro. Mais uma vez a metáfora do buraco de minhoca, ou seja: um universo criativo que se comprime e se expande em direção a outro em um processo de transformações de energias e tensões, em que uma imagem se alimenta de outra ou de diversas imagens anteriores a ela.

Não há dúvida de que em cada situação, seja a da tela, seja a do palco, cada objeto exibe sua individualidade densa, na qual cada imagem, possibilidade da mesma coisa, inaugura uma nova figura que contém em si os mesmos dispositivos que as contém.

O repertório de imagens utilizadas por Kantor faz parte do acervo de suas experiências e vivências adquiridas. As imagens do passado são incessantemente convocadas para se colocarem a serviço do criador. O passado está pronto e Kantor não olha para ele de maneira saudosista, mas sim de uma maneira cuja articulação das imagens, das formas e das coisas, desse passado que se apresenta como imagem, se constitua de tal modo que a convivência entre os aspectos das coisas e os aspectos da própria imagem seja apresentada como uma enorme fonte de sentimentos íntimos. Assim, em um jogo de linguagem não verbal – nascida do trabalho da memória e da imaginação que depositam na imagem criada elementos que já foram vistos no passado e que também serão vistos no futuro –, criam um mundo em si. Isso porque cada sinal, ao transbordar para a tela (no caso de sua pintura) ou para o palco (no caso do seu teatro), transforma-se em signo. Esse signo colocado ao lado de outros objetos, que possuem igualmente potencial de vínculo, criam um universo próprio – o do artista: o universo de Tadeusz Kantor.

A pintura e o teatro: em Kantor, uma arte sempre atua no limiar da outra, e nessa relação que as enviesa, conferem às imagens concebidas, nos dois campos de trabalho, dimensões altamente expressivas, nas quais seus elementos constituintes se configuram como objetos de um mesmo universo pictórico que se cruzam num quadro virtual, o quarto da imaginação, invocando outros elementos cujo cruzamento se faz na medida em que promete algo além dele mesmo. E é no cruzamento desses elementos, a princípio relativamente simples, que nasce a obra de arte. Seja o teatro, seja a pintura, elementos pertencentes a um mundo criado por eles mesmos, cujos objetos conservam a sua singularidade ímpar, pois do cruzamento desses, um novo espaço se abre para além das regras que eles mesmos significam.

Criar, para Tadeusz Kantor, significa tanto imprimir forma ao objeto quanto abstrair e mostrar as propriedades do objeto que são mais apropriadas ao uso. O objeto traz de fora o seu princípio de individuação[9] que se associa ao conhecimento do artista que o separa e rearranja suas partes para torná-lo mais adequado a determinados usos e interesses, e um novo código se sobrepõe ao código da linguagem cotidiana, histórica, do qual o objeto/imagem foi convocado. Nessa sobreposição de códigos, uma individualidade, ou seja, uma nova obra configura-se ao mesmo tempo em que a distribuição de imagens determina os parâmetros linguísticos que orientarão a realização da obra. Assim, o conteúdo estético é tecido neste jogo entre a forma representativa e a forma "apresentativa" da imagem, imagem que se mostra, pois, como o produto do trabalho do artista, constitui-se como bela. Segundo José Arthur Giannotti (2005, p.81), "belo é um sistema de imagens que tanto captura variações de aspectos de uma coisa, de uma situação do mundo, como se apresenta para que seus próprios aspectos sejam explorados por um expectador".

Assim, mais do que impor uma forma à imagem, faz-se necessário que Kantor estabeleça padrões estruturados e estruturantes, passíveis de se fazerem ver e, consequentemente, de serem lidos pelo espectador na medida em que são articulados em momentos presentes e ausentes, visíveis e invisíveis, tanto do objeto quanto do seu meio de apresentação. Em resumo, ao cruzar o buraco de minhoca, a imagem expulsa do quarto da imaginação, ao ganhar exterioridade no palco, já possui

---

9 No sentido de que cada coisa é por si idêntica ou diferente de outra coisa.

NO LIMIAR DO DESCONHECIDO **53**

uma sintaxe própria, um complexo linguístico definido, cujo processo de dar vida ao todo, na cena, também se torna o caminho para decifrar a universalidade da obra e de seu autor em seus aspectos mais íntimos e mais específicos.

O quarto da imaginação de Tadeusz Kantor está prenhe de matéria visível, matéria que se individualiza mediante as diferenças de tensões entre matérias diversas gestadas que sobressaltam para a cena. No seu último espetáculo, *Hoje é meu aniversário*, temos o apogeu desse mecanismo. A peça é o seu próprio quarto da imaginação em cena:

> Meu quarto
> Algumas explicações e digressões suplementares
> em um turbilhão
> de reflexões, de sentimentos, de dúvidas,
> de esperanças
> que me atormentam,
> eu devo colocar em ordem
> o meu passado,
> concluir o exame
> das minhas ideias
> em função do dia
> de hoje,
> depositar os
> "velhos" no cofre da
> lembrança, e
> simplesmente limpar o campo
> de ação
> para um novo espetáculo.
> *"Meu quarto em cena,*
> *e qual será sua*
> *fábula?"* (Kantor, 1993, p.157)

A partir de *Wielopole Wielopole*, essa estrutura, aliada à memória, tornar-se-á cada vez mais intensa e presente na cena, retornará de espetáculo em espetáculo movimentando-se de um para o outro, de maneira ao mesmo tempo semelhante e diferente. Em algumas oportunidades, durante os ensaios de *Hoje é meu aniversário*, Kantor define o caráter e o simbólico dessa estrutura no espetáculo: "Eu quero deixar claro que esse é somente o meu quarto; não é um asilo cheio de mendigos [...] Porque digo isso com tanta precisão? Trata-se de não criar uma narrativa além das minhas possibilidades de pintor: eu estou aqui como pintor, este é meu ateliê, e ele é natural" (ibidem).

O espetáculo é notadamente um jogo com o seu "duplo". A exemplo dos seus outros trabalhos, Kantor está presente em cena. Sua presença é muito mais acentuada nessa do que nas peças anteriores. Nesse trabalho, especificamente, ele está em cena não somente como demiurgo, mas também como pintor. Sua presença é ativa. Ao materializar na cena o seu quarto da imaginação, Kantor torna-se o próprio objeto da sua criação. Um homem privado em cena. Um *ready-made* em constante conflito com o seu autorretrato, um ator vestido como ele e que copia seus gestos habituais. Kantor reúne nesse local não somente a medida do ateliê do pintor, como também convoca as imagens, personagens e situações abrigadas em sua memória, desenvolvendo inclusive uma incessante retrospectiva dos signos e das personagens dos seus espetáculos anteriores.

Então, meu – como eu o chamo –
Pobre quarto de imaginação –
em cena
Eu devo arrumá-lo. (ibidem)

Figura 6 – O quarto, ateliê de Kantor, na rua Siena, na Cracóvia. Hoje é um centro de documentação administrado pela Cricoteka.

Esse quarto materializado é um instrumento de entrada para a alma de Kantor. Em se tratando da alma do artista, Gaston Bachelard (1978, p.197) definira: "Nossa alma é uma morada. E quando nos lembramos das casas, dos aposentos, aprendemos a morar em nós mesmos. Vemos logo que as imagens da casa seguem nos dois sentidos: estão em nós assim como nós estamos nelas".

A cena é também uma casa. A tela, a obra de arte, sua obra, seu interior. Nessa situação existe uma linha, uma fronteira que impede que o público penetre no privado. Nessa sala, uma realidade cria-se e atende aos interesses do criador que manipula os signos da sua história privada em um processo de percepção e reflexão dos acontecimentos e transformações da história pública. Nesse sentido, a tela, a cena pode estar presente na vida do público, apesar de ele não poder ultrapassar a fronteira, os limites da sala ou da tela.

A vida de Kantor identifica-se com a sua obra. Não existe uma divisão entre os campos da vida e da arte. Assim, o seu destino está atrelado à sua criação artística e se ele se realiza em sua obra; é na própria obra que deve encontrar sua solução. A casa é sempre a sua obra, tal como a tela, o teatro, a cena é a sua casa. Nesse espaço, Kantor pode exercer plenamente aquilo que constantemente ele reivindica: o direito à vida individual.

Meu credo:
a solitária verdade na arte
é a de representar sua própria vida,
de os desvendar
sem vergonha
de desvendar
sua própria sorte
seu DESTINO.
Eu expliquei em várias oportunidades que a razão não é nem
o exibicionismo, nem narcisismo,
mas o desejo de "reforçar" as noções de:
"vida individual",
a fim de fugir diante da destruição
para a "massa"
inumana e horrível.
O reforço da noção de "vida individual" pela adição
dessa pequena palavra: a minha!
a fronteira entre
a cena e a sala
é a linha da vitória.
Intransponível.
Impenetrável. (Kantor, 1993, p.159)

Em *Hoje é meu aniversário*, Kantor não procura criar a ilusão da realidade. Não, ele manipula o concreto, o real. Mas recluso no seu quarto da imaginação onde ele é inteiramente livre, às escondidas, ele sonha. E sonhando, ele se utiliza desse coeficiente do sonho, não como os surrealistas, mas mais próximo de Goya. Segundo Guy Scarpetta

(2000, p.158-9), "Kantor, pela sua forma de se servir dos signos de uma realidade histórica, concreta, precisa, e de lhes dar uma força universal, ele transfigura os signos e os arrasta para o lado da fantasmagoria e do imaginário".

O interesse por essa ação de deformar começou com o seu contato, em 1947, em Paris, durante a exposição surrealista, e tal experiência tornou-se decisiva em sua criação. E apesar de todas as divergências dos surrealistas com o teatro, o Surrealismo na visão de Tadeusz Kantor é um momento de fundamental importância para as artes no século XX.

Surrealismo: o reinado do desconhecido

Para Kantor, o Surrealismo surge na história da arte como o elemento que consolidaria e definiria os objetivos e fundamentos da arte no seu mais amplo sentido de maneira a não se limitar ao estético e ao emocional, mas que atuaria sobre o desejo de inspirar as ações humanas em busca daquilo que ele considera o maior dos valores, ou seja: a plena liberdade do homem.

A influência do Dadaísmo e do Surrealismo levou Kantor à descoberta de um dos elementos mais importantes do seu teatro: a escrita automática. Em seus últimos espetáculos ele rejeita prontamente o texto literário e aquilo que se pode chamar de o texto da peça era criado durante os ensaios. O texto era concebido simultaneamente com o ensaio, mas o valor das palavras não estava no seu significado habitual, e sim pelo que assumiam no contexto como geradoras de imagens. Como no teatro, cada coisa existente no palco pode assumir uma dimensão simbólica; não existem mais limites para a gramática teatral. Tudo passa a ser estruturado e criado como original, seja em substância, seja como possibilidade de criação. Assim, o ideal de liberdade, inspiração surrealista, permite a Tadeusz Kantor, a partir das transformações das imagens realizadas no seu quarto da imaginação, realizar formas totalmente diferentes de toda morfologia utilizada pelo teatro tradicional. Essas formas não podem mais ser explicadas em termos simplistas de analogias com relação de causa e efeito, mas pelo valor de signos, próprio de uma existência profunda que transcende e escapa a apreensão dos sentidos, mas que pode e só pode ser revelada através da arte. Segundo Giulio Carlo Argan (2004, p.84), o Simbolismo antecipa a concepção surrealista do sonho como revelação da realidade profunda do ser, da existência inconsciente. Como no inconsciente se pensa por meio de imagens, esse se tornou o meio mais adequado para trazer à superfície os conteúdos mais profundos do inconsciente do teatro de Kantor. Não é por acaso que o Surrealismo tanto o inspirou. A imaginação manifestadamente livre está totalmente liberta de toda preocupação estética e moral diante de um mundo cada vez mais complexo, e a possibilidade de interferir na realidade pela representação do irracional e do subconsciente abre caminhos sem precedentes.

Os surrealistas deixam o mundo real para penetrar no irreal, pois a emoção mais profunda do ser tem todas as possibilidades de se expressar com a aproximação do fantástico no ponto em que a razão humana perde o controle. Parece que a obra de Kantor é uma realização parcial dessa exigência: parcial pois Kantor não abandona o real. O real é o ponto de partida para todas as transformações que se seguirão. O irreal, por sua vez, é o impulso, a força motriz do processo de criação das imagens. A arte de Kantor (tanto o teatro quanto a pintura) habita exatamente essa zona de intersecção entre o real e o irreal. Constantemente ele ultrapassa essa fronteira, a exemplo de *Hoje é meu aniversário*, no qual ele encena a sua própria vida ultrapassando a fronteira do sacrílego encenando a sua própria morte: "em Kantor, não é mais a convenção teatral, é o real, ou melhor: a nossa percepção imaginária do real que entra na esfera da dúvida" (Scarpetta, 2000, p.42).

A *poiesis* de Tadeusz Kantor tornou-se uma maneira muito particular de manipular os signos da morte. Nesse sentido, conforme o pensamento de Guy Scarpetta (ibidem), a sua poética reata com a tradição barroca ou a escola simbolista que precede o Construtivismo e que foi ofuscada por ele. Os simbolistas percorreram os caminhos das imagens que buscavam a essência das coisas, que surgem na fantasia sem a presença e a lembrança das coisas, revelando os processos e os fenômenos da existência. A inconsciência, considerada inacessível, após Freud mostra-se como um mundo de conhecimento ilimitado que pode ser revelado pelos sonhos e que anteriormente era tido como um estado de irrealidade. De uma maneira geral, o Simbolismo continuou exercendo uma grande influência associando-se a várias correntes das vanguardas do século XX.

Após a Primeira Guerra Mundial, o Simbolismo encontrará no Surrealismo um parceiro de crédito, pois este, ao colocar a experiência onírica como fundamento da arte, decorre, conforme a observação de Argan (2004, p.272), como um modo do pensamento pelo qual a experiência do mundo realizada por meio dos sentidos assume uma dimensão de conhecimento, pelo qual o dado da percepção se apresenta instantaneamente como forma. Dessa maneira, a livre associação e a análise dos sonhos transformaram-se nos procedimentos básicos do Surrealismo, utilizados e aplicados ao seu modo. Por meio do automatismo, qualquer forma de expressão em que a mente não exercesse nenhum tipo de controle, os surrealistas tentavam modelar, fosse por meio de formas abstratas ou figurativas simbólicas, as imagens mais profundas do ser humano: o subconsciente.

O *Manifesto do Surrealismo*, assinado por André Breton em 1924, propunha a restauração dos sentimentos humanos e do instinto como partida para uma nova linguagem artística. Para que isso se tornasse possível seria necessário que o homem tivesse uma visão totalmente introspectiva de si mesmo e encontrasse esse ponto do espírito no qual a realidade interna e a externa pudessem ser percebidas totalmente isentas de contradições. Em Kantor, esse estado de introspecção aliado à necessidade de recolhimento a si mesmo levou-o a criar um lugar em que ele pudesse se recolher à sua mais íntima individualidade e no qual o seu espírito livre pudesse exercer plenamente a liberdade de criação: um lugar virtual do qual nascessem as formas, as fantasmagorias, as suas visões interiores, e dentro desse lugar ser capaz de escolher a especificidade de cada código e a essência a ser trabalhada. Esse lugar ele chamou de o quarto da imaginação, que posteriormente também será compreendido como o "espaço da memória".

O Surrealismo apresenta ligações com o Futurismo e com o Dadaísmo; no entanto, se os dadaístas propunham apenas a destruição, os surrealistas pregavam a destruição da sociedade em que viviam e a criação de uma nova em outras bases. Pretendiam os surrealistas, dessa forma, atingir uma outra realidade situada no plano do inconsciente e do subconsciente. A fantasia, a tristeza e a melancolia exerceram muita influência sobre os surrealistas e, por esse caminho, também influenciou o teatro de Kantor, que se estrutura de uma maneira muito mais radical. Kantor introduz a dimensão obstinada da autonomia da arte do teatro como criação demiúrgica, dimensão que muito se aproxima do ideal utópico de Antonin Artaud de uma linguagem psíquica e concreta, da criação de uma poesia para os sentidos, que Kantor conduz até o paroxismo de uma beleza convulsiva e dos múltiplos recursos dos quais ela se serve: os sonhos, os mitos, a fantasia, as visões, as alucinações, a fantasmagoria, a transgressão e o sentido do pecado, entre outros.

Se a arte de Kantor tem a ambição de ser demiúrgica, isso não é somente pelo interesse de criar um universo autônomo, mas, sobretudo, porque esse universo é composto de uma experiência pessoal – a memória reativa de um passado destroçado, de destroços de uma vida marcada por duas guerras mundiais e a barbárie nazista simbolizada pelos campos de concentração. Imagens que alimentam a sua subjetividade e que são levadas para o seu quarto da imaginação onde procede à exumação de todo um passado que será conduzido para outra dimensão, a dimensão da arte – a dimensão do teatro, na tentativa de Kantor de colocar ordem na história. Isso não significa que o passado seja transformado na realidade da cena. Não. O passado é desmascarado, é enfrentado para que sua vida e o seu destino encontrem em sua obra os meios para a sua realização:

> Minha vida, meu destino,
> se são identificado com minha obra, uma obra de arte,
> se eles são realizados em minha obra, eles encontraram sua
> solução. (Kantor, 1993, p.158)

Um exemplo que ilustra essa situação é a ideia de um espetáculo que Kantor nunca chegou a realizar plenamente, a não ser na forma de

NO LIMIAR DO DESCONHECIDO **61**

cricotage, uma espécie de performance[10] muito utilizada pelo Teatro Cricot 2. O cenário do espetáculo seria constituído por uma única chaminé (ele usou chaminés como tema em muitas das suas telas). A imagem do espetáculo debruçava-se sobre muitos corpos amontoados pela cena. Em cena estão esses corpos dos judeus mortos após a catástrofe, a barbárie do holocausto.[11] Em seguida existe um processo de ressurreição, os corpos começam a se mover. Esses seres não sabem mais nada da vida. Eles perderam a memória. Entretanto, existem ao redor deles muitos fragmentos, restos do mundo desaparecido. Utilizando-se desses fragmentos eles procuram criar ou recriar o mundo, mas não conseguem, pois não sabem para que as coisas servem. Por exemplo, existe uma cadeira quebrada que eles tentam reconstruir, mas eles não sabem como fazê-lo. Eles constroem qualquer coisa que não é a cadeira e no final não compreendem para que aquilo serve. Segundo Kantor, isso é uma situação fantástica para a ação teatral. Com um pouco de humor e de sarcasmo, eles constroem coisas absurdas, sem utilidade. No final, constroem uma cruz sem saber o que fazer com ela. Da mesma forma, alguém é hostilizado. Não importa quem ou qual o motivo; eles apenas o detestam e, por isso, crucificam-no como o Cristo, mas sem saber. Utilizando os restos do mundo anterior, eles encontram os restos de um fuzil e o reconstituem e começam a servir como soldados. Por fim eles destroem tudo novamente.[12]

As imagens desse projeto são esclarecedoras pois são evidências do conturbado universo habitado por Tadeusz Kantor. A carga emocional do trabalho está latente em sua memória. São imagens que vão além

---

10 Não no sentido de experiências "estéticas" extremamente variadas, mas como teatralização de uma atitude ou de obras plásticas que rompem deliberadamente com a representação, pretendendo ser a apresentação de uma situação ou de uma ação que pode ou não ser real, mas certamente imediata. Uma atitude que ultrapassa as convenções dramáticas e teatraliza os elementos tradicionalmente descartados pela cena.

11 Kantor destinava especial atenção para o povo judeu que, segundo ele, é um povo singular entre os povos que foram perseguidos. É o povo elo porque eles esperam o Messias, e é essa espera que permite a eles continuar. Para os cristãos é o fim, pois esses já têm o seu. Para Kantor, os judeus são mais sábios nesse sentido.

12 Parte dessa ideia foi realizada com vinte estudantes durante o festival de Avignon, França, em 1990, sob o título *Ô doce noite*.

dela, são estruturas que estão incrustadas em seu subconsciente como as chaminés dos campos de extermínio, a sua dupla origem, dividida entre a mãe católica e o pai judeu, a sua ligação com o exército e com pai que não voltou da guerra, o apego aos objetos pobres e a noção de ressurreição que, além da ideia da morte, também traz a noção de retorno e, consequentemente, a ideia de outra realidade, distinta da cotidiana. Esses elementos, associados a muitos outros, determinam o surgimento de um movimento de intensa energia no estado psíquico de Kantor que o obriga a se recolher ao seu quarto da imaginação a fim de trabalhar sobre a carga emocional.

O que interessa a ele é o apocalipse, é o sentido catastrófico da vida. A vida após o fim do mundo, disso decorre a necessidade de pensar postumamente: "Kantor desejava reconstruir o mundo com os detritos de uma explosão" (Scarpetta, 2000, p.40).

Dessa forma, aquilo que se vê em cena é um alucinante cortejo saído de um mundo sepultado, em que uma memória individual e às vezes coletiva comporta-se como um retrato de um mundo perdido: "uma Europa desaparecida, que no palco é reconstituída em uma dimensão concomitantemente patética e burlesca: como se a própria morte colaborasse com as imagens exumadas" (ibidem, p.51).

Enfim, o teatro de Tadeusz Kantor possui a capacidade de convocar os temas mais negros, os mais violentos, e de tratá-los com o máximo de euforia, de excentricidade, exumando os temas mais traumáticos do século XX (a barbárie nazista e as perseguições stalinistas), e apesar das questões mais dolorosas, como diz Guy Scarpetta (ibidem, p.53), a capacidade de evacuá-los de todo *pathos* e de lhes insuflar uma dimensão de humor e ironia. Em resumo, o passado que faz o seu retorno não é, em nenhuma hipótese, idealizado. Não se trata de um paraíso perdido, mas de um lugar no qual todos os seus elementos característicos estão ligados a uma veia de inspiração grotesca: destruidora, caótica e profanadora – contiguidades que constantemente retornam como um processo de renovação do lamento, da dor, do sofrimento e da morte.

Para Kantor, o teatro é uma atividade que só pode acontecer quando a vida é levada às últimas consequências e todos os seus conceitos perdem a sua significação. Nesse sentido, a ação do inconsciente no seu trabalho ocorre não somente como uma dimensão psíquica explorada com maior facilidade pela sua arte, devido a sua familiaridade com a imagem, mas é necessariamente uma questão de liberdade. A liberdade, conforme a visão dos surrealistas, habita a inconsciência, ao passo que para Kantor (1990, p.68), é na consciência que nasce o medo e o medo inibe a liberdade. Então, ser livre é superar o medo, é vencer a consciência e penetrar nas camadas profundas da vida. E como o Surrealismo fazia da liberdade do homem a sua palavra de ordem, eis o ideal surrealista subsumido à estética kantoriana:

A MAIOR META DA ARTE É
A LIBERDADE DO HOMEM!
A liberdade não funciona unicamente nos limites de um remexer das convenções artísticas,
a liberdade não funciona unicamente no quadro de um sistema social postulado pelo
comunismo – sistema de igualdade e de justiça, mas
a LIBERDADE
reconhecendo a CONDIÇÃO HUMANA TOTAL
em suas mais profundas camadas, reconhecendo este lado da natureza humana que jamais
havia sido considerado no movimento social:
a ESFERA PSÍQUICA DO HOMEM,
suas profundezas, a imensa força de ação, que até aquele momento era pressentida pelos
poetas, e agora estudada pela inteligência (a ciência) e a imaginação (a arte).
Essa atitude é incontestavelmente a maior descoberta do século XX.
Nós não podemos contestar nem a substituir por uma outra.
Nós somos os herdeiros. (ibidem, p.63-4)

Esse posicionamento diante da arte e da vida expresso nessa passagem das *Lições de Milão* faz eco à atitude de alguns surrealistas do passado e que denunciam o envolvimento ideológico de Kantor com o universo surrealista, dentre eles o jovem Antonin Artaud, que fundou o revolucionário Teatro Alfred Jarry. Artaud, quando na direção do

64 WAGNER CINTRA

Centro de Pesquisas Surrealistas, publicou a sua famosa "Carta aos reitores das universidades europeias", na qual ele expõe o consistente furor por liberdade, pela qual tanto ansiavam os surrealistas:

> Mais longe do que a ciência irá chegar, lá onde as flechas da razão se quebram contra as nuvens, existe esse labirinto, um ponto central para o qual convergem todas as forças do ser e todos os nervos essenciais do Espírito. Nesse dédalo de paredes móveis e sempre mutantes, fora de todas as formas conhecidas de pensamento, o nosso Espírito se agita, atento aos seus movimentos mais secretos e espontâneos – aqueles com o caráter de revelação, um ar de ter vindo de alhures, de ter caído do céu... A Europa se cristaliza, mumifica-se lentamente sob o envoltório de suas fronteiras, suas fábricas, seus tribunais de justiça, suas universidades. A culpa está nos vossos sistemas bolorentos, na vossa lógica de dois mais dois igual a quatro; a culpa está em vocês reitores... O menor ato de criação espontânea é um mundo bem mais complexo e revelador do que qualquer metafísica. (Artaud, 2000, p.148)

Essa atitude rebelde observada em Artaud e em Kantor, cuja origem está no posicionamento do Dadaísmo em relação à arte e à sociedade, sob muitos aspectos era muito semelhante ao Surrealismo que acabou herdando a burguesia como inimiga declarada e que ecoou em Kantor por meio dos seus ataques ao mercado e às formas tradicionais de arte. Arp,[13] um dos principais dadaístas, dizia que a sua aproximação dos surrealistas se deu em função da rebeldia do movimento em relação à arte e à vida que eram semelhantes as do Dadaísmo.

Kantor, por sua vez, sabendo do poder do Surrealismo, principalmente em relação ao automatismo que foi assimilado por ele na forma do acaso como processo de criação, acreditava, assim como os surrealistas, que por meio do automatismo seria possível revelar a verdadeira natureza individual do artista, pois esse é um processo de criação muito mais rico e abrangente do que qualquer técnica conscien-

---

13 Jean Arp (1887-1966), também chamado de Hans Arp – pintor, escultor e poeta francês –, foi um dos líderes da vanguarda europeia na arte durante a primeira metade do século XX.

temente estruturada. Para os surrealistas, a estratégia do automatismo como ação criadora era um meio para alcançar o inconsciente e suas estruturas. Em Kantor, o acaso era um meio de alcançar os reinos desconhecidos da realidade.

O Surrealismo desloca decididamente a posição psicológica da arte, transferindo-a da esfera da consciência para a do inconsciente, introduzindo a teoria do irracional como fonte da criação artística. O Surrealismo apropria-se da desinibição dadaísta referente à produção de objetos de fundamentos simbólicos e afastados dos seus significados habituais. O Dadaísmo, por sua vez, era um movimento livre, antiburguês, seguramente niilista, que proclamava a ruptura com a lógica realista e a negação da realidade. Este é o início de uma nova realidade, própria do artista que a cria. Marcel Duchamp traz para a arte os objetos prontos, os *ready-mades* que se tornarão, na obra de Kantor, um dos elementos principais. Os objetos são arrancados da vida e apresentados como objetos artísticos em uma galeria de arte. Assim, o Dadaísmo é antes de tudo um posicionamento, uma atitude diante da vida e da arte, pela qual temos a negação das instituições e do mercado, assumindo uma dimensão de desafio e de provocação: com *A fonte*, um urinol é exposto como uma obra de arte.

As transformações sociais, políticas, científicas do início do século XX criaram a necessidade de pensar o homem em outros parâmetros. Freud influenciou André Breton que rompe com o Dadaísmo pelo Surrealismo, que proclama o homem como unidade da razão e do subconsciente. Como estética, o Surrealismo busca ir além da mera reprodução da realidade e toda expressão estética deve referir-se não a um modelo externo, mas sim a outro, o interno, não condicionado por modelos culturais. Para alcançar esse modelo interior, os surrealistas propuseram uma série de técnicas: associações livres, hipnoses, colagens, a escrita automática: todas destinadas a liberar o potencial criativo do artista. Nesse contexto, dentre outros elementos que também costeiam a esfera do subconsciente, a escrita automática é transposta por Kantor em uma forma de criação de textos muito utilizada nos seus espetáculos posteriores a *A classe morta*. Nesse processo de trabalho, Kantor e os atores inventam o texto durante os ensaios, e a partir de um texto inicial,

Kantor o retrabalha e o transforma no texto da peça. Kantor também usa do subconsciente dos atores que, materializado, também é posto em cena. O sonho é outro elemento da mesma natureza. Como nos surrealistas, os espetáculos estão baseados sobre a técnica do sonho na qual a ação é a repetição. Os espetáculos possuem a estrutura de um sonho em que as imagens estão justapostas criando, pois, outra possibilidade de interpretação do conjunto do qual ela é componente. Assim, como comenta Skiba-Lickel (1991, p.13), "os espetáculos criados por Kantor após *A classe morta* pertencem ao folhetim do mesmo pesadelo".

Certamente, o Surrealismo e o Construtivismo são os principais motivadores da forma no teatro de Tadeusz Kantor. Nesse contexto, os objetos ganharão uma indiscutível importância e se constituirão nos instrumentos de construção de um estado artístico que permite compreender o mundo que está do outro lado, ou seja, a realização da imagem de um objeto material em um universo diferente que só pode ser atingido por meio da arte. Na segunda parte da encenação de *O casamento*, na versão surrealista, Kantor demonstrará alguns dos procedimentos e concepções sobre a criação desse universo.

Inicialmente, os atores mudam o cenário e a maquiagem. A aparência dos atores deveria ser a de pessoas velhas. Tudo isso deveria seguir os princípios e concepções do Construtivismo, com muito humor e ironia, tudo muito próximo aos efeitos das *gags* circenses. A ação deveria acontecer sob uma luz tênue, para acentuar o clima de mistério. Esse era um mundo criado pela imaginação e os espectadores deveriam descobrir os personagens que estavam na cena. A realidade da cena era exatamente aquela após o casamento, o momento no qual as personagens envelheceram. É esse o momento no qual a história será contada. Os membros da família são os velhos que um a um saem literalmente de uma tumba instalada no centro do palco.

Do cenário anterior, o relógio desapareceu, pois o tempo, nesse momento, é incomensurável. O que permanece do cenário anterior são pequenas lembranças do passado. O tempo é então entendido como devastação do passado. Por meio desses elementos os atores farão ressurgir todos os elementos do inconsciente, do sonho, do pesadelo e da alucinação.

Na estrutura surrealista da narrativa da segunda parte de *O casamento*, é possível observar um universo aparentemente caótico, a exemplo do soldado que volta da guerra e se movimenta mecanicamente proferindo palavras de ataque como pai, mãe, padre etc. Ele está em constante luta com um inimigo invisível. Uma tumba está no centro da cena e que na sequência se tornará uma mesa na qual os parentes e convidados estarão sentados para o banquete. A refeição é servida em uma mala, que se abre e está cheia de espaguete e, em uma intensa bagunça, todos comem com as mãos, agridem-se com a comida. Existe na cena um insistente estado de loucura. A noiva e o soldado, que na primeira parte foram sepultados no leito nupcial, agora saem do túmulo/mesa em meio à cena. Olham a confusão, as lutas, o frenesi, e voltam novamente ao lugar de onde vieram. Todos saem, o que permanece é apenas a cruz, iluminada com uma luz tênue. Mais uma vez, os ideais surrealistas subsumidos à poética de Tadeusz Kantor, pois após o surgimento do Surrealismo a arte se tornou uma linguagem e uma narração que nos fala de um outro mundo. Mas mesmo em Kantor, cuja arte, a partir da fase do Teatro da Morte, é um mundo de mortos, esse mundo outro não pode ser entendido como um mundo sobrenatural, e sim como um mundo que está situado além das fronteiras da realidade imediata, um mundo que só pode ser revelado por meio de um estado artístico de extrema sensibilidade do criador.

Em toda a história da sua arte, apesar, como veremos, das diferentes fases de sua expressão artística, a criação de imagens fortes, até mesmo violentas, transpassa toda a sua obra. Os objetos, por sua vez, são indissociáveis do seu teatro e também transpassam toda a sua obra. Evidentemente o objeto é reinterpretado constantemente em relação à sua natureza como elemento de uma obra de arte. As diversas correntes artísticas que dialogaram com Kantor durante todos esses anos se constituirão nos princípios de um procedimento criativo pelo qual a natureza dessas correntes deixa de ser forma para se constituir em um processo genuíno, único, original. Seja o Construtivismo, seja o Surrealismo ou o Dadaísmo, dentre outras, transformar-se-ão em Kantor e se constituirão na sua maneira estritamente pessoal e subjetiva de perceber a arte e o mundo em que vive. Kantor não é construtivista,

68 WAGNER CINTRA

surrealista ou dadaísta ou de outra corrente que se queira atribuir a ele. Kantor é Kantor, apaixonado pelas imagens e pelos objetos, pelos quais percebemos a síntese de todas as principais correntes das vanguardas do século XX.

Após a encenação de *O casamento*, Tadeusz Kantor passou a pensar na rarefação das principais influências históricas no seu teatro. A diminuição das influências não significa absolutamente negação, mas um grande abrandamento, muito significativo, na utilização direta do Construtivismo, do Surrealismo e das diferentes tendências da arte que por muito tempo configuraram o seu teatro. O que permaneceu, principalmente após a encenação de *Que morram os artistas!*, foi apenas a atitude, o impulso criador, sobretudo pela conquista do desconhecido, desconhecido esse que terá nos objetos o vórtice de condução para outra realidade, uma realidade sustentada pela imagem e que existe em concomitância com a realidade da vida. Mas antes de adentrarmos nesse universo outro se faz necessário, pelo momento, o entendimento de questões relativas aos objetos, observados na sua individualidade, em suas funções objetivas, nos espetáculos de Kantor.

2
Os objetos e a poesia da morte no teatro de Tadeusz Kantor

Chantal Meyer-Plantureaux (apud Kantor, 1993, p.239) comenta que a história do objeto em Kantor tem seu início com a tábua de madeira e com a roda de canhão em *O retorno de Ulisses*, espetáculo de 1944. Esses objetos constituir-se-ão nas ideias essenciais de Kantor sobre o objeto no seu teatro, ou seja, a ideia do objeto pronto ou encontrado, *objet trouvé*, na concepção de Kantor, noção semelhante ao *ready-made* de Marcel Duchamp, e aquela da *matéria arrancada da vida*, o objeto pobre que caracterizará a *realidade de classe mais baixa*, ideia que está em conexão ao conceito de realidade degradada expresso na obra de Bruno Schulz. Mas ao lado dessa ideia que percorre toda a sua obra, outros objetos mais sofisticados aparecerão, não mais arrancados da vida, mas construídos, fabricados, revelando outro universo poético, outra concepção do objeto em Kantor.

Entre *O retorno de Ulisses* (1944) e *Hoje é meu aniversário* (1990), os objetos multiplicaram-se muito (de um espetáculo a outro). Essa multiplicação deu-se não somente no sentido físico, mas também no nível do desenvolvimento conceitual da natureza e da função do objeto na cena. Para melhor compreender a especificidade de cada objeto, selecionei alguns, dentre tantos, e os separei em grupos conforme a proximidade de sua natureza física e conceitual em relação à expressão da sua existência em cena. Ao comentar sobre a especificidade desses objetos, aproveito o momento para tecer uns comentários na tentativa de aprofundar um pouco a análise de algumas de suas produções.

Os mecanismos da morte-vida

Os objetos reais

Neste grupo estão os objetos retirados do cotidiano ou que foram confeccionados como retratos da realidade cotidiana.

A cruz

Algumas imagens da morte confortam-nos, ao passo que outras nos aterrorizam. No entanto, algumas imagens, eu diria, podem causar conforto e terror ao mesmo tempo. Nesse contexto, a cruz é um objeto de singular especificidade.

Figura 7 – Cruz usada em *Wielopole Wielopole*.

O conhecimento de toda e qualquer morte reforça em nós a consciência da nossa própria morte. Essa é uma ideia apavorante, mas a única certeza da vida é de que tudo o que é vivo morre. Diante dessa verdade inexorável, fez-se necessário que o ser humano, na especificidade de cada cultura, encontrasse meios de aliviar o medo e de conformar-se com a morte, a própria morte. Talvez isso explique o fato de os homens se cercarem insistentemente de imagens da morte. O ser humano, pela imaginação, não custou a criar um mundo no qual não estamos mais vivos, e a maneira exclusivamente humana de realização dessa ideia é por meio da arte. Nesse sentido, com a arte, o artista encontra uma forma de ter algum controle sobre o mundo material e sobre a realidade que o cerca. Assim, somos levados a nos cercar de imagens da morte, sobretudo dos ancestrais, para criar a impressão de que aqueles que povoam nossas lembranças ainda continuam ao nosso lado. Daí a aparência dos personagens de Kantor, como se estivessem saídos do túmulo. Em *Que morram os artistas!* esse é um aspecto essencial no desfile do Marechal Pilsuldski e de seus soldados.

Ao buscarmos conforto nas imagens que lembram a morte, criamos a impressão de que a morte não é tão ruim quanto parece. Ao pensarmos a nossa própria morte, adquirimos consolo ao contemplar as imagens daqueles que já morreram. Mas esse é só um lado da história. Se o temor pela nossa própria morte é tão intenso e isso faz com que nos cerquemos de lembranças e imagens da morte a fim de nos consolar, o outro lado da história trata do fato de que existem imagens que exploram o nosso medo da morte. Algumas imagens não são reconfortantes. São perturbadoras e até apavorantes. Essa é uma questão interessante e que está no centro da discussão do teatro de Kantor, ou seja: a criação de imagens que são profundamente inquietantes.

A cruz, no ocidente cristão, como símbolo religioso, é usada para confortar as pessoas. No entanto, a cruz, como imagem, é a figura de um homem que sangra e agoniza próximo da morte. Essa imagem deveria causar pavor; entretanto, é uma imagem que apavora e conforta ao mesmo tempo. Mas afinal, qual o sentido da criação de tais imagens? Talvez porque a combinação de imagens exerce um poder muito grande sobre a mente humana, e nesse caminho, a cruz é única, uma imagem que opera de duas formas opostas: é uma imagem aterrorizante que representa dor, perda e sofrimento, mas, ao mesmo tempo, é uma imagem que conforta e mantém a esperança. Kantor certamente sabia que essa combinação fazia da cruz um símbolo extremamente poderoso, daí a sua utilização em todos os seus espetáculos. Ele se utilizava da cruz, não na forma usual, aquela de dar sentido à incompreensível perda da vida, mas fundamentalmente para categorizar a vida diante da opressão totalitária.

Para Kantor, a morte institui-se ainda em vida, a cruz não se apresenta de maneira reconfortante frente à inexorabilidade da morte, mas como agonia da vida diante da própria vida. Isso pode ser percebido em *Wielopole Wielopole,* na cena intitulada "Aqueles do *front*" na qual os soldados, supostamente vivos, misturados aos manequins, supostamente não vivos, ao partirem para a guerra, desconhecem estarem mortos. A transparência da situação é exposta por Kantor por meio do Padre Smietana, que consciente dos fatos, cobre com terra homens e manequins, movimento e ausência de movimento, ambos indubitavelmente inertes, mortos diante da impotência de sublevação da vontade individual.

Pouco antes da cena descrita anteriormente, existe a entrada de uma cruz inclinada sobre rodas na qual um soldado está depositado, em uma posição que cultiva a ideia de crucifixão. Na sequência da cena, o soldado morto, ou quase morto, é colocado pelo Padre Smietana junto aos soldados que partem para o *front*. A cruz sobre as rodas, nesse contexto, adquire a função de carro funerário, veículo que conduz ao calvário e à morte.

Em Kantor, a cruz assimila diversas funções e conceitos, entre eles, o fim da vida em toda a sua singularidade religiosa. Conforme a práxis católica, existe algo na existência humana que não se pode crer suscetível de destruição, daí o inevitável recurso à fé religiosa para aplacar o temor diante do desconhecido. Nesse ponto, a morte realiza a principal vocação do ser, ou seja: deixar de ser o que é para ser colocado em outro mundo para mudar inteiramente de Ser. Ao assumir o signo da morte, a cruz apresenta-se como fronteira que não significa apenas o fim da vida, mas o limiar de outra realidade. Se entre os crentes encontramos o paraíso ou o nirvana, em Kantor encontramos o teatro.

Figura 8 – *Wielopole Wielopole*: cruz inclinada sobre rodas; ao fundo, o ateliê do artista.

Os bancos de escola

Os bancos de escola fazem parte de uma categoria que Chantal Meyer-Plantureaux (ibidem) chama de objetos emprestados da vida cotidiana. Os bancos em *A classe morta* compõem um grupo de cinco unidades; os dois últimos são ligeiramente mais altos que os outros. Quando em conjunto com os atores e manequins possibilitam uma composição em forma de pirâmide, uma espécie de instalação, "um monumento funerário" (ibidem, p.240) que abriga os dejetos da infância morta, os velhos. Seu valor dramático duplica-se em sua função metafórica, ou seja: por um lado, os bancos de escola associam a ideia de escola, de infância, do momento no qual a vida se revela em sua plenitude. Por outro lado, servem como concepção da morte no sentido de registrar para o espectador o inevitável escoamento da vida na direção da cessação definitiva de toda matéria viva.

Figura 9 – Projeto de cena.

Os manequins nos bancos de escola acionam a memória criando a sugestão de vida, mas é uma vida retida na memória do espectador, uma vida que ficou no passado. Ao movimentar a memória do espectador, os bancos estabelecem uma relação intrínseca entre o passado e o presente, pontuando a inexorabilidade do futuro. Assim, a morte institui-se como uma imagem tanto do futuro quanto do passado. O presente, entretanto, é um estado em constante corrupção da vida, uma vida que se esvai incessantemente e impregna os bancos com a força das suas lembranças.

Figura 10 – Manequins nos bancos de escola.

Como outros objetos construídos por Kantor, o material utilizado geralmente era encontrado ao acaso em canteiros de demolição, o que já dava aos objetos uma natural aparência de velhos e usados. No caso dos bancos de *A classe morta*, essa característica é realçada por uma pintura que acentua a aparência da ação do tempo sobre a matéria bruta. Kantor (1993, p.240) afirma em *A classe morta*: "por serem extraordinariamente reais e concretos, os bancos impõem imediatamente a sua presença, ocupam o espaço de maneira massiva e estável". Imbuídos de uma rigidez escultural, sustentam os corpos frágeis dos Velhos decadentes ao mesmo tempo em que preservam a memória, e preservar a memória parece ser uma obsessão em Kantor, uma necessidade de não esquecer a experiência da Segunda Guerra Mundial. Os bancos como lembrança da morte: a morte nas prisões, nos cadafalsos da intolerância que vitimou todo um povo nos campos de concentração.

Figura 11 – Os bancos de escola utilizados em *A classe morta*

Os bancos de escola, em *A classe morta*, tornam-se a escala da dimensão da memória de Kantor e também do espectador. Em *Não voltarei jamais*, os bancos tornar-se-ão os elementos da memória do artista por não significarem mais a infância perdida, mas por assumirem a condição de personagem ao representarem um espetáculo antigo.[1] Os bancos deixam de ser o depósito da memória para personificarem a própria memória, deixam de ser objetos estáticos para se tornarem sujeitos da ação. Os bancos como sujeitos da memória são quatro e da mesma altura. Estão pintados com uma tinta escura e têm o tamanho reduzido em relação aos de *A classe morta*. No espetáculo, não carregam mais a memória da infância, mas estão carregados da história do seu uso, das representações do espetáculo realizado pelo Teatro Cricot 2 – a memória de um espetáculo antigo que se faz presente em outro mantendo a relação anterior, passado e presente, e o presente de *Não voltarei jamais* torna-se "ilusoriamente" o futuro de *A classe morta*.

Os bancos têm sua relação funcional alterada de um espetáculo para outro: em *Não voltarei jamais*, eles não representam mais o objeto essencial, massivo, que ocupa a maior parte do espaço. Eles estão todos em

---

1 É importante assinalar que os bancos de escola em *Não voltarei jamais*, dentro da divisão que estabeleci para falar sobre os objetos no teatro de Kantor, seriam classificados como um objeto cópia. No entanto, optei por falar sobre eles ao lado dos de *A classe morta*, para acentuar as semelhanças e diferenças conceituais na cena.

viés, são somente mais um dos elementos em meio a uma proliferação de objetos. Isso justifica as suas dimensões reduzidas, ou seja: em *A classe morta*, a sua robusta solidez e sua infalível imobilidade permitiam que fossem ligados uns aos outros; no caso de *Não voltarei jamais*, os bancos são movimentados, manuseados, acrescentados à cena como citações – a lembrança ativa de um espetáculo anterior. Eles não sustentam mais os corpos dos velhos decrépitos de *A classe morta*, eles esmagam os pobres fugitivos de *Não voltarei jamais* (ibidem, p.241), signos residuais de uma narrativa que trata da resistência artística do Teatro Cricot 2. Recordações, "lembranças pesadas demais para carregar" (ibidem).

Os bancos escolares possuem para Kantor um significado assaz essencial e é significativo na evolução dos objetos no seu teatro. Aquilo que em *A classe morta* estabelece a noção de morte em relação ao passado e ao futuro e que em *Não voltarei jamais* se constitui na referência citacional do passado que se presentifica no futuro-presente, esse encontro entre duas realidades distintas no tempo e unidas pela memória faz dos bancos o símbolo essencial do não esquecimento, símbolo que Kantor eterniza ao esculpir para o túmulo de sua mãe um monumento (que se tornou o seu próprio monumento funerário).

Figura 12 – Projeto do monumento funerário

A cama

Que morram os artistas! é um espetáculo que faz parte do chamado ciclo do Teatro da Morte. Nesse trabalho, que a meu ver é uma transição para o ciclo do Teatro da Memória,[2] Kantor começa a pensar aquilo que será a característica fundamental dessa última fase e que termina com a sua morte, em 1990. Essa característica lida com uma intensa reorganização de elementos cênicos até então por ele utilizados, cuja nova organização tem suporte nas suas lembranças, e que dizem respeito a fatos históricos e à mítica da cultura polonesa. Na verdade esse processo já se iniciara em *Wielopole Wielopole*, no qual o espetáculo é basicamente uma autobiografia em que ele faz, pelas suas memórias e a partir do seu quarto da imaginação, uma espécie de exumação da sua própria história pessoal em meio a fatos da história da Polônia.

Que morram os artistas!, diferentemente de *Wielopole Wielopole*, é um apanhado de lembranças em que elementos da história real da Polônia convivem com o imaginário de Kantor e são interpretados segundo interesses muito específicos. A ele não interessa contar fatos da história, mas recordar personagens de outras épocas estabelecendo um jogo com o tempo por meio das lembranças da sua vida privada. Já no ciclo seguinte, as lembranças, muito mais pessoais, tratam de um retorno aos seus espetáculos anteriores. Kantor aproveita, em um processo de contínua exumação de seu trabalho, seus dois últimos espetáculos para refletir sobre a sua própria criação artística.

Após *A classe morta*, Tadeusz Kantor renuncia a todo texto preestabelecido. São as imagens o que mais importa ao espírito da peça. Não interessa a história das personagens, mas as situações dramáticas e seus efeitos, os jogos e as tensões, tensões alicerça-

---

2 Kantor nunca chegou a nomear essa fase da sua criação. Teatro da Memória foi um título atribuído pelos seus estudiosos e comentadores. O ciclo do Teatro da Morte é formado pelos espetáculos *A classe morta* (1975), *Wielopole Wielopole* (1980) e *Que morram os artistas!* (1985). O Teatro da Memória é composto por *Não voltarei jamais* (1988) e *Hoje é meu aniversário* (1990).

das, sobretudo, no choque, na contradição entre a vida e a morte. Conforme o pensamento de Kantor (1993, p.45):

> o teatro é uma atividade que se situa nas fronteiras extremas da vida, no lugar onde os conceitos da vida perdem razão e significação, em que a loucura, febre, histeria, delírio, alucinação são as últimas trincheiras da vida frente ao surgimento da "trupe de feira da morte", seu Grande teatro.

É exatamente nessa fronteira que o espetáculo acontece.

Walther e Metzger (2006, p.678) dirão que "no limiar do século XX as vanguardas artísticas fizeram da morte um ato de revolta". No caso de Tadeusz Kantor, essa não é a mesma revolta de Antonin Artaud para quem somos todos suicidas, "já que temos criado miséria e horror para essa terra" (ibidem). A revolta em Kantor, não menos profana e repleta de *pathos*, permite a ele configurar a morte como elemento poético, ou seja, como linguagem criativa. Para ele, a obra de arte constrói-se na esfera da morte e é na dimensão da morte que toda a sua linguagem se desenvolve e onde os objetos encontram a sua mais profunda existência.

Dotada de um princípio semelhante aos bancos de escola, a cama em *Que morram os artistas!* deixa de ser um local de repouso para tornar-se uma espécie de lugar no qual se está prestes a morrer. O duplo sentido do objeto em Kantor manifesta-se, de um lado, como uma realidade pronta (o objeto real, cotidiano, vulgar na sua simplicidade objetiva), e de outro, como a reflexão metafísica sobre a esfera da morte, a sua própria morte, reflexão que se estenderá até seu último espetáculo *Hoje é meu aniversário*.

Como outros objetos de Kantor, a cama, um objeto bruto, construído de ferro e madeira, é dotada de uma estranha presença, como se estivesse carregada de tensão. Essa tensão, na verdade, diz respeito à ativação da memória retida no quarto da imaginação que produz imagens que constantemente entrecruzam passado, presente, futuro, imaginário e futuro-presente. Desse entrecruzamento sobressai uma nova maneira de jogar com os diversos elementos combinando-os em uma nova organização em que o sério e o cômico se aliam ao sarcasmo e à ironia que conduz seus espetáculos além do *pathos* da tragédia, mas para a própria história representada pelo terror dos campos de concentração. No entanto, Kantor dessacraliza o horror introduzindo a dimensão do humor nos domínios do trágico, sobretudo o da tragédia histórica do povo judeu. Essa intensa relação entre hilaridade e horror é determinante na arte de Kantor, que se nutre dos signos da realidade histórica e de diversos outros elementos e os combina em uma nova organização, conferindo a eles outra força universal.

Não é por acaso que ele coloca sobre a cama, à espera da morte, o duplo do seu próprio personagem, representado pelos gêmeos que se designam um como o autor com suas palhaçadas, suas mudanças de papéis, e o outro morrendo. De certa maneira, esse fenômeno da duplicação tem em Kantor uma ligação direta com o pai esquizofrênico que via o seu duplo em todo lugar. Durante as refeições, ele falava consigo mesmo como se estivesse diante dele próprio. O pai de Kantor, que teria morrido em Auschwitz, deu origem a essa relação com o duplo, que para ele é a possibilidade de multiplicação ao infinito e, também, a crença na existência de realidades paralelas, assunto que o acompanhou até o final da vida e será tratado oportunamente.

Mas a morte em Tadeusz Kantor é mais do que a morte em si, ou seja, a cessação da vida biológica. Talvez o maior significado da morte, no seu teatro, resida exatamente na "espera", naquele momento que antecede a morte, na agonia da vida que é incapaz de sublevação. A mesma agonia dos corpos amontoados nos depósitos humanos de Auschwitz em que os leitos, antes de serem repouso, tornam-se a materialidade da espera, a antecâmara da morte. À espera, os prisioneiros dormiam aos pares sobre estrados de madeira ou palha sobre o cimento. Em tais condições, a vida passou a ser espera. Apesar de toda a humilhação e das mais perversas formas de degradação humana, da dor e do sofrimento, a vida transformara-se no terror da espera pelo banho da morte.

Figura 13 – Camas nos alojamentos em Birkenau (Auschwitz II).

As portas

Como já foi dito insistentemente, acredito que a arte de Kantor se situa em uma zona de interseção entre duas realidades, que neste momento entendo como a realidade da arte e a realidade da vida. Posteriormente, como veremos, essa interseção será uma região na qual a morte e a vida se entrecruzam. Nessa região, a porta assume a sua condição de objeto real, que dentre os objetos é o exemplo mais evidente de objeto passagem, pois esse estabelece um acesso direto entre dois universos que, na linguagem de Kantor, se identifica como "além de", ou seja: um mundo além da lógica cotidiana.[3]

Ao que me parece, essa noção da porta como objeto de passagem tem sua origem com *O retorno de Ulisses*, de 1944, durante a fase do teatro clandestino.[4] Como dito anteriormente, o espetáculo foi realizado

---

3 Esse conceito de outra realidade será examinado mais adiante.
4 Em 1939, com a invasão da Polônia pela Alemanha, Kantor com o Teatro independente da Cracóvia desenvolve uma atividade totalmente destacada da realidade ambiente. Com um grupo de amigos, ele representava em casa de particulares ou em escombros aquilo que chamou de espetáculos clandestinos. Esses espetáculos

nos escombros de um apartamento bombardeado pelo exército alemão. Nesse espaço real havia alguns objetos reais, destruídos pela guerra, sem mais nenhum valor para a civilização, pois estavam quebrados. Eles foram anexados e chamados de objetos de arte por Kantor. Esses objetos criavam um conhecimento não conceitual[5] pelo estabelecimento de novas relações entre eles e tudo o que existia naquele espaço.

O retorno de Ulisses introduz algumas das noções sobre o objeto que serão recorrentes no teatro de Kantor, sobretudo a ideia de objeto pobre:[6] conforme descrito nas *Lições de Milão*, a ele e a seus contemporâneos não restava outra opção a não ser se apoderar do objeto que estivesse mais próximo. Esse objeto era retirado da realidade da guerra; de certa maneira, era salvo do desaparecimento e da destruição. A realidade na qual Kantor explora esse objeto, que traz em si as lembranças da sua existência utilitária, é chamada por ele de "realidade de classe mais baixa", uma realidade situada no nível mais inferior da civilização, ou seja, as latas de lixo. Na arte de Kantor, essa realidade situa-se em um espaço que existe fora da realidade, ou seja: em uma realidade paralela à realidade cotidiana,[7] no caso, a realidade da Segunda Guerra Mundial.

Os objetos utilizados são objetos inúteis e aquilo que acontece no espaço é um processo de redefinição de novas relações que, necessariamente, se fundamentam na realidade da plateia. Ao entrar no espaço onde a ação acontece, ao cruzar a porta entre as duas dimensões, o espectador assume integralmente a responsabilidade de entrar no espaço teatral, e a partir da ultrapassagem dos limites estabelecidos não existe mais a possibilidade de volta. Ao cruzar tal fronteira é preciso fazer saber ao espectador que ele pode estar entrando em Auschwitz,

---

     eram fundamentados sobre o efeito da fascinação pelo objeto que perde a sua significação prática, original, alterando a sua substância para uma nova realidade.

5 Conhecimento não conceitual, pois não se tratava de objetos cuja imagem estava associada à especificidade do uso cotidiano. Uma cadeira quebrada, *a priori*, não tem nenhuma utilidade para a vida prática do dia-a-dia.

6 Essa não é a ideia grotowskiana de objeto pobre. Grotowski, conforme a teoria do teatro pobre, impede a "utilização de quaisquer objetos-instrumentos de que o ator não tenha uma necessidade insuperável" (Roubini, 1980, p.127).

7 É preciso entender realidade cotidiana como o modo de ser das coisas existentes fora da mente humana ou independentemente dela.

na realidade da morte, e talvez nunca mais consiga sair. Após a guerra, com uma realidade diferente, ocorre uma mudança na forma do teatro de Kantor, mudança que o conduziu, em 1947, para as primeiras experiências com a arte abstrata na Polônia.

Figura 14 – Auschwitz I: a porta principal do campo

Por mais que as transformações tenham caminhado no sentido do abandono da arte representacional na direção de uma maior imersão no interior da matéria (ou seja, da exploração de aspectos desconhecidos da realidade), o teatro de Kantor aprofundará a discussão sobre a função do objeto no teatro. Dessa forma, alguns objetos retornarão de espetáculo em espetáculo. Nesse sentido, a porta é um objeto que aparece em todas as produções, não somente como elemento constituinte do espaço cênico, mas como metáfora de passagem entre dois mundos.

Em *A classe morta*, a exemplo de outros espetáculos, a porta é um elemento separador entre o real e a ilusão. Em *As belas e os feios*, espetáculo de 1973, ao entrar para assistir à peça, o público foi impedido de entrar na sala onde o espetáculo aconteceria, sendo retido em uma espécie de chapelaria adaptada no porão da galeria Krzysztofory, que sugeria que na sala posterior estaria o teatro onde o espetáculo seria realizado. No entanto, o espetáculo estava em desenvolvimento no próprio espaço da chapelaria, o teatro era somente uma ilusão, uma abstração que existia apenas nas expectativas do público. Assim, a porta torna-se o elemento definitivo que, na volatilidade do abrir e fechar, acentua a duplicidade do teatro de Kantor naquilo que diz respeito ao choque entre realidade e ilusão: no caso de *As belas e os feios*, a constante negação da ilusão por meio da intensa apropriação do espaço real.

Em *A classe morta*, também realizada na galeria Krzysztofory em 1975, por sua vez, como já foi dito, os bancos impunham a sua presença massiva e ocupavam a maior parte do espaço e funcionavam como receptáculo da memória da infância morta. Esse espetáculo, ao contrário de *As belas e os feios*, traz na aparência a forma do teatro tradicional apenas por uma distinção da cena e do público, ou seja: o espectador foi afastado da realidade da cena.

O espetáculo funcionava para o público como uma tela exibida em uma galeria de arte na qual havia uma corda de separação que reforçava essa ideia. Entretanto, a porta constantemente aberta deixava à vista a passagem por onde os espectros, personagens históricos e todas as fantasmagorias de Kantor podiam ir de um para outro mundo. O fato de a porta permanecer aberta no espetáculo produz uma ação às avessas, ou seja, na medida em que apenas a passagem dimensional é vista, o que proporciona ao espectador a percepção das personagens surgindo lentamente das sombras para a luz do teatro, a porta é apenas uma abstração, e como para Kantor a abstração nada mais é do que a existência do objeto em um outro mundo, a porta se mostra reveladora dessa concepção. Por um lado, quando fechada em outros espetáculos, a sua realidade formal atua objetivamente na memória do espectador que vê o objeto como um instrumento conceitual, aquele que permite a comunicação entre dois aposentos ou, no caso de Kantor, a comunicação entre duas realidades. Por outro lado, quando aberta ou ausente, distante, escondida dos olhos do espectador, a porta induz à exploração

NO LIMIAR DO DESCONHECIDO **85**

interior da cena exterior e isso é algo que é próprio da arte abstrata. O movimento de uma realidade para a outra,[8] que se acentuará assustadoramente nos espetáculos posteriores, *A classe morta* o conduzirá a explorar aspectos desconhecidos da realidade aparente.[9]

Seguindo um princípio semelhante, em *Wielopole Wielopole* encontraremos duas portas. A primeira, aquela do armário (um tipo de guarda-roupas que já havia sido utilizado em espetáculos anteriores, a exemplo de *A pequena mansão*),[10] que também é usado como passagem, como local de jogo para algumas personagens da peça. Kantor vê o armário como um novo lugar teatral e o chama de "interior da imaginação".

Para Kantor, esse armário é exatamente o espaço que, quando é aberto, libera o ator para arremessar-se no espaço para criar um complexo de relações diferentes. Nesse sentido ele revela a matéria que está fechada pela porta do armário. No momento em que a porta é aberta, a matéria é liberada das leis de construção que emolduram a abertura do próprio armário. Essa exploração é uma séria estratégia para tentar abrir o que está fechado pelas portas para aquilo que não é acessível ao olhar e ao entendimento. A porta pode ser vista, mas não se sabe o que se passa no seu interior. Somente quando as portas se abrem e os atores são jogados para fora é possível perceber e liberar algum significado.

---

8 A ideia de movimento entre duas realidades também pode ser observada em artistas como Jackson Pollock que é talvez o maior representante da *action painting* ou Expressionismo Abstrato.

9 A exploração de aspectos desconhecidos da realidade foi traduzida por Kantor no conceito de Teatro Autônomo.

10 Kantor usa um armário velho que além de objeto é também local de representação. Mais tarde, esse armário será chamado de bio-objeto, que é um objeto cujo organismo nas suas partes internas é um ator. Nessa produção, nesse armário, pendurados nos seus cabides arremessando-se uns contra os outros, batendo uns nos outros, os atores destroem a possibilidade de interpretação do drama porque a verdadeira ação de representar está constantemente sendo destruída.

Figura 15 – Armário utilizado em *Wielopole Wielopole*.

A outra porta de *Wielopole Wielopole* é composta de duas folhas de madeira que correm sobre trilhos e que assumem variados aspectos e funções no espetáculo. Diferentemente dos espetáculos anteriores encenados pelo Cricot 2 no porão da galeria Krzysztofory, o espaço de *Wielopole Wielopole* é uma espécie de instalação concebida em um espaço real, no caso da estreia em 1980, da Igreja de Santa Maria em Florença, Itália. A singularidade da porta, nesse espetáculo, reside no fato de que ela assume a condição de objeto memória, portal pelo qual as lembranças guardadas no quarto da imaginação de Kantor poderão ganhar materialidade na cena. Mas a porta também assume a condição de barco dos mortos. Um exemplo disso é o momento do espetáculo em que os soldados são enviados para a guerra. A porta com as duas folhas abertas abriga soldados e manequins; vida e não vida estão associadas em uma espécie de frenesi alucinante. Nessa cena, a porta pela qual entram as personagens extraídas da memória de Kantor torna-se porta de vagão de trem que conduzirá os soldados para o *front*. Os personagens que representam parentes e amigos despedem-se com lenços brancos esperançosos do retorno daqueles que partem. O padre, entretanto, consciente da realidade da cena, se despede dos mortos jogando terra sobre os cadáveres, mesmo sobre aqueles que estão aparentemente vivos, pois na percepção do padre Smietana aqueles que partem para o combate já estão mortos.

A ambiguidade da cena constitui-se no fato de a relação morte e vida estar associada ao mesmo espaço, o vagão. Esse espaço, organizado pela porta corrediça, na medida em que os cadáveres são enterrados, também passa a ser cemitério, ou ainda os vagões que conduzem a Auschwitz, para as portas dos alojamentos em Birkenau, a antessala da morte nas câmaras de gás. Nesse caso, Kantor serve-se de uma realidade para falar de outra mais profunda, ou seja: os instrumentos da cena, personagens, figurinos, objetos etc. situam-nos nos anos da Primeira Guerra Mundial, mas a ação realizada com os mesmos elementos remete o espectador para as dimensões da Segunda Grande Guerra.

Figura 16 – *Wielopole Wielopole*: no projeto de cenário, o armário e a porta corrediça ao fundo.

Se em *Wielopole Wielopole* a porta do armário conduz para uma realidade não acessível e a porta corrediça materializa o espaço da morte, em *Que morram os artistas!*, ao contrário, a porta de fundo age como acesso dos mortos para esse mundo, de forma que a cena é invadida por cadáveres retirados da memória e também das alucinações de Kantor. Nesse processo vemos, conforme uma observação de Denis Bablet (apud Kantor, 1993, p.44), que "após *A classe morta* o teatro tornou-se para Kantor como uma recordação da vida, ou ainda uma irrupção dos mortos que vêm se confrontar a nós". E nas palavras do próprio Kantor: "o teatro, eu insisto em afirmar, é o lugar que revela, um vau secreto em um rio, os traços de uma passagem de outra vida para a nossa vida" (ibidem).

Isso pode ser exemplificado pela "personagem encontrada" ou "personagem/objeto encontrado": conforme a explicação de Kantor, a figura histórica de Veit Stoss, célebre escultor alemão do século XV (que em 1491 construiu, na Cracóvia, o belíssimo retábulo para o altar da Basílica de Santa Maria), é uma espécie de personagem viajante, alguém que pela sua obra é capaz de viajar pela história.

Para Kantor, a palavra "encontrada" não tem o mesmo significado que lhe atribuíam os dadaístas. A significação é muito mais profunda do que a sua simples aparência. Não se trata de recuperar alguma coisa, não é o resultado de uma ação cotidiana de procurar algo, como ele mesmo define: "o objeto encontrado tem ligação com o mundo do "outro lado", com o mundo suprassensível, com as regiões da morte. Ele não pode ser explicado, ele é fútil, gratuito, ele é quase uma pura obra de arte!" (ibidem, p.43)

Veit Stoss, em suas viagens, veio só, ninguém o convocou. Kantor explica isso dizendo que a sua presença na cena não é devido a qualquer interesse por sua vida ou pela importância pela sua obra, não. Para ele, isso é para a história da arte, não para o teatro. A criação teatral é um processo de trabalho do demiurgo cujas raízes mergulham no coração do "outro Mundo" (ibidem, p.45). Entretanto, Veit Stoss está na cena e duas realidades justapõem-se. Qual será a sua obra nesse novo mundo? Mas isso será tratado no devido momento; retomemos agora a questão da porta no teatro de Tadeusz Kantor.

NO LIMIAR DO DESCONHECIDO **89**

Em *Não voltarei jamais*, existe uma porta que funciona como *ekkyklema*:[11] apesar de a sua função não ser exatamente a mesma que tem no teatro grego, baseia-se no mesmo princípio de revelar. E revelar, em Kantor, tem necessariamente uma ligação com o desconhecido, desconhecido que se faz conhecer pelas imagens que sobressaltam para a cena através das portas.

Em *Não voltarei jamais*, vários eram os momentos em que isso acontecia. Talvez o momento mais surpreendente, e ao mesmo tempo aterrorizante, era aquele em que uma porta se abria e através de uma plataforma sobre rodas, um manequim, o manequim de Kantor vestido com trajes de casamento (o seu casamento) aparecia ao lado de uma urna funerária que substituía a figura da noiva. Essa imagem gerou muita polêmica entre artistas e pensadores, pois se tratava de uma imagem que, para eles, era incompreensível, sem nenhuma função racional. As discussões sobre essa cena foram tão intensas que Kantor optou, nas repetições do espetáculo, em substituir a urna funerária por uma atriz, a menina pobre, vestida em farrapos, a aparência da morte inspirada nos manequins de cera. No entanto, a imagem inicial, do ponto de vista simbólico, vem corroborar exatamente o pensamento de Kantor sobre o bio-objeto.

---

11 No teatro grego, trata-se de uma plataforma sobre rodas, utilizada principalmente para revelar o resultado de ações violentas que não podiam ser realizadas à vista do público.

Figura 17 – *Não voltarei jamais*: o manequim de Kantor ao lado da urna funerária. Cena reproduzida em aquarela por Valner Cintra.

A história do teatro de Kantor é indiscutivelmente um diálogo amplo com as regiões da morte. Entretanto, é a partir de *A classe morta* que esse diálogo se intensifica e passa a dominar todas as suas reflexões. Kantor estabelece a sua arte e a sua própria vida como uma espécie de casamento com a morte. A urna funerária, personificação feminina da morte, a companheira inseparável, também se traduz como leito nupcial, o derradeiro bio-objeto que abrigará no seu interior o artista que, como a morte, se converterá em abstração.

Das várias utilizações da porta/*ekkiklema*, uma que também merece atenção é a cena em que por ela o manequim de Mariam Kantor, o pai de Tadeusz Kantor, aparece amarrado ao pilar dos mortos. A cena toda é pontuada pelo som característico que marca a entrada e passagem da orquestra de violinos e, na sequência, as personagens de todos os espetáculos entoam um lamentoso canto judaico: mais uma vez a referência aos mortos nos campos de concentração de Auschwitz.

Mas o *ekkyklema* não é a única porta da peça. Existe outra porta pela qual personagens e situações dos espetáculos anteriores são convocados para a cena. Se em *Que morram os artistas!*, a exemplo de Veit Stoss, as personagens não surgem, elas aparecem espontaneamente da memória fragmentada[12] de Kantor, em *Não voltarei jamais* a cena é a própria memória, a porta como dimensão temporal através da qual as personagens são "convocadas". Aqui, personagens e cenas não acontecem ao acaso. Kantor traz para o palco cenas e personagens de suas produções passadas, um apanhado das obras da maturidade, um espetáculo quase recapitulativo – em que todas as espécies de signos de espetáculos anteriores e mesmo das realizações cênicas dos *happenings* dos anos 1960 e 1970 foram, como comenta Guy Scarpetta (2000, p.68), reintegrados, recombinados, reconectados, relançados em um espaço intertemporal no qual os espetáculos de antanho se sobrepõem uns aos outros.

Essa sobreposição de diversos elementos recolhidos nos espetáculos do passado que são confrontados, refundidos em uma estética que Scarpetta chama de "neobarroca" (ibidem, p.123-4), que também é encontrada na pintura de Kantor e faz com que o quadro seja desnaturalizado pelas figuras que se evadem ou pelos corpos trocados que se prolongam no "além de", em outra dimensão, em outra materialidade, constitui-se como aquilo que Scarpetta chamou de "pintura sobre pintura" (ibidem).

O próprio Kantor acredita que a tela é algo como uma "cena em abismo", em uma espécie de representação redobrada, princípio semelhante ao encontrado em Velázquez[13] em *As meninas* (1656), na qual a pintura é vista pelo seu reverso, o que significa que não é possível ver o conteúdo da tela no seu verso: o que visto é tão somente a parte

---

12 Memória fragmentada no sentido da não existência de linearidade na exposição dos fatos e personagens extraídos da memória Kantor. Nesse espetáculo, personagens da sua história pessoal misturam-se a personagens da história da Polônia. As cenas resumem-se em si mesmas, autônomas.

13 Célebre pintor do Barroco espanhol.

posterior do cavalete. Disso decorre a dúvida de se a pintura no verso já foi pintada ou não. O importante de tal dispositivo é exatamente o jogo entre realidade e ilusão, um jogo que acontece de um choque que opõe a representação à realidade em benefício da própria realidade. No espetáculo, o jogo de engaste das imagens decore disso, por contágio, ao despertar a suspeita sobre a própria realidade.

Guy Scarpetta (ibidem, p.132), em uma passagem do seu livro *Kantor au présent*, faz uma relação da obra de Tadeusz Kantor, no período do teatro da memória, com a viagem de Dante ao reino dos mortos. A relação é muito própria no sentido da ocorrência na obra de Kantor, assim como em Dante, de uma espécie de oscilação entre o passado da ficção e o presente da narração. Em Kantor, entretanto, "não se trata de fazer uma viagem ao mundo dos mortos, mas de fazê--los voltar ao real" (ibidem, p.133).

Esse retorno do mundo dos mortos necessariamente tem de estar associado a um símbolo muito específico. Assim, a porta assume a sua condição de passagem. Em seus espetáculos, nenhum personagem, objeto ou imagem surge do nada; existe, ao que me parece, após *As belas e os feios,* uma regra que estabelece a entrada em cena necessariamente por uma porta, um portal como elo entre dois universos. Em *Hoje é meu aniversário,* dando continuidade àquilo que foi feito em *Não voltarei jamais,* ou seja, à convocação de imagens e personagens de espetáculos antigos, Kantor convoca para a cena não exatamente fragmentos de espetáculos anteriores, mas personagens da sua vida pessoal, amigos, ídolos e a sua vida de artista plástico por meio da sua pintura.

No cenário de *Hoje é meu aniversário,* que é basicamente composto por três molduras de telas, existem portas que dão acesso do fundo para o interior da tela. Essas portas, principalmente as das molduras laterais, em determinados momentos também assumem a função de *ekkyklema,* como aquele no qual o fascínio de Kantor por Velázquez (sobretudo pela pintura *As meninas)* materializa aquela que anteriormente era apenas um tema de sua pintura, em uma personagem convocada para o seu teatro: a Infanta. Entretanto, a Infanta não é somente uma imagem: ela presume o estado amoroso atual de Kantor, um amor idealizado por uma mulher mais jovem.

A Infanta deixa a tela, na mesa de Kantor insinua-se como se estivesse pousando para o pintor e, ao mesmo tempo, flerta com ele. Pela porta da tela central, sairão os personagens convocados, amigos e artistas. Dentre eles, Maria Jarema, artista de vanguarda que foi rejeitada pela arte polonesa dos anos 1950, tornou-se para Kantor um emblema da arte abstrata que é definida por ele como a exploração do espaço, que não é um receptáculo passivo no qual os objetos são lançados. Não, mas é o espaço que dá origem às formas: isso quer dizer que o espaço é um campo energético que pode se precipitar em relação ao objeto e modificar a sua forma. Um exemplo muito utilizado por Kantor é o guarda-chuva que, na sua concepção, é muito mais do que um instrumento usado para proteger do sol ou da chuva – é antes de tudo de um objeto autônomo que abre e fecha o espaço. Seguindo esse princípio, a porta, quando se abre, permite que um espaço invada outro espaço, ou seja: o espaço da representação. Temos assim a origem de novos objetos no espaço. Por um lado, Maria Jarema é lançada através da porta para o interior da tela que está sendo metaforicamente pintada por Kantor.[14] Por outro lado, ao sair da tela em direção ao espaço do pintor, o espaço da tela, da pintura ou até mesmo da fotografia, ela invade o espaço da representação em um processo de sobreposição. Esse recurso, que também foi usado com a Infanta, praticamente define todo o espetáculo.

Essa transformação dinâmica do espaço, criando estruturas autônomas,[15] não é exatamente um processo de busca de novos significados para essas estruturas, mas a necessidade de abandono das noções e conceitos a que estamos acostumados. Como o teatro para Kantor é uma atividade que ocorre somente quando tudo o que é conhecido perde o seu significado e sua razão de ser e todo sistema de referência deixa de existir, a única coisa que permanece na cena são as relações

---

14 É importante lembrar que originalmente, como nos espetáculos anteriores, desde a encenação de *A galinha d'água*, Kantor sempre esteve em cena. Em *Hoje é meu aniversário*, devido a sua morte na véspera da estreia em dezembro de 1990, o espetáculo foi apresentado com uma cadeira vazia próxima a uma mesa à qual ele estaria sentado.

15 Entenda-se o conjunto de todos os elementos cênicos: espaço, objetos, imagens, personagens etc.

94 WAGNER CINTRA

estabelecidas nesse espaço. Dessa forma, a autonomia em Kantor funciona como o estabelecimento de relações dentro do espaço, ou seja: entre objetos e atores. É essa construção do espaço, essa experiência metafísica com um espaço que não representa nada, não equivale a nada e nada traduz, o que possibilita um processo dinâmico na exploração das relações que levam o espectador a entrar no interior da cena em vez de observá-la, como na frente de uma pintura.

Os objetos híbridos

A história dos híbridos em Tadeusz Kantor é muito ampla, talvez a maior característica linguística do seu teatro, já aparecia antes da fundação do Teatro Cricot 2, em 1955. Esse conceito de dois em um pode ser observado em *O retorno de Ulisses* com a fusão de duas realidades, com a utilização do espaço real e do objeto degradado como elemento da criação artística.

A partir do primeiro espetáculo do Cricot 2, *O polvo*, Tadeusz Kantor inicia um extenso diálogo com os textos de Stanislaw Ignacy Witkiewicz, que durará até *A classe morta*. Basicamente, Kantor utiliza as peças de Witkiewicz para a elaboração de uma segunda obra, independente da primeira, autônoma, apesar de se manterem nessa nova criação os elementos da obra original. Esse processo criativo, híbrido, vai aos poucos adquirindo maior especificidade até *A classe morta*, na qual Witkiewicz tornou-se apenas uma referência. Os elementos da peça *Tumor cervical*[16] estão subsumidos a essa outra realidade, totalmente independente da obra literária que não existe no espetáculo enquanto narrativa, mas como suporte para o desenvolvimento das imagens.

Estamos então falando de uma realização artística híbrida, a realidade da obra literária e, consequentemente, a visão do autor em uma relação de simbiose com a criação de Tadeusz Kantor gerando uma realidade artística única, própria, original. É importante lembrar

---

16 Em 1975 Kantor encena *A classe morta*, um espetáculo que foi concebido sobre o esboço do texto *Tumor cervical* de Witkiewicz.

que Kantor não representa Witkiewicz, pelo menos não no sentido tradicional do termo. Conforme Kantor cansou de repetir, "ele representa com Witkiewicz". De certa maneira, esse é um processo pelo qual a obra é continuamente esmagada, triturada na sua ínfima materialidade para revelar o seu significado mais profundo. Nesse sentido, *A classe morta* é o exemplo mais revelador desse procedimento no qual Witkiewicz se encontra fundido na peça. Não se observa mais a aparência da sua obra, mas o seu pensamento condensado nas imagens criadas por Kantor.

Sobre o objeto híbrido, um fator de fundamental importância é o fato de que ele não tem mais a memória da utilidade. Ele torna-se um corpo alheio, possuidor de atributos estranhos e desconhecidos. O objeto híbrido priva o espectador da normalidade da sua condição de receptor. Ao ser confrontado com um objeto que se torna desconhecido devido à pluralidade da sua forma, ou seja, da união de estruturas diferentes, que sugerem diferentes usos, o espectador é forçado a entrar no desconhecido para interpretar alguma possibilidade simbólica. O primeiro exemplo de objeto híbrido, com o qual pretendo ilustrar essa outra concepção do objeto em Kantor, é um objeto utilizado no espetáculo *As belas e os feios*,[17] de 1972: a ratoeira.

A ratoeira

A ratoeira é um dos objetos extraídos do depósito da memória de Kantor cuja característica é provocar dor e sofrimento. Mas antes de comentar sobre os princípios de construção e de jogo desse objeto, é preciso falar um pouco sobre o universo no qual ele está inserido, ou seja, a linguagem de *As belas e os feios*.

Para Kantor, o teatro Cricot 2 é um espaço de exploração daquilo que o teatro é e ao mesmo tempo não é. As mudanças na história do Cricot 2 são marcadas por transformações muito específicas na exploração de linguagens que foram rotuladas de Teatro Autônomo, Teatro

---

17 *As belas e os feios ou a pílula verde, comédia com cadáveres em dois atos e três quadros.* Texto de Witkiewicz.

Informal, Teatro Zero, Teatro Happening, Teatro Impossível, Teatro da Morte e Teatro da Memória. *As belas e os feios* é um espetáculo que faz parte do chamado Teatro Impossível, que é uma transição, a meu ver, entre o Teatro Happening e o Teatro da Morte. Kantor, no Teatro Informal, explorou os aspectos desconhecidos da realidade em um processo de criação em que a matéria que é percebida por nós é uma imagem cujo significado é dado pela maneira convencional de ler a sua forma. Isso significa que a convenção interpreta a matéria de acordo com a experiência individual de cada espectador. Essa liberdade de interpretar libera a matéria das leis da realidade que, em dinâmica e em contínua mutação, tornam impossível a apropriação simplória do olhar que dá forma a ela. Em resumo, Kantor deseja que o olhar se torne um processo de contínua desconstrução da forma da matéria.

No Teatro Zero, por sua vez, que é antirrepresentativo, no qual existe uma recusa da ação, mesmo a ação irracional, e no qual os movimentos que acontecem em cena são absurdos e praticamente reduzidos ao nada, Kantor falará sobre os objetos marginalizados, a exemplo de um amontoado de cadeiras de madeiras que se transformam em máquina da morte na montagem de *O louco e a freira*.

Com o Teatro Happening,[18] ele se voltará para a realidade do objeto pronto, para uma realidade existente, pronta. Com o Teatro Happening, em *A galinha d'água*, Kantor utiliza coisas da vida cotidiana, das atividades diárias, para abstrair de seus valores gerais em função da busca daquilo que lhe é próprio, para revelar elementos imprevisíveis e desfamiliarizar esses objetos. O Teatro Impossível, assim como os anteriores, também deprecia o valor da realidade por meio da exploração daquilo que está escondido da nossa visão, por exemplo: os objetos que são marginalizados, os objetos que foram degradados, os objetos simples do cotidiano.

---

18 Utilizando o *happening* como receita, Kantor proclama "a representação da realidade pela realidade". Ele libera os objetos de suas prerrogativas vitais construindo algumas dependências entre eles (Skiba-Lickel, 1991, p.41).

Essa noção de impossibilidade, do não poder fazer ou do tentar fazer o impossível, é uma reflexão que acompanhou Kantor por muito tempo, desde os tempos da guerra. São reflexões que ultrapassam as dimensões do teatro como possibilidade de consumo e entretenimento. Isso porque um dos princípios elementares do Teatro Impossível reside exatamente na sua falta de atividade. A ação, que teria no ator a sua fonte motriz, desaparece. Esse não representa nada e nada transmite. O comportamento do ator deve paralisar a realidade do texto adotando na cena a sua própria maneira de ser na vida. Essa atitude, dupla, faz com que o jogo teatral, na hibridez da sua realidade, tenda ao infinito e ao se confrontar com a realidade do espectador, este seja levado a um estado de incerteza da realidade na qual ele se encontra. É nesse universo de dúvidas de *As belas e os feios* e do Teatro Impossível que a ratoeira está inserida.

Ao classificar a ratoeira como um objeto híbrido, levei em consideração não somente a sua natureza física, mas também a natureza conceitual. A natureza imediata de uma ratoeira é aquela destinada, obviamente, a capturar ratos. No entanto, a ratoeira também suscita a ideia de prisão e, para Kantor, como já foi dito insistentemente, a prisão se compara a uma tumba; evidentemente, a ratoeira é um discurso de morte. A ratoeira de *As belas e os feitos* destina-se ao aprisionamento e morte de homens.

Figura 18 – Ratoeira: cartaz da peça *As belas e os feios*, fotografado no ateliê de Kantor.

Junto dos demais objetos dispostos no espaço, a ratoeira formava aquilo que a arte moderna chamou posteriormente de instalação.[19] A diferença da instalação com o teatro de Kantor está no princípio de que a instalação é independente da atividade física do artista. O teatro de Kantor, por sua vez, não elimina a atividade física do ator: ele está imerso em uma constante negação da representação. Em um contexto geral, a instalação pressupõe um encontro com o todo espacial na qual ela está inserida propondo ao público alguma forma de participação, de penetração física na obra.[20]

Em *As belas e os feios*, as ações desenvolviam-se sem qualquer ligação com as indicações de Witkiewicz. O público, ao ser abordado pelos atores, era introduzido no desenvolvimento do espetáculo sendo obrigado a assumir o papel de algumas personagens da peça. As ações dessas personagens assumidas pelo público eram guiadas pelos próprios atores sem qualquer preocupação com a construção de qualquer contexto verossímil em relação à peça de Witkiewicz. Os espectadores também eram obrigados a manipular diversos acessórios sem qualquer significação metafórica e sem nenhuma relação com a ação.

A exemplo de *A galinha d'água*, Kantor está em cena e a sua presença, que tem por objetivo a supressão da ilusão, faz com que o espetáculo não degenere em teatro "normal", de conflito de opiniões, eixo entre a expressão e a imitação da vida. O conflito, se é que existe, está relacionado ao confronto com o espaço e, principalmente, com os objetos. Um exemplo disso é um momento na peça em que a atriz Mira Rychlicka, no chão, se desdobra em luta corporal tentando vencer uma caixa de papelão desfeita. Em geral, de alguma forma, o objeto sempre vence.

---

19 A instalação é um fenômeno artístico multiforme que após os anos 1980 tornou-se uma situação "cênica" que combina elementos plásticos os mais variados. Uma instalação pode ir da mais modesta composição de obras plásticas ou de objetos usuais dispostos no espaço até a própria transformação do espaço.

20 Na peça de Kantor, assim como no contexto artístico da realização de uma instalação, também não existe mais a narrativa discursiva, a tensão dinâmica do teatro tradicional cujo movimento se dá por meio da ação dramática em um processo de exposição da exposição da fábula e do conflito.

NO LIMIAR DO DESCONHECIDO 99

Outra situação ilustrativa acontece com outro objeto híbrido que não foi inserido por mim na relação dos objetos que constituem a síntese do objeto em Kantor, mas que creio seja interessante comentar rapidamente sobre ele, é um objeto que chamei de "bota com rodas",[21] composto por um calçado masculino, tipo coturno de soldado, preso a uma tábua de madeira. Por meio de canos de ferro, duas rodas de bicicleta, sem encostar no chão, são presas nas laterais dos coturnos. É um objeto que não tem nenhuma função a não ser a de inibir a ação do ator que o utiliza. Ao colocar os pés no calçado, o único movimento de que o ator dispõe é o das mãos movimentando as rodas. Esse movimento caracteriza não um estado conflituoso entre o ator com o objeto, mas reforça a tensão entre os dois elementos. O inerte movimento humano (entenda-se o não mover-se pelo espaço) contrasta com o movimento cinético das rodas. O homem está preso ao objeto e dele não é possível escapar.

Figura 19 – *As belas e os feios*: botas com rodas.

---

21 Essa é uma nomenclatura pessoal. Na Polônia, quando estive na Cricoteka, ninguém soube me explicar o nome correto desse objeto.

100 WAGNER CINTRA

A ratoeira, por sua vez, reforça essa ideia da impossibilidade de fuga. A principal cena de uso desse objeto desenvolve-se de uma maneira na qual a ratoeira, um objeto que tem a aparência de uma mesa de ambulatório hospitalar[22] sobre rodas, feita de madeira e canos finos, parece perseguir, como um animal, o ator que dela não consegue fugir e por ela é abocanhado. O engraçado desse jogo é que Kantor, que está em cena, orienta o ator na direção do inevitável, a submissão ao poder do objeto. É claro que outra relação de poder está implícita nesse jogo. No espetáculo, a representação simbólica do poder é relacionada à personagem que manuseia e domina o objeto de opressão. A ratoeira funciona em *As belas e os feios* de maneira semelhante ao arco utilizado por Ulisses para exterminar os pretendentes de Penélope.

Kantor está precisamente interessado na exploração da relação de poder entre os objetos e os homens fora das convenções da indústria cultural. É exatamente por isso que esses objetos, principalmente aqueles da "realidade de classe mais baixa", estão necessariamente associados a espetáculos que se realizam fora dos espaços tradicionais do teatro, fora da divisão tradicional entre palco e plateia, ou seja, entre ator e público. Nesse espaço "encontrado", o objeto pode ser liberado de toda e qualquer possibilidade de servidão utilitária. Liberar o objeto da escravidão da utilidade é a resposta de Kantor a esta realidade.

---

22 Essa aparência é reforçada por alguns acessórios anexados a ela, tais como um funil, um garrafão de vidro, mangueiras de borracha, e também por uma atriz (Maria Kantor) vestida com um jaleco branco.

Figura 20 – *As belas e os feios*: cena do espetáculo (pôster exposto no ateliê de Kantor).

O arco de Ulisses

Não voltarei jamais é um espetáculo quase recapitulativo no qual Kantor faz um apanhado das suas obras, sobretudo as do período da maturidade, ou seja: aquelas dos anos 1970 e 1980. Nesse trabalho encontram-se diversas formas de signos dos espetáculos anteriores, mesmo os de algumas realizações feitas antes desse período. Eles foram reconectados, recombinados, reorganizados em uma peça forte e divertida, quase testamentária, na qual os personagens e objetos extraídos das suas encenações vêm se encaixar em uma nova dinâmica.

Talvez esse seja o mais comovente espetáculo de Kantor, não porque todos os modelos se cruzam, mas a utilização desse material retido na memória implicava para ele um processo de renovação da sua fé na arte, por meio dos conteúdos mais significativos da sua vida pessoal, conteúdos sustentados e marcados por uma história fortemente amparada na sua percepção individual do sofrimento, do desespero,

102 WAGNER CINTRA

da vergonha e da humilhação. Após ter assistido a essa produção, Guy Scarpetta (2000, p.72) comenta: "o espetáculo parece um teatro que foi construído com os restos dos destroços de um naufrágio, com os fragmentos caóticos de um universo devorado (o fim da história aconteceu), lançado nesse turbilhão de riso hilariante e de horror que evocava Mallarmé". Enfim, o universo de *Não voltarei jamais* trata de um mundo desaparecido que retorna pelos confrontos e rituais, e o que é mais perturbador é que esse mundo ilusório permite a observação da realidade com outro olhar, tornando-a mais transparente.

Um dos artifícios pelo qual Kantor nos conduz para uma observação mais profunda da realidade é, sem dúvida, a utilização dos objetos. Em *O retorno de Ulisses*, Kantor inicialmente entra na realidade pelos objetos degradados, destinados ao lixo. Em um segundo momento, Ulisses mata com o arco os pretendentes de Penélope fazendo com que a dimensão histórica que é marcada pela entrada do herói grego e que se apresenta vestido com um capacete e um sobretudo militar promova uma transição da realidade imaginada para a realidade da vida cotidiana. Ulisses é um soldado que volta da batalha de Stalingrado.[23] O instante em que Ulisses usa o arco para matar os rivais será reconstruído por Kantor em *Não voltarei jamais*, em uma cena que será recomposta de uma maneira surpreendente. Em *O retorno de Ulisses*, o arco era um pedaço de madeira curvado com uma corda presa nas extremidades sem nenhuma tensão.

Em *Não voltarei jamais*, o arco é uma mistura de arco e metralhadora. Uma forma híbrida que une, mais uma vez, duas dimensões: aquela da representação do espetáculo em 1944 e a dimensão da realidade da produção de 1988. Assim, nesse jogo de associações, a própria cena reinterpretada apresenta um hibridismo na sua estrutura. Kantor está falando do espetáculo passado ao mesmo tempo em que cria uma nova obra no presente. Esse hibridismo da cena está diretamente conectado com o hibridismo do objeto e das personagens de *Não voltarei jamais*. Isso quer dizer que no processo de construção da nova cena, o passado

---

23 A apresentação de *O retorno de Ulisses* coincide com a data de aniversário da derrota dos alemães em Stalingrado em 25 de janeiro de 1943.

existente na poderosa memória de Kantor e também dos espectadores adiciona elementos extras nas lembranças originais, fortalecendo o conteúdo da cena.

É importante entender que nesse espetáculo de 1988, as personagens e os objetos dos espetáculos antigos não reproduzem os trabalhos anteriores. As personagens de um espetáculo utilizam falas e objetos de personagens de outros espetáculos. Um exemplo disso é a prostituta de *Que morram os artistas!* que se apossa da gaiola de a *Galinha d'água*. Em *A classe morta*, um personagem da peça usa um objeto de *Wielopole Wielopole* e o mesmo acontece com os textos, com as músicas, em um tipo de colagem de momentos diferentes de criação. Nada é fixo, tudo está sempre mudando.

A cena é um albergue para seres errantes, um espaço para os viajantes do teatro Cricot 2. Se anteriormente Kantor tinha domínio sobre a sua memória, nesse espetáculo ela está em confronto com o criador. Por vários momentos os personagens dirigem-se a Kantor e o interrogam; evidentemente ele não se manifesta, a não ser por uma gravação da sua voz que soa em off. Nesse ambiente destroçado, como comentou Guy Scarpetta, um espetáculo será representado: *O retorno de Ulisses*. No entanto, apesar de Kantor ter em suas mãos as anotações da produção de 1944, quem organiza a cena é o padre de *Wielopole Wielopole*. Ele distribui os papéis, as falas, movimenta as personagens, trata-os com certa indisposição. Os pretendentes de Penélope são os personagens de todos os espetáculos que estão amontoados nos bancos escolares. Ulisses desfere contra eles uma intensa rajada de tiros. Essa situação reflete mais uma vez a ambiguidade e a pluralidade de associações que o teatro de Kantor possibilita.

Não é apenas uma estratégia de uso do espaço que faz com que aqueles que serão mortos por Ulisses estejam nos bancos escolares. Os bancos funcionam como máquina da memória para a nova história de *O retorno de Ulisses* que será encenada como se tivesse sido originada dos bancos escolares. Assim, como um objeto encoberto pelo tempo, o espetáculo de 1944 deverá ser descoberto novamente. Dessa forma, a memória não pertence mais a Kantor e as personagens se tornaram autônomas em vez de serem controladas por ele. No palco, Kantor entra no espaço de representação para encontrar os objetos de sua criação. Ao que me parece, a postura de Kantor nesse espetáculo diz respeito ao sentido do desdobramento do seu entendimento da realidade na qual ele está inserido. Anteriormente, fazia-se necessário certo mascaramento da realidade para atingir as profundezas dessa mesma realidade. Esse procedimento sempre esteve relacionado aos diferentes momentos históricos pelos quais a Polônia passou. No entanto, com o processo de redemocratização do país, ele parece nos dizer não ser mais preciso encobrir nada.

Assim, por meio de Ulisses com seu arco, ao metralhar a máquina da memória e seus ocupantes, Kantor, por um lado, está falando acerca dos atentados contra a arte e a cultura, contra a consciência individual, numa aberta crítica direcionada aos ideais dos comunistas que por muitos anos determinaram os caminhos do desenvolvimento artístico da Polônia. Por outro lado e ao mesmo tempo, o arco-metralhadora também se refere ao genocídio, ao extermínio de toda uma geração de artistas, a exemplo de Bruno Schulz, que sucumbiram nos campos de concentração diante da intolerância e desumanidade dos comandados de Adolf Hitler. O arco de Ulisses, tanto no passado quanto no presente, assume o signo de instrumento da morte.

A cama mecânica

A cama mecânica é um objeto cuja função, antes de tudo, é estabelecer um jogo entre realidade e ilusão. Antes de *A classe morta*, Kantor acreditava que o único meio possível para obter conhecimento e verdade de algo era lidar diretamente com a realidade e rejeitar a ilusão. Dessa forma, a realidade tornou-se para ele a única coisa que interessava ser explorada. Daí a concepção da "realidade de classe mais baixa" por meio da sua matéria-prima: os objetos marginalizados. Outra situação também muito importante para ele é a opção pelos objetos "mortos". Essa opção também está muito relacionada com a emoção, com o sentimento de perda e de finitude que os objetos velhos trazem em si. O objeto destinado à lata de lixo que perde sua utilidade lembra o espectador, a todo instante, do seu próprio fim.

Para Kantor, a ilusão possui uma estrutura metafísica e essa estrutura baseia-se na repetição. A repetição é um gesto do ser humano que necessita confirmar a sua existência para fazer algo pela segunda vez para si mesmo. Isso significa que o ser humano, ao repetir a criação de um ato, mostra que esse ato já fora anteriormente realizado por um Deus. Assim, para Kantor, a repetição é um desafio a Deus. O ser humano agora, em uma atitude blasfematória, pode criar independentemente de Deus. *Wielopole Wielopole* traz no título esse sentimento metafísico. A repetição é um ato de criação, não criação divina, mas de Tadeusz Kantor.

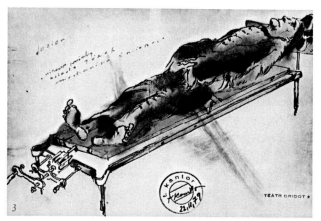

Figura 21 – Projeto da cama mecânica.

No teatro aristotélico tudo o que acontece no palco é ilusão. É o deslocamento de um ato que acontece em um espaço real para um espaço de ilusão ou, como Kant definiu na *Crítica da razão pura* (2001), como um jogo que persiste mesmo quando se sabe que o objeto pressuposto não é real. Assim, se para Aristóteles a arte é uma imitação da natureza, para Kantor a imitação também pode mostrar aquilo que a natureza pode não conseguir realizar. Kantor, que por muitos anos havia lutado contra a ilusão exatamente por sua capacidade de falsear a realidade, descobre no seu próprio teatro a possibilidade de manusear a realidade a partir da ilusão. Em *Wielopole Wielopole*, a repetição transpõe, rompe aquela barreira intransponível, preconizada no *Manifesto do Teatro da*

Morte,[24] criando outro *status* para a realidade. A ilusão encaminha a realidade para outra dimensão, para outro tempo e para outro espaço. Esse jogo entre ilusão e realidade fica evidente no uso da cama mecânica. Um objeto, como a maioria, feito de madeira e ferro, possui um artifício, uma engrenagem acionada por uma manivela que faz com que o leito gire 360 graus ao redor de um eixo. Nesse dispositivo, o padre Smietana está preso por correias ao objeto. Quando iniciado o movimento giratório, percebe-se o manequim do padre preso na parte inferior da cama. Na cena, as personagens não sabem ao certo quem é quem, qual é o verdadeiro e qual o falso. A cama gira diversas vezes para acentuar a dúvida. Essa cena em *Wielopole Wielopole* passou por várias modificações.[25] Em uma das concepções, a Fotógrafa/Viúva é quem movimentava o mecanismo chamando a atenção para o jogo com ator e manequim; vida e morte, uma brincadeira de pega-esconde com a morte materializada na fotógrafa. Na sequência dessa cena, havia uma interação da Viúva/Fotógrafa com o seu objeto característico, a máquina fotográfica, que capturava aquele momento, uma prática de fotografar os mortos que existia em alguns países do leste europeu até meados do século XX.

Assim, além de jogar com a ilusão e com a realidade, a cama mecânica evocava a sua significação mortuária, o leito da morte, signo que mais uma vez joga com a duplicidade da cena, ou seja: a personagem está morta, mesmo que na organização espaço-temporal de Tadeusz Kantor a morte venha a acontecer no desdobramento imediato da cena. Essa mesma situação ocorre na sequência do casamento entre os pais de Kantor: ainda que o casamento aconteça antes da guerra, tanto o pai quanto a mãe já estão mortos. Ela está usando um vestido destruído pelas condições que a guerra impõe. O pai morto consegue

---

24 "Nós devemos devolver à relação espectador/ator a sua significação essencial. Nós devemos fazer renascer aquele impacto original do instante em que um homem apareceu pela primeira vez diante de outros homens, exatamente semelhante a cada um de nós, e no entanto, infinitamente estranho, além dessa barreira que não pode ser transposta" (Kantor, 1983, p.64).

25 Desde a sua estreia em 1980 em Florença (Itália), o espetáculo passou por diversos arranjos das cenas feitas para representações na Cracóvia e outros lugares do mundo.

expressar apenas uma única palavra, noite, cujo significado na tradição da cultura popular polonesa é morte.

Existe em *Wielopole Wielopole* um falseamento das aparências que constituem o espetáculo. Os objetos que Kantor coloca em cena não são elementos que pretendem ser a reprodução ilusionista ou hiper-realista de um modelo real. Não, eles são uma necessidade expressiva e têm a sua existência garantida no universo da arte ao ser atribuída a eles alguma significação e por se situarem no plano artístico, ou seja: "o objeto se torna uma verdade real" (Kantor, 1983, p.235). Isso quer dizer que do mesmo modo que os atores, o objeto, seja ele fabricado, inventado, emprestado da realidade da vida, por mais ficcional que seja, não imita, ele é.

Assim, a ilusão com a qual Kantor lida e aquela que ele permite que chegue ao espectador não é, como diz Brunela Eruli (ibidem, p.239), hiper-realista, mas ela nasce das constantes trocas entre a realidade bruta do objeto, o modelo artístico de Kantor e sua organização simbólica. Não existe a reprodução da vida do objeto, mas sim uma espécie de condensação da vida. É exatamente isso que torna a cama mecânica um objeto tão inusitado. Esse objeto está muito além da força de um objeto da realidade cotidiana e é essa força a razão da sua existência na cena. Na realidade de Kantor, os objetos são capazes de existir somente como objetos artísticos.

É importante salientar que os objetos que rodeiam Kantor não são acessórios de teatro que ficam em um canto à espera do momento de serem manuseados. Não, eles partilham a mesma condição dos personagens humanos. Todos estão situados no mesmo nível de existência. Em determinados momentos em *Wielopole Wielopole*, alguns personagens que estão associados[26] à família de Kantor têm os corpos arrastados e abandonados no espaço. São movimentados como se fossem quaisquer objetos. Isso pode ser ilustrado com a cena na qual o manequim da noiva, após ter sido violentado, é deixado no solo, ou como o corpo do padre, martirizado pelos soldados, os mesmos violentadores da jovem

---

26 Kantor não gostava de usar a palavra representação exatamente por lembrar a imitação aristotélica da natureza.

noiva, é abandonado em uma posição que põe em dúvida a aparência humana. A violência extrema e a humilhação os reduzem a não serem mais do que coisas, objetos. Nessas cenas, mais uma vez sobressai o tema da Segunda Guerra e dos campos de concentração.

A máquina fotográfica-metralhadora

Em *Wielopole Wielopole*, a máquina fotográfica-metralhadora é um instrumento que, a partir do seu manuseio, adquire outra função ou um significado duplo. A cena na qual esse objeto está inserido é uma das mais significantes do teatro de Kantor. Kantor sempre teve uma relação muito sentimental com a fotografia e muitas cenas dos seus espetáculos parecem imagens congeladas no tempo, como que capturadas por uma máquina fotográfica.

A cena significante à qual me refiro, no espetáculo, acontece no momento em que os soldados estão de partida para o *front*. Os soldados em pose esperam para ser fotografados. O aparelho fotográfico[27] é posicionado pela fotógrafa que aciona seus mecanismos. Ao ser acionado o disparador, o "clic" que caracteriza o disparo da máquina é substituído por uma rajada de metralhadora. A própria estrutura do aparelho muda. Existe, atrás dele, um dispositivo que quando ligado faz com que um cano de metralhadora saia da caixa que captura as imagens. Ao lado dessa caixa sobressalta um grande pente de balas. A metamorfose é evidente, um inofensivo aparelho de uso cotidiano revela o seu lado mais vil enquanto objeto: um instrumento da morte. Nesse contexto, a personagem, a profissional da imagem, também revela a sua hibridez. A fotógrafa, ao manusear o seu instrumento, ao fundir-se a ele, também revela a sua segunda natureza, terrível e aterradora – a materialidade da morte.

Essa situação é muito peculiar no sentido em que, durante o desenvolvimento das cenas, a fotógrafa, conforme a memória de Kantor, é a viúva do verdadeiro fotógrafo de Wielopole e que, após a morte do marido, foi obrigada a assumir a função de fotógrafa por

---

27 Também chamado por Kantor de "a invenção do senhor Daguerre".

uma questão de necessidade. Mas esse não é o ponto. A questão principal está no fato de que aquela que tira a fotografia, que eterniza um momento vivo, prendendo por um ínfimo instante as pessoas na pose, "imobilizando-os em um instante para a eternidade" (Kantor, 1983, p.221), a fotógrafa em sua condição de viúva também assume a sua condição de personagem híbrida ao trazer em si o estigma da morte, pois essa, a morte, estará insistentemente associada à sua condição de viúva. Nesse sentido, ao fotografar os soldados, objeto e manipulador assumem a duplicidade das suas naturezas. Dessa forma, ao acionar o mecanismo que faz a foto, a metralhadora é descarregada nos soldados acentuando a ideia de que aqueles que partem para o *front* partem para a morte. Isso, como já foi visto anteriormente, é reforçado e desenvolvido na sequência da cena quando o padre Smietana joga terra sobre soldados e manequins. Essa cena cria uma metáfora muito mais significativa do que a simples aparência. Conforme comenta Brunella Eruli: "a fotografia, ao mesmo tempo em que eterniza, mata o momento" (ibidem). Mais uma vez, a dicotomia kantoriana – eternidade e morte.

A fotografia é uma presença constante em *Wielopole Wielopole*. Ela age de maneira a projetar a sua memória e, ao mesmo tempo, é uma porta de acesso para o real. A fotografia, como comenta Lorenzo Mango (2001, p.31), é a imagem de um mundo que já não existe, como um ícone do passado, como imagem que, por um lado, carrega a vida que em um fluxo de tempo transcende o aqui e agora, e por outro, remove a imagem do tempo imobilizando-a em um momento que jamais poderá se repetir. Na fotografia, a realidade, a imagem afastada da vida, transforma-se em ícone e se torna um emblema, algo que é metáfora e alegoria em um insistente trocar de significados. É exatamente isso que interessa a Kantor. Ao mesmo tempo, ao fotografar e metralhar os soldados, um jogo entre significante e significado se institui e é destruído para ser novamente reinterpretado.

Figura 22 – Projeto da máquina fotográfica-metralhadora.

Em todo objeto em cena, sempre, o significante é significado de alguma coisa e assim, na medida em que o significado imediato é destruído, um novo significado se constrói. Porém, o significante e o significado anterior continuam existindo no mesmo significado. Essa, notadamente, não é uma relação de negação, mas de coexistência. Dessa forma, a máquina fotográfica não se transforma em metralhadora, mas assume a condição de também ser metralhadora devido ao seu hibridismo. Essa relação é a circunstância que permite a criação de metáforas que relacionam a vida com a morte, o instante com a eternidade.

NO LIMIAR DO DESCONHECIDO 111

Figura 23 – Máquina fotográfica-metralhadora.

Jean Baudrillard (2002, p.54) em seu livro *O sistema dos objetos*, diz: "as relações do homem com os objetos resumem as integrações do homem com o mundo e com as relações sociais". Antes de *A classe morta*, Kantor pregava que a única forma de entrar na realidade era por meio das latas de lixo, dos objetos que foram descartados pela sociedade que são produtos dos desejos humanos. Assim, o objeto criado para uma necessidade inexistente de nada serve. Para a civilização, os objetos, quando não satisfazem uma necessidade imediata, geralmente não são bem vindos. No entanto, a arte, sobretudo a arte de Kantor, burla esse ideal da existência prática. Até 1973, os objetos que mais lhe interessavam eram aqueles esquecidos nas lixeiras e, compadecido deles, Tadeusz Kantor sentia a necessidade de proteger esses objetos que, segundo ele, estavam no limite entre o lixo e a eternidade.

Pois bem, se as relações do homem com o objeto são definitivas na construção do seu conjunto de relações no interior da sociedade definindo o seu modo de ser, Kantor construiu a sua linguagem a

112 WAGNER CINTRA

partir das privações impostas pela Segunda Guerra Mundial. Afinal, o que sobrara para fazer arte na Polônia nesse período? É evidente que cada objeto encontrado passou a ser cultuado como um depositório de energias oriundas da memória que o impregnava. Cada objeto encontrado, sem nenhuma utilidade, descartado das suas funções de uso, trazia em si o significado de civilização incrustado na sua aparência. Esse é um dos motivos pelo qual Kantor, na construção de objetos e cenários, fazia uso de uma espécie de reciclagem de matéria-prima, essa matéria-prima que carregava em si energia histórica. Conforme comenta Jean Baudrillard (ibidem, p.82): "o objeto antigo, este, é puramente mitológico na sua referência ao passado. Não tem mais resultado prático, acha-se presente unicamente para significar. O objeto antigo significa o tempo". É exatamente esse o ponto: os objetos funcionais existem somente na atualidade, e ainda diz Baudrillard: "não se asseguram no tempo" (ibidem, p.84)

Em *Wielopole Wielopole*, a máquina-fotográfica-metralhadora não faz mais parte da categoria da "realidade de classe mais baixa"; apesar de a matéria-prima utilizada na sua confecção poder ser classificada como tal, esse instrumento é um objeto construído para um fim muito específico. É um objeto que só é capaz de existir no universo artístico e que constitui o seu próprio sistema de referências. Um objeto que consegue sua verdadeira e própria vida, paralela, autônoma. Um objeto mensageiro, condutor de significação. A máquina fotográfica possibilita-nos um aprofundamento da eficiência da visão a fim de torná-la fonte de um conhecimento obscuro. Ao criar um objeto híbrido, Kantor, por meio da fotografia, induz-nos a um olhar, o seu olhar sobre o mundo e, simultaneamente, a metralhadora sugere uma troca de mundo; algo novo se cria e um novo significado institui-se. Nesse sentido, o objeto não é mais visto no imediatismo do uso, mas na sua natureza de evento transforma-se em "objeto da visão" (Bellasi; Lalli, 1986, p.23) pela mediação de Kantor. Assim, o espetáculo passa a ser lido como um jogo de imagens presas na memória coletiva, as quais, ao saltarem de uma imagem a outra, em uma linha de tempo não linear, possibilitam um movimento do jogo das lembranças vividas de Kantor a uma emoção que o espectador faz sua.

O violino-realejo

Uma das imagens mais melancólicas do teatro de Kantor é a do velho soldado com seu violino. Um estranho instrumento musical, mudo, que não ressona som de qualquer espécie, assegura unicamente a existência da personagem que o manipula. Esse instrumento, mais um entre tantos, cuja existência somente é possível dentro de um universo artístico, é feito de madeira leve, um tipo de compensado. Ele sugere a forma de um violino, mas não possui cordas nem tarraxas para afinação, as coisas características de um objeto real. Além da caixa, esse instrumento possui apenas uma manivela, que lembra outro instrumento movido por um mecanismo semelhante, ou seja: um realejo. O seu caráter híbrido, na cena, garante apenas a existência da personagem que o manipula.

O Deportado (essa é a maneira como Kantor se refere a essa personagem em uma das suas notas) é mais um dos seus parentes que saltam para a cena a partir das suas lembranças: um tio, tio Stasio, violinista, que durante a Primeira Guerra Mundial era oficial do Império Austríaco e foi preso pelos russos. Alguns anos após o término da guerra, ele volta para a Polônia. Inicialmente, Kantor não tinha nada escrito sobre ele, sobre o seu desenvolvimento na cena. O que mais lhe chamava a atenção era a imagem daquelas pessoas que foram deportadas dos campos de prisioneiros quase no final da sua vida e que tentavam retornar para as suas pátrias. Essas figuras espectrais, no limite da vida, carregam em si a aparência da morte, semelhantes aos velhos de *A classe morta*, mendigavam por toda a Europa. Kantor sintetizou todo esse universo de dor e esquecimento na personagem do tio músico que vaga pelas ruelas da sua memória e, principalmente, da sua imaginação. É evidente que Kantor tem por essa personagem um sentimento muito especial. Isso pode ser percebido em um dos seus escritos de 1984, bem posterior à estreia do espetáculo, quando ele se refere a essa personagem que ainda é uma incógnita.

O violinista deportado prova ser, no final das contas, um simples e pobre tocador de realejo. Sua caixa de violino que parece anunciar um concerto extraordinário não passa de um simples realejo, apoiando-se sobre uma prótese de inválido [...] A ilusão do figurino romântico e do personagem patriótico é quebrada pelo tipo miserável de artista da BARRACA DE FEIRA. Nós não sabemos quais são os seus verdadeiros sentimentos. Talvez ele acredite ser um artista virtuoso; na sua imaginação ele vê a multidão que o aplaude, ele saúda o público após cada "número", e talvez, ao final, a loucura se aposse dele. Mas ele pode ser também um LOGRADOR VAZIO como o seu violino. A melodia natalina, sobre o tema de um *scherzo* de Chopin, deformada por esse patético instrumento, que deve recordar o ambiente de todas as noites de Natal que à nossa infância pertencem, ela assim, no mesmo gênero pobre da BARRACA DE FEIRA, ao VERDADEIRO TEATRO DAS EMOÇÕES. (Kantor, 1984, p.60)

Existe um fato notório que é o olhar romântico que Kantor deposita sobre os artistas de rua. Isso faz muito sentido, pois a Cracóvia foi o mais importante entreposto cultural da Europa Oriental até as primeiras décadas do século XX. Hoje, como no passado, a antiga capital da Polônia possui uma vida cultural muito intensa e é palco de exibição de uma grande variedade de artistas de rua vindos de diversos lugares do mundo. Como estão sempre de passagem, esses são os artistas viajantes, um modelo que Tadeusz Kantor utilizou para definir o seu próprio teatro, os artistas viajantes do teatro Cricot 2. Isso pode ser percebido por meio de um objeto que é recorrente a todas as suas encenações: a mala. Signo da viagem, ela não está associada a nenhum personagem específico. A mala passa pelas personagens que a manipulam. Em se tratando de *Wielopole Wielopole*, ela funciona como uma preciosidade fortemente protegida pelos tios que cruzam a cena logo no início do espetáculo, até marcar o retorno de Mariam Kantor, que volta da guerra. A mala também tem outra significação: ela pode assumir a conotação de mensagem da morte como aquela que acontece quando o padre entra para comunicar a morte de Adas.[28] Ele entra com uma

---

28 Adas, o soldado que é trazido para a cena, em *Wielopole Wielopole*, na cruz oblíqua sobre rodas. O soldado que parte para o *front* tem a morte e o sepultamento antecipados pelo padre Smietana. Nesse circo-grotesco de Kantor, a morte está sempre um passo adiante da vida.

mala na mão que é colocada ao lado do monte de terra que suporta uma cruz em pé. É a mesma terra que cobrirá Adas quando as portas de fundo se abrirem e lá o soldado morto for depositado. "Signo de viagem, ela também se torna o signo da morte, da grande viagem sem retorno" (Eruli apud Kantor, 1983, p.250).

Figura 24 – Projeto do violino-realejo.

A ideia da viagem em Kantor começou na sua obra, teatral e pictórica, nos anos 1960. Nesse período, a sua concepção de arte estava diretamente associada à ideia de viagem, como ele mesmo disse em uma entrevista concedida a Michal Kobialka em *The drama rewiew* (1986, p.177-83) em 1986: "Nessa época, nos meus escritos teóricos, eu definia a arte como uma viagem, a vida como uma viagem".

Essa definição era sustentada pela presença, no seu trabalho, de elementos significativos que faziam referências expressas à viagem, como uma bicicleta e malas diversas. *A galinha d'água*, por sua vez, não era concebida como uma cena tradicional de teatro, mas como um longo corredor, um longo caminho no qual os personagens da peça

116 WAGNER CINTRA

não paravam de se deslocar. O surpreendente dessa concepção da arte como viagem se transformará em memória, uma viagem ao passado – a memória como a grande "embalagem"[29] da história.

No universo cênico de *Wielopole Wielopole*, de um objeto a outro há uma circulação de funções e significações das mais variadas. Nesse universo morre-se, não somente pelas estocadas das baionetas dos soldados, mas também por meio de um aparelho fotográfico. Quando as portas se abrem para a partida dos jovens soldados para a guerra, também se abrem as portas das câmaras de gás de Auschwitz. Assim, o violinista com seu violino também é condutor de significações diferentes. É um ser sem voz e sem palavras; o seu instrumento parece falar por ele pela melodia que é repetida insistentemente. Em alguns momentos do espetáculo, como comenta Brunella Eruli (apud Kantor, 1983, p.250), "tinha-se a impressão de que a sua aparência parecia se animar, mas ele voltava a ficar inerte, como se em tudo aquilo que ele observava, nada o estimulasse a dar um novo *élan* à sua música".

Esse personagem pode ser lido como um mensageiro de esperança e também como o próprio sentido da incapacidade de realização de qualquer ato que sugira esperança. Seu olhar é ausente e distante de todas as situações. Está sempre presente, mas não interfere na ação. Na cena final, homem e objeto criam a impressão da sugestão de um momento de fraternidade e esperança. No entanto, a melodia que lhe é característica constantemente é interrompida por um acorde dissonante acompanhado por uma breve pausa do movimento da manivela do instrumento; a música nunca chega ao fim. Subsiste apenas, no final do espetáculo, um discurso que se torna vazio e insuportável, o

---

29 No "manifesto das embalagens", Kantor fala sobre a necessidade de proteger os objetos que estão no limite entre o lixo e a eternidade. A embalagem corresponde ao processo de ocultação de alguma coisa, de proteção de um conteúdo que pode ou não ser revelado. Para o artista plástico Javacheff Christo, por exemplo, o ato de esconder implica necessariamente chamar a atenção para as propriedades do objeto que passam despercebidas do olhar cotidiano. Para Kantor, o corpo humano é uma embalagem por excelência, porque esse corpo está no limiar entre a morte e o lixo. Assim, para ele, é preciso embalar o corpo humano e salvaguardá-lo da ignorância e da vulgaridade, pois não existe nada mais precioso do que o conteúdo que ele abriga.

NO LIMIAR DO DESCONHECIDO **117**

violinista e seu objeto insistentemente provocam o olhar do espectador mostrando-se indiferentes a qualquer reação que possam ter desperta-do pela cruel falta de objetividade da sua presença na cena.

Esse violinista, no espetáculo, possui uma zona de ação muito precisa que está situada próxima à porta de fundo. Praticamente todas as suas intervenções acontecem nesse local, a não ser pela última cena em que ele está próximo à mesa na qual a família está reunida para ser fotografada como a imagem da *Última ceia*, de Leonardo Da Vinci. Brunella Eruli (ibidem, p.249) faz um comentário muito interessante sobre a personagem e seu instrumento; diz que em alguns ensaios da peça, o deportado apoiava o violino sobre uma muleta que perdia a sua função: "o violino tornou-se a verdadeira muleta desse misterioso personagem, condutor do destino de todo um povo".

O violino à manivela reflete a sua própria condição de objeto híbrido, não somente pela abstração que o envolve ao sugerir duas formas, mas principalmente por ser um objeto que é extensão do seu manipulador. É um dos exemplos mais claros do bio-objeto. A sua hibridez não se restringe a sua forma e à matéria da qual ele é feito. O seu caráter híbrido decorre de dois outros importantes fatores: a extensão do braço do ator que movimenta a manivela e a música de Chopin, que aciona esse movimento. Em resumo, um instrumento musical que não produz som algum, no entanto dialoga com um som externo a ele e que o insere na ação.

O movimento rítmico das mãos na manivela deste instrumento inatingível pela razão prática, cotidiana, torna-se o elemento signi-ficativo do movimento circular do tempo no qual as situações não se desenvolvem linearmente. As situações apenas acontecem e in-dependem da ordem cronológica. Tudo se passa como em um lapso de tempo contido na memória do diretor polonês e que se constitui em uma dimensão patética e perturbadora na qual os significados da vida são exumados pelos significantes da morte. O insistente tocar do violino/realejo mudo, as dimensões do tempo (imutabilidade e imobilidade), a definição de um instante eterno constituem-se em uma peculiar percepção da eternidade: a arte é o lugar da eternidade. E para a eternidade o tempo não existe, ele apenas se configura como um instante. Assim, pelos elementos retirados diretamente da vida e transformados em estruturas de uma obra de arte, a vida coexiste como objeto, como elemento de uma obra de arte, a vida tem seu significado reconstituído, deixando o estado de efêmero elevar-se à condição de eternidade. O passageiro associa-se ao eterno. A vida, ela mesma, é a própria obra de arte.

Os objetos cópias

Existe no teatro de Tadeusz Kantor uma espécie de contaminação dos organismos vivos por organismos inanimados, do movimento orgânico, biológico, pela repetição mecanizada, do real pelo simulacro. Os objetos cópias são assim chamados por mim pelo fato de se repetirem no teatro de Kantor, ou seja: de serem reinterpretados a partir de objetos já utilizados em espetáculos anteriores, ou por serem recriações de objetos que fazem parte da sua história pessoal. No primeiro caso, esses objetos que fazem parte de um momento muito particular da sua memória, aquela destinada à criação artística, são reconstruídos para seus dois últimos espetáculos: *Não voltarei jamais* e *Hoje é meu aniversário*. Nesse caso, os objetos reinterpretados, devido à quantidade, são menores do que os originais, isso para facilitar a sua movimentação pela cena. Essa é a situação dos bancos escolares que já foi comentada anteriormente. Embora sejam cópias dos bancos de *A classe morta*, optei por falar sobre eles em um único bloco temático. A segunda situação trata dos objetos reproduzidos da memória de Kantor. Nela os objetos apresentam-se desestruturados pela imaginação do artista. Em geral, são objetos construídos de forma a serem apenas uma referência ao passado histórico. Esse é o caso do violino à manivela, das metralhadoras e do canhão, dentre outros.

A banheira com rodas

Na perspectiva do teatro kantoriano, o ato de criar está sempre associado à necessidade de um engajamento total, um processo contínuo de descobertas. Em *A galinha d'água*, por exemplo, na encenação que se fundava sobre o *happening*, a função dos objetos era colocar os atores em uma situação difícil, em uma espécie de constrangimento.

Em uma banheira cheia de água, que fora encontrada em um edifício em demolição, a atriz deveria dizer o texto em uma posição de desconforto. Os demais atores jogavam água sobre ela chegando ao ponto de tentar afogá-la, empurrando-a continuamente para o interior da banheira. A atriz deveria tentar a todo custo sair para continuar a jogar. Segundo Mira Rychlicka,[30] a graça da cena estava no fato de que tudo era muito real. Isso se explica pelo fato de Kantor não trabalhar com a noção de representação imitativa, mas com a de jogo. Nesse período, Kantor proclama o "jogo sem representar" (Skiba-Lickel, 1991, p.74) e, por conseguinte, a desarticulação do ator privando-o de sua posição confortável e respeitável do teatro profissional. Kantor, como comenta Guy Scarpetta (2000, p.15), "contribuiu como nenhum outro para liberar a arte da encenação de sua função ilustrativa, para fazer dela um lugar de exploração de territórios desconhecidos, jamais vistos, e que não existem fora desse teatro".

A banheira é utilizada no espetáculo de forma a estabelecer as relações, não mais de utilidade cotidiana de um utensílio destinado ao banho das pessoas, mas para deslocar as pessoas para outra realidade na qual um objeto prosaico assume a condição de elemento do jogo, sem deixar de ser banheira. Em resumo, esse objeto não metamorfoseia a sua natureza. Apesar de não ser utilizada como objeto de banho, a relação homem, objeto e água continua a existir, ou seja, é conservada a mesma relação de elementos da vida cotidiana. A diferença aqui é que a banheira está destinada ao jogo dos atores, e no interior desse jogo o objeto assume uma nova conotação simbólica: opressão, tortura, humilhação e morte.

---

30 Atriz que trabalhou com Kantor por cerca de trinta anos.

Figura 25 – Banheira usada por Kantor em *A galinha d'água*.

Essa estrutura desenvolvida por Kantor em *A galinha d'água* contrasta com o espetáculo *Akropolis* dirigido por Grotowski e que foi encenado no mesmo período. Para o segundo, o objeto deve ser entendido como distante do ator para que esse possa estabelecer com ele apenas relações essenciais que são fundamentais para o desenvolvimento da ação dramática. O valor do objeto cênico em Grotowski está muito mais associado à dinâmica da peça do que ao interesse pela criação de algum significado. Isso pode ser observado em *Akropolis*, em que é utilizado um objeto semelhante ao usado por Kantor em *A galinha d'água*. A banheira em *Akropolis* exemplifica um aspecto essencial do objeto em Grotowski que é a utilização variada. Cada objeto no espetáculo tem uma utilidade múltipla e pode até chegar a ter um significado simbólico – dificilmente não o teria, já que em cena todo objeto se torna signo de alguma coisa. Entretanto, aquilo que Grotowski faz, de fato, é explorar no objeto o seu potencial de mutabilidade.

Em *Akropolis* (Grotowski, 1976, p.52), a banheira é um objeto real que fora concebido para tomar banho, mas quando virada para cima se transforma em altar, diante do qual um personagem da peça entoa uma oração. Quando colocada em outra posição pode assumir a condição de ser outro objeto, como um leito nupcial por exemplo. Para Grotowski, o objeto deve ser explorado na sua capacidade de transformação da sua identidade real, ao passo que para Kantor, nesse mesmo período, o objeto deve ser explorado no seu potencial de objeto real. Assim, para Grotowski, uma banheira não é somente uma banheira: ela pode ser muitas outras coisas, e por não possuir um caráter essencial enquanto objeto real no processo de sua utilização poderia facilmente ser trocada por outro objeto. Isso já não seria possível em Kantor, pois esse objeto não esconde ou dissimula a sua realidade. Kantor mostra o objeto como ele é. Seu potencial de jogo está exatamente na valorização da sua identidade enquanto objeto real. Se a banheira de Grotowski tem o seu potencial como objeto real fragmentado pelas estruturas nas quais ela se metamorfoseia, em Kantor existe uma concentração da potência do objeto real que é acentuada pelo uso dos atores e pelo jogo que se desenvolve no seu interior e ao seu redor. Quando Kantor quer atribuir outra função a um objeto, ele o reinterpreta, recria, criando um simulacro da ideia principal, ou seja, ele constrói um novo objeto a partir do anterior. Com esse procedimento, ambos os objetos mantém a sua individualidade e autonomia na cena.

Em *Não voltarei jamais*, a banheira é reinterpretada e não se trata mais de um objeto encontrado ao acaso, retirado dos dejetos da vida utilitária. É um objeto reconstruído a partir da memória de um espetáculo antigo. Sua estrutura é feita de metal, uma espécie de zinco ou latão. Na parte de baixo, dois pares de rodas situados próximos às extremidades lhe proporcionam movimento retilíneo a partir do contato dos remos com o chão. A Galinha d'Água, no seu interior, não é mais submetida ao flagelo do afogamento. Ela não precisa mais se livrar dos seus algozes. A Galinha d'Água, assim como o seu objeto característico, nesse outro espetáculo, também é reinterpretada. A personagem do espetáculo de 1968 agora é a condutora dos mortos, o barqueiro Caronte que faz a passagem do mundo dos vivos para o mundo dos mortos. No entanto, na cena, são os mortos que voltam, que povoam o mundo dos vivos. Evidentemente, também se conserva, em essência, a ideia do teatro como viagem.

Cada vez mais, nos seus espetáculos, a partir do ciclo do Teatro da Morte, a morte ganha materialidade na cena. Isso anteriormente já acontecia, mas de outra forma. Em *As belas e os feios*, por exemplo, a

122   WAGNER CINTRA

morte era representada por um esqueleto humano que era manuseado pelos atores em uma espécie de Dança Macabra.[31] A partir de *A classe morta*, Kantor associa a morte à figura humana. Foi assim com a faxineira de *A classe morta*, com a fotógrafa-viúva de *Wielopole Wielopole*, a prostituta que se revela o anjo da morte em *Que morram os artistas!*, e em *Não voltarei jamais*, Caronte é personificado pela Galinha d'Água. Em *Hoje é meu aniversário*, por sua vez, a morte realiza-se como a suprema abstração, a ausência de Kantor em cena. A sua cadeira solitária traduz, por meio do vazio, o efeito devastador da morte que consome a matéria humana. Kantor foi material e literalmente consumido por ela.

Em *Não voltarei jamais*, a banheira com rodas, o veículo do barqueiro dos mortos, inicia a sua passagem pela cena na frente do batalhão dos violinistas-mortos que entram em um típico desfile nazista. A música tema para essa cena é aquela utilizada para conduzir os prisioneiros às câmaras de gás. Caronte ao trazer, com seu barco/banheira, os personagens históricos do teatro Cricot 2, também traz as lembranças do trauma histórico do povo polonês durante a Segunda Guerra Mundial. Ao que me parece, o que fica evidente nesse espetáculo, como já foi dito em outra passagem, é que Kantor não tem mais o domínio sobre os personagens de sua memória que se manifestam de maneira autônoma. Quando isso acontece, lembranças que estão associadas a eles também se manifestam, lembranças que são impossíveis de esquecer. A banheira sobre rodas, ao adentrar a cena na condição de barco dos mortos, aciona imediatamente uma memória profunda, ligada ao terror dos campos de extermínio.

Fica evidente, em se tratando das banheiras, a característica dos objetos no teatro de Kantor de serem portadores de todas as significações que lhes forem atribuídas no curso de suas transformações, embora essas transformações não signifiquem metamorfoses. O objeto

---

31 Dança Macabra refere-se à criação medieval que mostrava a Morte em pessoa na frente de figuras representativas da sociedade da época (um imperador, um rei, um Papa, um monge, uma criança etc.) dançando como ou com esqueletos. Essas criações artísticas, gravuras e pinturas, na sua maioria, foram feitas após a devastação na Europa causada pela epidemia conhecida como peste negra ocorrida no século XIV.

em Kantor destina-se essencialmente ao fim para o qual foi concebido. Insisto que a banheira de *A galinha d'água* é uma banheira e é utilizada como banheira, ao passo que a banheira com rodas de *Não voltarei jamais* é uma nova concepção, não uma transformação da anterior; é outro objeto, construção autônoma, própria para o espetáculo a que se destina, apesar de a sua referência se situar na banheira original. Ou seja: Kantor potencializa o objeto real na sua natureza como objeto real. Quando ele quer que esse objeto assuma outra função, ele o cria novamente, concebido pela vontade poderosa do demiurgo que é. O objeto recriado, no caso a banheira sobre rodas, é forjado a partir do modelo anterior que se revela no objeto presente apenas como ideia e nas relações que também são reinterpretadas. Em *Não voltarei jamais*, a tríade relacional ator, água, objeto conserva-se no simulacro como ator, objeto, água, sendo que a água é apenas uma ilusão que pode ser percebida pelo movimento dos remos provocado pelo barqueiro.

Na França, na cidade de Nantes, existe um importante grupo chamado Royal de Luxe,[32] cujo trabalho, em geral feito na rua, se utiliza de diversos objetos concebidos para fins unicamente cênicos. Esses objetos possuem as mais variadas formas. Dentre tantos, um que me chamou especialmente a atenção é uma espécie de reutilização de um objeto real na peça *La demi-finale du waterclash*. Uma banheira, semelhante àquelas utilizadas por Kantor e Grotowski, é reaproveitada como elemento de uma nova concepção de um veículo automotivo. Por um lado essa banheira, a exemplo de Grotowski, torna-se o *cockpit* desse veículo. Por outro, essa máquina também se apresenta como banheira, a exemplo de Kantor, pois no seu interior o piloto, à medida que se movimenta com o insólito veículo, também é envolto por água e sabão, sendo que a água é constantemente despejada sobre ele por um chuveiro situado atrás do assento. Nessa situação, mais uma vez a exemplo de Tadeusz Kantor, a relação homem, água e banheira tam-

---

32 Royal de Luxe é uma companhia de teatro de rua que se caracteriza por usar objetos variados, máquinas e marionetes gigantes em suas produções. Foi fundada em 1979 por Jean Luc Courcoult, e desde então tem se apresentado em diversos países de todo o mundo.

bém se mantém: apesar de toda a maquinaria destinada à concepção do objeto carro, o fato mais importante é que o objeto real ganha em potência expressiva e é o responsável por concentrar todas as atenções.

Figura 26 – Royal de Luxe: a banheira sobre rodas no espetáculo *La demi-finale du waterclash*.

Para o Royal de Luxe existe evidentemente uma questão ideológica associada a essas máquinas extravagantes que estabelece constantemente uma relação entre o progresso da sociedade e a alienação do indivíduo. Em Kantor, a questão proeminente, não menos ideológica, talvez seja o seu desejo de fazer do teatro um lugar no qual se formulassem questões para a vida, um local que fosse mais repleto de significado do que a própria morte que dá significado ao seu teatro. Se para o Royal de Luxe o objeto cênico é destinado a levantar questões relativas ao consumo e à futilidade extrema na sociedade moderna, para Kantor os objetos estão livres de uma narrativa ilusionista: o que realmente importa são as relações que eles estabelecem na cena com os demais elementos. Essas relações, inteligentemente construídas ou destruídas, acionam um dispositivo de composição de imagens que estão repletas de significados.

A banheira sobre rodas de *Não voltarei jamais*, apesar de autônoma no espetáculo, capaz de construir significados próprios, traz em si uma significação anterior, a de ser representação, no sentido de *representatio*, como semelhança de um objeto que, ao trazer em si a ideia da coisa, traz necessariamente, para a forma em representação, o princípio da coisa representada e suas significações. Assim, a banheira com rodas de

Não voltarei jamais carrega um conjunto duplo de significados: aqueles próprios do momento da encenação que se manifestam pela aparência e aqueles que estão atrelados às lembranças do espetáculo anterior.

As metralhadoras

É no cenário conturbado da história da Polônia que o teatro e a arte de Tadeusz Kantor se nutrem. Nesse contexto, as metralhadoras fazem parte de um grupo de objetos chamados por ele de "os instrumentos do poder". Algumas das suas lembranças mais remotas, antes de passar pela família, passam necessariamente por personagens que marcaram um determinado momento da sua vida. Sobre essas lembranças, Brunella Eruli (apud Kantor, 1996, p.21) comenta que, ao falar delas, Kantor dizia que ele se lembrava dos soldados que tinha visto, quando criança, atravessarem o seu vilarejo, Wielopole, situado na fronteira entre a Rússia e a Áustria; ele se lembrava dos exércitos mudando de posições, assim como do uniforme dos soldados. No entanto, segundo ele, o destino do vilarejo era sempre o mesmo: destruição. Não é de se estranhar que o seu teatro esteja forrado de imagens tão perturbadoras. Kantor diz ainda, sobre os clichês guardados na sua memória, que por meio de um ele chegava a outro, ou seja: "por meio de um general ele via a sua mãe ou o seu tio" (ibidem).

Certamente, a Segunda Guerra Mundial é a obsessão de Kantor. É por isso que ele insiste no constante retorno ao tema e a cada vez que essa obsessão é repetida, ele espera que percebamos o que está acontecendo. *Em Hoje é meu aniversário*, existe uma constante invasão do espaço da representação pelos instrumentos do poder. Se em *Wielopole Wielopole* o poder estava associado ao exército, o mesmo exército que ele via quando criança se movimentando pela sua vila, o poder do coletivo que se manifesta de maneira una, em *Hoje é meu aniversário* ele está associado aos instrumentos que garantem e que impõem o poder: de um lado, as armas de guerra; do outro, a polícia secreta soviética.

As metralhadoras, alguns dos objetos militares, são pequenas caixas feitas de zinco com um cano na sua frente e estão apoiadas sobre um tripé de metal com pequenas rodas.

126 WAGNER CINTRA

Se a polícia secreta simboliza a opressão, principalmente no que diz respeito à proibição da arte abstrata na Polônia nos primeiros anos da década de 1950, as metralhadoras são o símbolo máximo do desprezo pela vida, pelos assassinatos, pelo genocídio ocorrido na Polônia nos tempos da Segunda Guerra, ao mesmo tempo em que enfatizam o momento opressivo pelo qual a Polônia estava passando. Em um de seus ensaios, Kantor fala sobre isso:

> Eu pertenço à geração surgida na época dos genocídios e dos atentados mortíferos contra a arte e a cultura.
> Eu não quero salvar o mundo com a minha arte.
> Eu não acredito na "universalidade".
> Após todas as experiências do nosso século, eu sei como isso termina, e a quem e a que serve essa célebre "universalidade", tanto mais perigosa que hoje ela atingiu a dimensão do globo terrestre.
> Eu quero SALVAR A MIM MESMO,
> não egoisticamente, mas somente com a fé
> no VALOR INDIVIDUAL! (Kantor, 1990, p.66)

Sem dúvidas, o poder de Kantor está exatamente na sua individualidade, no seu espírito livre, na sua capacidade de se opor, com sua arte, à autoridade conquistada pelas armas. Em *Hoje é meu aniversário*, ele comenta:

> [...]
> contra o poder,
> contra a política,
> contra a ingerência,
> contra a ignorância,
> contra a vulgaridade
> e a bobagem,
> minhas armas são:
> minha imaginação,
> a memória da infância,
> minha pobreza,
> a solidão...
> E a morte que aguarda. (Kantor, 1983, p.203-4)

A luta de Kantor é contra a autoridade, mas também contra as convenções artísticas e suas instituições. Ao colocar em cena as metralhadoras e também os secretários do partido com os soldados, conjunto que ele chama de gentalha, ao se referir à cena ele está se referindo não somente ao exército e à guerra, mas aos atentados contra a arte e os artistas no século XX. Não é por acaso que a sequência, na homenagem a Meyerhold, a leitura da carta deste último a Molotov, se trata do desabafo referente ao seu sofrimento na prisão. Sem dúvida, essa foi a primeira manifestação aparente de Kantor em relação à contestação do regime, contra a polícia secreta soviética que atuava livremente na Polônia durante os anos da Guerra Fria. Anteriormente, por um lado, a sua indignação, o seu discurso contra o poder estavam escondidos por entre as imagens e se manifestavam sob determinadas condições. Não havia um confronto aberto. Por outro, a sua reação contra a arte e a cultura oficial, por meio dos *happenings* e cricotages, denunciava um artista profundamente inteirado com a sua história e, sobretudo, com a sua contemporaneidade. Nesse momento, não cabia mais a ele camuflar qualquer possível crítica, isso porque a Polônia alcançou a tão sonhada liberdade ao romper com a União Soviética com a eleição democrática de Lech Walesa, um operário, líder do Sindicato Solidariedade.

Além disso, com a idade já avançada, Kantor, o guerreiro de tantas batalhas, parece estar certo de que a morte está perto. Aliás, ela, a morte, sempre esteve ao seu lado desde a mais tenra idade quando ele acompanhava o movimento das tropas pela sua cidade natal. E como ele mesmo apontou em *A classe morta*, os velhos estão a cada dia mais perto da morte. Coincidentemente, em *Hoje é meu aniversário*, ao encenar a sua própria morte, apesar de ter morrido antes da estreia, o espetáculo também marca, pela primeira vez, uma crítica aberta de Kantor em relação a uma determinada forma de dominação e poder. Se na recente história da Polônia Lech Walesa combateu as metralhadoras com poder do direito individual de lutar por melhores condições de vida, Kantor, com sua individualidade, combateu as armas com o seu teatro.

O tanque de guerra

Uma das coisas mais singulares em Tadeusz Kantor é a sua hostilidade a todo tratamento realista da história. Após muito tempo, ele se empenhou em realizar um espetáculo que afrontasse o poder geral. Mesmo com o fim do comunismo, Kantor não acreditava que o poder tivesse desaparecido. Para ele, o poder apenas mudou de forma. Ele não sabe exatamente qual é essa outra forma, mas ele crê na sua existência. Diante disso, Kantor, incansavelmente, sempre nos força a olhar para o seu teatro de uma maneira diferente. Em *Hoje é meu aniversário*, a cena é continuamente invadida pelos monumentos do poder e seus instrumentos. Já não são mais os exércitos da Primeira ou da Segunda Guerra Mundial, mas são os exércitos agora transformados em monumentos. Esses monumentos estão por todos os lados e foram divididos entre oeste e leste, ou seja, entre Estados Unidos e União Soviética.

No espetáculo não existe diretamente um objetivo político ou social. É um desabafo que se materializa de uma forma completamente teatral. Kantor opõe-se à elevação da política a um nível superior à arte. Ele se opõe ao poder, não de uma maneira política, mas pela vontade de criar uma realidade diferente daquela reinante. Kantor não está interessado em analisar o poder do ponto de vista da sua racionalidade interna, como o fez Foucault (1979) ao sistematizar as relações de poder por seus antagonismos e estratégias. Não, a visão do poder em Kantor passa necessariamente por uma reflexão sobre o exercício da liberdade, sobretudo a liberdade na arte. "Existe uma liberdade suprema, que é exigida pela arte, e que não é a mesma coisa que a liberdade 'concedida' pelo mundo político" (Kantor apud Scarpetta, 2000, p.166).

Se existe alguma coisa à qual Kantor resiste, obstinadamente, é a compreensão equivocada dessa noção de liberdade suprema na arte. A liberdade artística, quando mal interpretada, induz à tendência de conceber a arte como supérflua, inútil, insignificante em relação à vida política e social. Mas como a arte poderia ser considerada de tal maneira se o desenvolvimento político e social da civilização conduziu à Segunda Guerra Mundial e à Auschwitz? Essa é a pergunta que Kantor, acredito, fez insistentemente durante toda a sua vida, e ao que me parece com maior intensidade nesse último espetáculo, no sentido da relação do poder das instituições políticas, sociais e culturais, no final do século XX, que acabaram por determinar formas de sujeição da subjetividade individual à vontade coletiva. Essa é a liberdade concedida pelo poder do Estado. No entanto, conforme o pensamento de Foucault, a liberdade desaparece em todo lugar em que o poder é exercido. Assim, a liberdade artística, concedida pelas instituições de poder e pelo fato de o poder sempre ser uma forma de atuar sobre um determinado sujeito, de impor uma ação sobre outra ação de maneira direta ou indireta, a arte institucionalizada necessita de requisitos para ser exercida, ou seja: o artista precisa ser submisso para que a sua arte seja alforriada e ganhe a condição de ser livre, apesar dos grilhões ainda estarem presos aos seus tornozelos. Kantor recusou-se determinantemente a ser oficial e a receber subsídios do Estado.

É a partir da necessidade que Kantor possui de resistir contra o agenciamento do poder das instituições e da crescente vulgaridade na arte que o seu discurso também se torna um discurso de poder, um poder que emerge da sua memória e das experiências da sua história pessoal, que o categoriza como indivíduo e determina a sua própria individualidade, uma identidade artística capaz de reconhecer a si mesma no percurso de suas transformações, ao mesmo tempo em que é reconhecida por outros como sujeito autônomo. O poder do teatro de Kantor é a sua capacidade de fazer jogar as relações entre os indivíduos ou entre os grupos. É um poder de resistir ao cosmopolita mercado da arte no qual tudo é uniformizado e para o consumo. Como consumir uma cadeira quebrada? Essa é outra característica de poder do teatro de Kantor que já foi por vezes repetida neste trabalho: fazer obra de arte com aquilo que a civilização destinou às latas de lixo.

Para Foucault, o poder exerce-se entre relações de pessoas, grupos e instituições de forma não excludente, e poder é ação e ação pressupõe liberdade, liberdade que foi mascarada pelo mito do Estado moderno. Entretanto, o objetivo da luta de Kantor não é atacar uma instituição de poder, grupo ou elite, mas uma maneira de fazer pensar sobre o centralismo do poder, não somente o estatal (diálogo direto com a história recente da Polônia, propriamente a segunda metade do século XX), mas toda e qualquer forma de dominação que induz à submissão da subjetividade e da liberdade na arte. Kantor está necessariamente falando da sua crença no valor individual. De certa maneira, ele está tentando dizer que no Estado moderno o poder estatal precisa ser repensado, mas o exercício desse poder pelo indivíduo, fragmentado no interior do Estado, também.

Certamente, as armas de guerras criaram as principais metáforas da ação do poder no teatro de Kantor. O tanque de guerra, seguindo o mesmo princípio das metralhadoras, é mais um dos instrumentos característicos e representativos do poder. Feito de metal, o mesmo material das metralhadoras, esse objeto possui uma estrutura de ferro sob as esteiras, na qual se encontram pequenas rodas que permitem a sua movimentação na cena.

Figura 27 – O tanque de guerra usado em *Hoje é meu aniversário*.

A presença desses objetos, sempre de uma forma ameaçadora, colocava o espectador em um constante estado de ansiedade. Para Kantor, o mais importante era que o público fosse perturbado interiormente, que ele fosse abalado, não somente no sentido poético, mas como se estivesse no limiar da morte. Daí a constante referência à Segunda

Guerra Mundial e aos campos de concentração: quando o espectador é levado ao confronto com os elementos dos seus espetáculos e convidado a entrar neles é possível que ele esteja entrando em Auschwitz, o limiar da morte – não qualquer morte, mas a morte sem dignidade à qual muitos artistas foram submetidos (a morte de Meyerhold, por exemplo). No palco, o tanque de guerra atira contra as personagens, mas também contra o público. O artista plástico Jonasz Stern, que veio para a cena na bagagem de Maria Jarema, vestido com farrapos e com a estrela de David em um dos braços, é vitimado, subjugado por esse cruel objeto de destruição.

Acontece nessa cena um diálogo com diversos sentidos metafóricos que se sobrepõem uns aos outros. Nesse contexto, temos a presença transfigurada das figuras "estéticas" simbolizando as vanguardas, a exemplo de Meyerhold (a ideia inicial de Kantor era colocar em cena a sua perseguição e morte) e Maria Jarema, na cena da "comissária do povo para a abstração".

A arte abstrata, que fora proibida na Polônia comunista, surge no discurso de Maria Jarema como a única possibilidade de cura da realidade e também a única maneira de transcender essa mesma realidade. Nessa passagem, Kantor recorda o seu encontro com Maria Jarema nos anos 1950, quando o abstracionismo fora proibido no país. Ao serem atingidos pelos tiros de tanque de guerra e metralhadora, essas figuras trazem para a cena um momento histórico de intensa perseguição aos artistas abstratos, não somente na Polônia, mas também na antiga União Soviética. Nesse contexto, o artista plástico de vanguarda, Jonasz Stern, associado a Kantor e Maria Jarema, ao ser subjugado pelo poder do tanque de guerra, traz em si duas metáforas sobrepostas: uma referente à condição de artista abstrato e perseguido pelos dignitários do poder comunista e outra, a condição de judeu, representante de todo um povo submetido ao terror nazista nos campos de concentração.

O casaco de Ulisses

Em *Não voltarei jamais*, o casaco de Ulisses não é o mesmo da encenação de 1944, e nem mesmo é uma reprodução do figurino original que se perdeu, mas como os outros, obedece a um processo de reinterpretação da forma, o que necessariamente leva a um novo conteúdo ou a um conteúdo mais profundo. Pode parecer estranho eu falar de uma peça de figurino, um artefato feito de pano que será usado na caracterização de um personagem do espetáculo e chamá-lo de objeto. No entanto, para Kantor, esse figurino especificamente, nesse espetáculo, é um objeto, ou melhor: um bio-objeto.

Figura 28 – O casaco de Ulisses usado em *O retorno de Ulisses*.

Em um dos seus ensaios, Kantor (2000, p.235), referindo-se ao figurino teatral, diz que se entendermos que o corpo do ator, assim como o corpo de qualquer ser humano, em suas proporções e em sua estrutura, é formado conforme certas funções práticas e vitais, uma concepção de figurino que vise mudar essas proporções, é particularmente tentadora para ele, justamente pela possibilidade de transmitir os conteúdos que estão além dessas funções e que, segundo ele, nos invadem por todos os lados.

Kantor não se convence de que o corpo do ator não possa ser estruturado livremente. Para ele, essa é uma concepção do corpo do ator como conceito do sagrado, foi herdada da antiguidade e ainda é sustentada por todos os selos acadêmicos. Ele diz ainda, nesse ensaio, que o figurino, seja ele histórico, seja ele moderno, deforma o corpo humano, já que somente o fato de colocar qualquer coisa sobre o corpo engendra uma deformação mais ou menos significativa. Assim, o figurino é colocado em cena em forma de ator, já que do seu encontro com a individualidade do intérprete (que até então, conforme os preceitos do realismo/naturalismo, se limitava à mímica da aparência, aos gestos e às reações do sistema nervoso que resultavam em experiências vitais convencionais) é agora capaz de atribuir-lhe uma maior dimensão, uma espacialidade amplificada e uma maior mobilidade das tensões. Da união de ator e figurino sobressai uma estrutura livre que se justifica única e exclusivamente como objeto de arte, mas muito mais potente do que qualquer experiência vital convencional devido à sua força de expressão. Esse novo organismo deve constituir uma fusão íntima da matéria do corpo humano e das formas cênicas que se desenvolverão no espaço.

Pois bem, o bio-objeto no teatro de Kantor é uma extensão do seu entendimento do objeto real, sobre o qual muito já foi dito em passagens anteriores. Entretanto, em *Não voltarei jamais*, o objeto está no mesmo nível do ator. Em sua concepção, esse objeto muda o comportamento do ator de uma maneira tal que um novo ator surge a partir de um processo de fusão entre dois organismos, ou seja, o objeto faz nascer um novo ator. Assim, se o objeto é habitado pelo ator, com esse procedimento o ator torna-se as vísceras do objeto. Seu sangue, sua alma.

Ao ser interpelado pelo Padre e preparado para representar Ulisses, quando colocado dentro desse objeto, o proprietário do albergue e jogador de cartas compulsivo muda totalmente o seu comportamento. Há aqui, notadamente, uma inversão de valores, pelo menos em relação ao teatro de imitação tradicional – não é o ator que usa o objeto para expressar o seu personagem, mas é o objeto que se apropria do ator para expressar a sua própria autonomia.

Feita a transposição de um personagem ao outro, Ulisses aparece durante uma canção entoada pela faxineira (a mesma música que era cantada pelos prisioneiros judeus quando se dirigiam para as câmaras de gás). Em determinado momento, a porta *ekkyklema* abre-se e por ela surge o manequim de Mariam Kantor preso ao pilar dos mortos, mais uma referência à morte do pai em Auschwitz. A cena é toda marcada pelo canto lamentoso da faxineira. Nos bancos escolares, os personagens de todos os espetáculos repetem as brincadeiras infantis[33] feitas em *A classe morta*. Ulisses atira em direção a eles. À rajada de metralhadora é sobreposto o tema do violino à manivela de *Wielopole Wielopole*. O deportado de *Wielopole Wielopole* é agora o músico ambulante de *Não voltarei jamais* que acompanha a cena com seus movimentos característicos. Em off, a voz de Kantor lê as anotações do seu caderno de diretor de 1944.

Nesse espetáculo, o uniforme de Ulisses está além dos limites do tempo e do espaço. O tempo passado, o tempo futuro e o tempo presente desdobram-se em um único tempo. Em 1944, com *O retorno de Ulisses*, havia no espetáculo uma associação da figura do herói grego com a imagem do pai de Kantor que, conforme constava naquela época, teria morrido em Auschwitz em 1942 de um ataque do coração. Essa relação até certo ponto conflituosa com a memória do pai desaparecido atormentou-o por muitos anos. Em *O retorno de Ulisses*, o pai era apenas uma referência associativa. Em *Wielopole Wielopole*, o pai está em cena. Essa foi a primeira vez que Kantor deu materialidade à memória que tinha do seu pai. O interessante em *Não voltarei jamais* é que o ator que fez seu pai em *Wielopole Wielopole* é o mesmo que representará Ulisses nessa nova encenação. No espetáculo, o personagem que mais tarde se tornará Ulisses é o dono do albergue, local para onde as personagens vieram ao encontro de Kantor. Esse personagem também é um jogador de cartas que insistentemente exerce a sua obsessão pelo jogo da mesma maneira que em *Wielopole Wielopole* o soldado, pai de Kantor, insistia em medir tudo com um metro.[34]

---

33 Um jogo de caretas e de sons feito pelos velhos/alunos, personagens do espetáculo.

34 Toda essa cena do aparecimento de Ulisses está diretamente conectada com a

NO LIMIAR DO DESCONHECIDO **135**

Essa visão do figurino como objeto, como bio-objeto, embora tenha adquirido sua estruturação definitiva em *Não voltarei jamais*, com o casaco de Ulisses, essa estrutura já vinha sendo utilizada, de uma maneira menos organizada, em outros espetáculos. Em *A galinha d'água*, por exemplo, as "personagens viajantes", em suas viagens incessantes, os errantes sem casa, sem pátria, são condicionados por sua paixão a embrulhar seu corpo com vários casacos em um processo de sobreposição de peças a fim de, na anatomia complicada do figurino, proteger não somente os corpos do sol, da chuva e do frio, mas principalmente os segredos que estão envoltos por essa embalagem que se move. Embalagens humanas, "viajantes e suas bagagens", reiteram a ideia da arte como viagem. Esses personagens, cujo figurino é completado por malas, sacolas, mochilas presas ao corpo, propiciaram a Kantor a criação de toda uma série de personagens que são encontrados em sua obra de uma maneira geral, pobres artistas ambulantes que ele observou por toda a Europa. São os modelos que ele chamou de "pessoas incompreensíveis para os outros" (ibidem, p.360), não em razão da sua aparência pitoresca, mas por sua filosofia humana autônoma.

Ao olharmos as transformações sucessivas do teatro de Tadeusz Kantor, seja como linguagem, seja na sua atitude com seu posicionamento pessoal da vida em relação à arte, perceberemos que desde *O retorno de Ulisses* já se anunciava aquilo que sobreviria nos anos 1960 e que se estenderia até *Hoje é meu aniversário*: o conceito de figurino fundado sobre a ideia da "realidade pronta", um *ready-made*, usando a terminologia de Marcel Duchamp, com exceção de *O polvo* e *O circo*,[35] que tiveram os figurinos criados e confeccionados por Maria Jarema.

---

história de seu pai. Um fato muito peculiar acerca disso é que até 1988, Kantor acreditava, como já foi descrito anteriormente, que seu pai havia morrido em Auschwitz no ano 1942. Entretanto, aos 73 anos ele descobriu que o pai sobreviveu ao holocausto e viveu em uma pequena cidade da Polônia trabalhando como professor de matemática até o final da sua vida.

35 *O circo* é uma peça de Kazimier Mikulski encenada por Kantor em 1957. Desde a fundação do Teatro Cricot 2 em 1955, até 1975 com *A classe morta*, trata-se da única montagem que não se referia a um texto de Witkiewicz.

Kantor, que tinha particular atração pelo Dadaísmo, explorou diversas possibilidades oferecidas pelo "objeto pronto" ou pelos "objetos encontrados ao acaso", maneira como ele gostava de se referir a esses objetos e que, necessariamente, faziam parte da chamada "realidade de classe mais baixa". As roupas, que eram muito apreciadas pelo artista, eram aquelas quase totalmente destruídas, em farrapos, que estavam guardadas no fundo de malas escondidas nos cantos mais remotos das casas. O repertório basicamente era composto por saias surradas, chapéus amassados e cobertos de poeira, em conformidade com a realidade do desgaste provocado pelo tempo. A propósito dos figurinos de Kantor pode-se dizer exatamente a mesma coisa que acerca dos seus objetos, porque em efeito, conforme comenta Piotr Krakowiski (1996), "trata-se de arrancá-los e de fazê-los ressaltar de sua dominação e de suas relações vitais para deixá-los sem nenhum comentário".

O figurino deve permanecer uma metamorfose particular do ator na qual as formas de expressão criadas por ele são aquelas próprias do circo, "aquelas associadas ao lado perverso das situações que tendem para o escândalo, para a surpresa, para o choque e para as associações de ideias contrárias ao bom senso, além de uma pronúncia enganosa e artificial" (ibidem).

O figurino é um objeto que abriga no seu interior o organismo vivo do ator conforme a concepção kantoriana do bio-objeto, capaz de determinar o jogo e as funções desse ator. Assim, o dono do albergue, ao ser colocado no interior do casaco, assume a condição de também ser Ulisses em um complexo simbiótico de relações de coexistência. O figurino bio-objeto funciona como uma forma de exoesqueleto, uma estrutura que protege e salvaguarda o organismo vivo interior, ao mesmo tempo em que dá a ele uma nova dimensão de força em uma nova realidade. O exemplo claro disso, como já foi dito, é o casaco de Ulisses.

Para Kantor, todos os elementos do espetáculo deveriam ser elevados a uma condição de autonomia como obra de arte para que pudessem até mesmo ser expostos como peças únicas e genuínas em um museu. Em *As belas e os feios* também havia alguns figurinos cujas estruturas se comportavam como bio-objetos e que posteriormente passaram a ser expostos como objetos de arte. A *nieletnia*[36] não é autêntica: é a cópia de um figurino utilizado no espetáculo de 1973. Essa peça que foi reconstruída em 1978, e está exposta no ateliê do artista na rua Siena, na Cracóvia, é uma escultura em tecido, ou seja; esse objeto é uma escultura que revela que o figurino para Kantor era tão importante quanto qualquer outro objeto ao ponto de ser elevado à categoria de escultura.

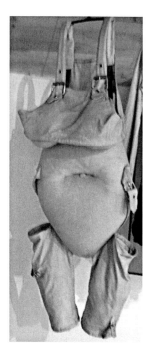

Figura 29 – *Nieletnia*.

Muitos desses figurinos foram transformados em obras de arte autônomas, como o figurino do deportado de *Wielopole Wielopole* que também virou escultura e também está exposto na Cricoteka. Tanto o figurino do deportado quanto o casaco de Ulisses são es-

---

36 Não consegui uma tradução adequada para esse objeto, por isso utilizo o nome em polonês.

pécies de armaduras, armaduras confeccionadas com o mais pobre tecido encontrado – armaduras, como as demais peças de roupa que traduzem no esgotamento da sua aparência e na grosseria da sua confecção, as batalhas históricas enfrentadas pelos atores e demais elementos do teatro Cricot 2, batalhas cuja síntese observamos em *Não voltarei jamais*.

O pequeno carro

No processo de reconstrução da memória de Kantor em cena, o pequeno carro ou carro infantil tem um papel definitivo na consolidação desse processo de criação que tem início com *A classe morta*. Entretanto, Kantor havia feito alguns croquis preparatórios para a construção de tal objeto, concebido inicialmente para *Wielopole Wielopole*, mas devido a uma série de dificuldades na execução do projeto e também pela falta de precisão das suas lembranças, a ideia só viria a ser concretizada em 1985 em *Que morram os artistas!*

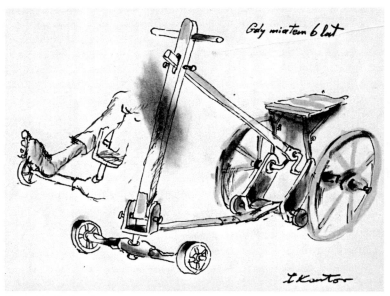

Figura 30 – Projeto do pequeno carro.

Esse brinquedo de criança, que Kantor se empenhou em reconstruir, foi dado a ele de presente pelo seu tio, o padre, quando retornou de uma viagem feita a Viena. O presente foi para a comemoração do seu sexto aniversário.[37] De início, Kantor empenha-se em reconstruir fielmente o brinquedo de sua infância. Tudo é muito semelhante, exceto o sistema de conexão do assento com as rodas. Assim, um objeto surge pela primeira vez em um espetáculo seu extraído diretamente das suas lembranças pessoais e com muita verossimilhança. A presença do pequeno carro, construído conforme o modelo estacionado em sua memória, constituir-se-ia em uma espécie de confissão individual, a sua própria vida em cena. Com a materialização cênica dessa memória específica, Kantor empreende definitivamente a sua viagem de retorno a si mesmo.

Figura 31 – O pequeno carro: objeto utilizado em *Que morram os artistas!*

---

37 Quando o pai de Kantor parte para lutar na Primeira Guerra Mundial, ele, a mãe e as irmãs vão morar com um tio materno que era padre em Wielopole.

No teatro de Kantor existe uma impossibilidade de prever os acontecimentos a partir do momento em que as portas se abrem. Em uma das vezes em que a porta de *Que morram os artistas!* se abre, Kantor, com a idade de seis anos, aparece em seu veículo de infância vestindo uma roupa de soldado. Em seguida, após acionar um mecanismo, o pequeno soldado retorna, com o movimento contrário, ou seja, de marcha ré, já que o objeto permite isso, e sai pela porta principal. Em seguida, mais uma vez a porta se abre e o pequeno soldado com seu carro, Kantor com seis anos, aparece e se dirige para frente da cena seguido pelas suas memórias de infância, pelos soldadinhos de brinquedo que, no presente da cena, representam o cortejo militar do marechal Pilsuldski e seus soldados mortos. Essa figura emblemática da história da Polônia vem montada em seu animal apocalíptico, um esqueleto de cavalo com crina e rabo, armado em uma plataforma de madeira sobre rodas que o movimenta pela cena.

Figura 32 – *Que morram os artistas!*: no projeto de cena, o Marechal Pilsuldski ao lado dos soldados.

Kantor possuía um fascínio muito grande pelos soldados com os quais ele havia brincado quando criança, mas ao mesmo tempo ele é muito consciente de como o exército é desumanizado pelo poder. O exército é um regime de ordem que Kantor quer desafiar. O soldadinho de seis anos, montado em seu brinquedo, agora feito de madeira rústica e envelhecida pelo tempo de uso, tornar-se-á o soldado adulto que evocará a personagem histórica do grande herói polonês. Assim, a figura do grande marechal polonês será representada por dois personagens: a pequena criança de seis anos que Kantor era em Wielopole e que sonhava com a glória militar, como todas as crianças polonesas antes dos anos 1940, e o marechal Pilsuldski adulto.

Esse cortejo entra na peça com os soldados cobertos de poeira como se tivessem saído das suas tumbas. Na cena encontram-se com outros personagens: os artistas ambulantes, as beatas, as prostitutas, Veit Stoss, o próprio Kantor à beira da morte. Ele, a pequena criança de seis anos, está a um passo de morrer à frente dos exércitos que se movimentavam pela sua cidade nos tempos de guerra, ao mesmo tempo em que Kantor está agonizando na cena sobre a cama. Entretanto, Kantor, ele mesmo, o artista vivo, sobrevivente de duas grandes guerras, como nos outros espetáculos desde *A galinha d'água*, está no palco junto com os atores encarnando o passado, o presente e o futuro. Nesse espetáculo, temos simultaneamente muitas personalidades de Kantor em um processo de tentar descobrir as relações entre as suas diferentes identidades. Ao utilizar os atores para representar o seu personagem, Kantor está somente tentando afirmar a sua existência enquanto ser real, produto de movimentos históricos. Nesse jogo de relações, no confronto entre o eu real de Kantor com os dados presentes na sua memória e na sua imaginação, ele retorna a si mesmo, como produto histórico da civilização ocidental, e vai ao encontro de fatos e pessoas a fim de discutir a vida, a morte e a arte.

Eu – eu me componho de um número infinito de personagens, da mais tenra infância até os nossos dias, toda uma loucura vinda das profundezas do tempo. Eles todos e eu. Eu estou assim em cena: o Eu real. A cama – um dos dois personagens se parece como dois gêmeos: Eu morrendo. Eu o faço vir do futuro – um desejo tão humano: se coloca em face do inimaginável: do Eu morrendo. Em um instante aparecerá o pequeno soldado – Eu – aos 6 anos de idade, com um pequeno carro (meu carro) um desejo imperioso de reviver aqueles anos, ainda uma vez o faço vir. (Kantor, 1983, p.59)

Que morram os artistas! é uma obra construída ao redor de temas e ações que se concretizam em imagens sonoras e visuais. A relação entre imagem e significação dramática é um ponto crucial no teatro de Kantor. Nesse espetáculo existe o fato de as personagens não terem nomes. Elas são tratadas pelas funções na cena. O nome do marechal Pilsuldski não é citado e a personagem é representada por uma mulher. No entanto, a maneira como a cena é montada, com a pompa militar, as roupas que sugerem uma época, essa imagem remete a um significado muito específico. Kantor, que nesse momento está tecendo uma reflexão sobre reputação e glória, vai dizer que essas estão necessariamente associadas à morte e que esse é um aspecto da cultura polonesa (idem, 1996, p.81). Por meio dessa discussão sobre os atributos da reputação e da glória, Kantor queria tratar, a partir da morte como sujeito, a questão de saber por que, por exemplo, os artistas não atingem jamais o reconhecimento e a notoriedade concedida aos generais. Esse é um tema que sempre o fascinou e para o qual, no entanto, ele nunca encontrou ou pelo menos nunca ofereceu uma resposta.

As máquinas cênicas

As máquinas existem no teatro de Kantor há muito tempo, entretanto elas diferem umas das outras de acordo com a especificidade do seu momento histórico. Aquilo que estou chamando de máquinas cênicas, dentro da minha visão, são objetos que não são passíveis de serem encontrados na realidade, mas que podem se mostrar como deformações muito contundentes de algum aspecto da realidade.

As máquinas cênicas são um caso especial do objeto cênico. Primeiro pela sua forma, em geral de aparência assustadora, e segundo pelo conceito que elas representam, ou seja: de serem esvaziadas de qualquer significação a partir da forma, mas cujo conteúdo, antes de tudo, é impressionar, é ser unicamente um objeto de arte, utilizado unicamente para os fins da arte, no caso, o teatro.

Normalmente as máquinas cênicas de Kantor estão associadas a funções estritamente teatrais; no entanto, ele pode romper com isso e transformar essas máquinas em objetos que podem ser expostos como esculturas. Isso aconteceu com o "carro de lixo" usado em *A pequena mansão*, espetáculo de 1961, que era um objeto feito em ferro que pertencia ao serviço de limpeza da Cracóvia. Esse objeto horrível servia de berlinda para duas crianças. Kantor diria, em 1984, que esse foi o seu "primeiro local móvel" (idem, 1984, p.134).

Figura 33 – O carro de lixo usado em *A pequena mansão*.
Objeto reproduzido em aquarela por Valner Cintra.

A grande pilha de cadeiras utilizada em *O louco e a freira*, chamada no espetáculo de "máquina de aniquilamento", tinha por objetivo, com os seus espasmos, anular a interpretação emocional dos atores. Essa obra, que foi realizada em 1963, é composta de uma estrutura em metal que sustenta várias cadeiras velhas de dobrar. Esse objeto foi reconstruído por Kantor no início dos anos 1980 para tornar-se parte do acervo da coleção da Cricoteka.

Figura 34 – A máquina de aniquilamento usada em *O louco e a freira*.

Por sua vez, na encenação de 1967 da peça de Witkiewicz, *A galinha d'água*, a máquina de tortura, que suscita a impressão de um corpo torturado, esticado e submetido a um alongamento mortal, é semelhante a uma "caixa ziguezague" (objeto muito utilizado pelos mágicos para serrar as pessoas ao meio) e cria a sensação de que o corpo no seu interior foi supliciado e esticado ao extremo da sua resistência. Esse objeto também foi reconstruído por Kantor, no início dos anos 1980, para também fazer parte do acervo da Cricoteka.

Não somente as máquinas, mas praticamente todos os objetos de Kantor ganharam essa condição de também serem obras de arte autônomas, apesar de serem todos esses objetos profundamente equivocados na essência da sua natureza. De um lado, são estruturas funcionais cujo papel é essencial no desenvolvimento do ritmo do espetáculo, principalmente no sentido de imprimir os estados de convulsões ao contaminar os corpos vivos dos atores. De outro lado, são objetos inúteis, visto que é impossível atribuir-lhes alguma significação estável. Entretanto, são detentores de uma força incontestável e assimilam diversas conotações: a tortura, a guerra, a loucura, a mutilação da vida. Essas máquinas que constroem a sua própria realidade estão inevitavelmente associadas à morte a ao desconhecido.

Figura 35 – A máquina de tortura criada para a encenação de *A galinha d'água*. Objeto reproduzido em aquarela por Valner Cintra.

O velocípede

A classe morta é a primeira produção de Kantor que foi reconhecida fora da Polônia e do leste europeu. No mundo ocidental o espetáculo foi considerado uma realização teatral incrível, o que deu a Kantor toda a sua notoriedade e reconhecimento mundial. Uma das facetas mais espetaculares dessa produção, independentemente de se entender ou não a língua, são as imagens construídas durante todo o espetáculo e cuja capacidade de choque não se limita ao local de exibição mas continuam ressoando por muito tempo dentro do espectador. Esse espetáculo combina diversos tipos de objetos que podem ser divididos entre objetos reais e objetos inventados, ou máquinas cênicas. Como já foi visto, entre os objetos reais estão os bancos escolares, as cruzes e também os livros empoeirados. Entre as máquinas cênicas está o velocípede.

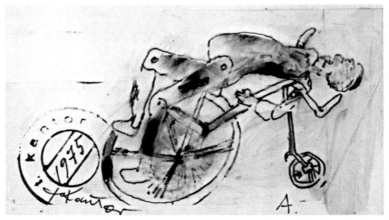

Figura 36 – Projeto inicial para o velocípede.

A este objeto está associado um manequim de criança, como a que os velhos de *A classe morta* já foram um dia. O manequim está ligado ao mecanismo do objeto de forma a fazer com que o movimento da máquina seja sugerido por ele, provocando assim gestos absurdos e não sincronizados. É um veículo complicado que parece uma bicicleta sobre a qual está crucificado o manequim de um garoto vestido com uniforme escolar. São vários os componentes desse veículo: uma grande roda suspensa está apoiada, na frente, a um segmento de metal com um pequeno rodízio na sua extremidade e, atrás, uma roda menor sustenta uma espécie de banco. Essa roda traseira é torta, um pouco oval, o que dá ao movimento do objeto um tom muito mais estranho e característico. As duas rodas são unidas por uma barra de ferro e do lado direito existe uma engrenagem, algo como uma manivela, que ao ser manipulada pelo Velho condutor dá a ele uma movimentação semelhante ao movimento do objeto: desconexa e estranha.

Em *A classe morta* encontram-se diversos elementos anteriores presentes na obra de Kantor. Entretanto, eles assumem um significado completamente novo. Esse velocípede, por exemplo, com a grande roda suspensa, distante do solo por uma vara de ferro, é uma reinterpretação da roda de canhão de *O retorno de Ulisses*. Essa, por sua vez, utilizada como objeto real, como um "objeto encontrado" em um espaço real, será mais tarde transformada em uma peça de museu reinterpretando o famoso *ready-made* a *Roda de bicicleta* de Marcel Duchamp – notadamente, essa máquina, criada para o espetáculo, também é um diálogo com Marcel Duchamp e com os dadaístas –, mas ao mesmo tempo é um brinquedo de criança, um brinquedo do qual o Velho não quer se separar, mesmo se lamentando por estar alterado o seu objeto de infância. O Velho não reconhece mais o seu velocípede que foi deformado pelo tempo da mesma maneira que seu corpo e sua memória também o foram.

Figura 37 – O velocípede com manequim.

A principal função desse aparelho na cena é existir como objeto autônomo, sem qualquer possibilidade de interpretação racional ou de qualquer aproximação com a realidade prática. Esse objeto foi construído por Kantor exatamente para afrontar a racionalidade, para que os movimentos do seu condutor se tornem não convencionais e, de certa forma, até mesmo opressivos.

Figura 38 – O velho com o velocípede desenhado por Tadeusz Kantor

Sobre o velocípede está o manequim de uma criança vestida com roupa escolar, uma roupa preta de gala, que está afixado em uma espécie de crucifixão sobre ele; representa exatamente a infância morta, o tempo que cuidou de assassinar a criança que o Velho condutor já fora. Não é à toa que *A classe morta* é um retorno dos velhos que estão à beira da morte para a sala de aula, momento no qual a vida se manifesta na sua forma mais poderosa. Nesse caso específico, essa máquina que é empurrada pelo Velho também assume a condição de carro fúnebre. Um veículo que conduz a morte, um estado que o velho ciclista tenta dissimular atribuindo ao manequim, o seu manequim de criança, movimentos para simular a vida: o manequim, a mensagem da morte.

Figura 39 – Pôster de *A classe morta* exposto no antigo ateliê do artista.

A ideia dominante do espetáculo é fazer as pessoas velhas retornarem à escola para reencontrarem a sua infância perdida que é simbolizada pelos manequins de crianças em uniforme escolar que são carregadas como tumores pelos velhos. A situação metafórica possui duplo sentido tal qual – temos visto – é muito comum em Tadeusz Kantor. O primeiro sentido reside no pensamento de que a criança está unida ao velho para sempre; o segundo é que os adultos assassinam a sua infância. Assim, sendo os velhos indissociáveis dos seus manequins, temos um contágio, uma estranha contaminação do presente pelo passado e dos vivos, ou aparentemente vivos, pela mecânica dos manequins que, da sua ausência de vida, exalam um profundo sentimento da morte.

Em um dos seus ensaios, Kantor (1983, p.84) diz que essa relação dos cadáveres com as criaturas humanas é uma espécie de "relação antropológica" porque se desenvolve e continua a crescer para além da idade adulta. Esses bonecos são como dimensões extrabiológicas, ou seja, a sua materialidade é apenas um fator deliberadamente simbólico para localizar, no plano da arte, uma ocorrência, por assim dizer, que se prolonga até o fim da vida.

Assim, existe no espetáculo um esforço próprio da velhice que é a necessidade de ressuscitar a memória do passado e é por meio dessa necessidade que *A classe morta* se desenvolverá e se estruturará como base do futuro teatro de Kantor e do seu Cricot 2, isto é, ele realiza um exame ético sobre si mesmo, movido pelo impacto registrado em sua memória pela Segunda Guerra Mundial. A partir de *A classe morta*, todo o seu trabalho no teatro estará ancorado na reconstrução da memória.

Máquina familiar

Existe ainda em *A classe morta*, ao lado da memória, a noção de ação paralela. Essa estrutura mostra-se como uma única ação que se desenvolve ao mesmo tempo em dois planos diferentes: no caso desse espetáculo, o plano das ações da encenação de Kantor agindo em concomitância com a peça de Witkiewicz. Para explicar essa situação, a máquina familiar faz-se o melhor exemplo.

No espetáculo, existe o encontro de duas realidades: uma autônoma, real, livre no seu desenvolvimento, que trata das ações desenvolvidas em *A classe morta* de Tadeusz Kantor; a outra é aquela imaginária, fictícia, que possui uma estrutura literária estilizada da peça *Tumor cervical* de Witkiewicz. Em efeito, esse é um meio pelo qual se torna possível situar uma realidade dentro de outra realidade. Com essa estratégia, Kantor consegue libertar os personagens da peça da submissão da fábula, criando indivíduos independentes, imersos em nuances e complexidades muito mais profundas. Assim, a realidade da encenação de Kantor, autônoma, desliza em direção à peça de Witkiewicz e essa profere um movimento contrário. Nesse sentido, essa máquina, também chamada de "máquina de fazer nascer", atendendo aos mesmos desígnios dos demais objetos, possui mais de uma possibilidade de existência.

A primeira leitura desse instrumento leva-nos a acreditar tratar-se de um instrumento ginecológico, uma mesa na qual as mulheres são colocadas para um eventual exame. No entanto, essa cena está evidentemente, dadas as circunstâncias, situada em um plano infernal, um mundo de pesadelo do qual parece ser impossível sair. Essa máquina bizarra, feita em madeira e metal, possui, além de um encosto para apoio das costas, dois suportes em forma de braços nos quais as pernas de uma das personagens são afixadas. O movimento desses braços faz com que as pernas da personagem se abram, levando ao mesmo tempo a uma leitura imediata relativa ao ato sexual, recorrente na ação da peça *Tumor cervical*. A outra, devido à maneira cruel como é desenvolvida, induz à leitura de sofrimento, da dor da tortura. A ambiguidade da cena é evidente. A ação forte e violenta não impede a velha supliciada de trocar um diálogo ambíguo com outros personagens. O interessante dessa situação é que o texto proferido pelos personagens não possui nenhuma relação com a ação que está se desenvolvendo. A ação aparente é aquela do espetáculo de Kantor localizado em uma suposta sala de aula, e a outra provém do texto de Witkiewicz, que, no entanto, não é literal: ele é recomposto de uma maneira perceptivelmente dadaísta. As frases desse diálogo são repetidas de uma maneira artificial, plena de sentimentos, mas contraditórios. Não existe a preocupação com a lógica. Na medida em que uma ação intensa, expressa no texto *Tumor cervical*, é dita, a intensidade da cena aparente pode se desenvolver no sentido de realçar a penúria da personagem que está sendo torturada. A alegoria metafórica da cena está certamente associada à questão vida e morte, que basicamente é o grande tema da peça. Assim, a abertura das pernas da vítima refere-se sem nenhuma dúvida a um monstruoso jogo de parto.

Convém lembrar que o espetáculo funciona como um quadro que retrata um pesadelo no qual homens e mulheres velhos, próximos da morte, possuem uma aparência cadavérica e estão em busca da infância destruída pela idade adulta. Cada um deles carrega, unido ao corpo, um manequim de criança cadavérica, o seu próprio manequim sobre os quais estão depositadas as lembranças da época da sua infância acabada, infância abandonada pelo pragmatismo da vida social. De volta à sala de aula, eles se comportam como se fossem crianças: sopram lições uns para os outros, fazem conversas paralelas, pedem para sair para fazer suas necessidades, ou seja, desenvolvem um típico repertório de ações comuns àqueles em idade escolar. Nesse universo composto pelo definhamento do corpo humano na sua relação com a vida e a morte, percebe-se, ironicamente, um contraponto fascinante entre o horror trágico e o humor circense. Essa contradição desenvolve-se em um constante transformar do movimento que vai da infâmia ao sublime, da perversão à reflexão sobre a existência humana.

Dos vários temas que se sucedem, um que obviamente atravessa todo o espetáculo é o conflito entre a infância que se opõe à velhice. Muitas são as variações sobre essa temática. Uma diz respeito exatamente ao uso da máquina familiar. A cena na qual essa máquina está inserida é nomeada por Kantor de "a cena familiar" e a partir do seu desdobramento acontece uma mudança no seu interior. A sala de aula dá lugar a um divertido jogo de crianças, divertido mas cruel. A idade avançada dos velhos traz aparentes traços de loucura no desenvolvimento desse e de outros jogos de crianças. Existe uma troca de martírio e opressão entre eles que dá vazão ao aparecimento de uma crueldade infantil que surge de algum germe profundamente escondido nos seus desejos. Tudo isso, misto de terror e humor hilariante, revela uma ação forte e violenta composta de sofrimento e dor que é reforçada por um humor negro extremamente violento, realça vorazmente a tortura e humilhação às quais a personagem está sendo submetida.

Além disso, existe outro contexto quando pensamos no segundo nome que Kantor dá a esse objeto, "máquina de fazer nascer". Nesse contexto exatamente, Kantor está dando ao ato do nascimento, tema da peça de Witkiewicz, uma conotação de sofrimento e dor, tema de *A classe morta*, peça de Tadeusz Kantor. Kantor está fazendo uma leitura paralela, que se dá por meio do objeto, sobre um tema relativo à vida e à morte naquilo que diz respeito ao surgimento da vida a partir do ato sexual. Ou seja, mais uma vez, na peça *Tumor cervical*, uma vida que é apenas abstração, com o sofrimento da materialização dessa vida no mundo concreto. Kantor parece estar dizendo: nascer é começar a sofrer para morrer em seguida. Isso ficará evidente no desdobramento dessa cena quando a máquina familiar for associada a outra, uma máquina complemento, tão bizarra quanto a primeira, que mergulhará mais ainda o espetáculo nas suas relações com a existência humana e suas implicações metafísicas. Esse novo objeto é o berço mecânico.

O berço mecânico

Tanto a máquina familiar quanto o berço mecânico pertencem a uma série de objetos que parecem ser dotados de vida biológica. Conforme a definição de Tadeusz Kantor (1990, p.20): "por seu caráter mecânico e brutal, eles fazem parte dos objetos máquinas teatrais, cruéis e trágicas". São objetos que se chocam constantemente com a vida humana presente no espetáculo.

No final da cena familiar, sob as pernas abertas da Velha torturada na "máquina de fazer nascer", é colocado um berço de metal com engrenagens que estão ligadas a um motor elétrico. Quando esse aparelho é acionado, ele dá ao objeto um movimento mecânico de embalar que balança o pequeno berço de um lado para o outro.

O berço é colocado cerimoniosamente no espaço da encenação pela Faxineira, personagem que personifica a morte no espetáculo, e o início da cena do berço movimentando-se coincide exatamente com o final da cena anterior que termina com um grito de uma mulher dando à luz: "eu não sobreviverei a essa felicidade" (idem, 1983, p.119).

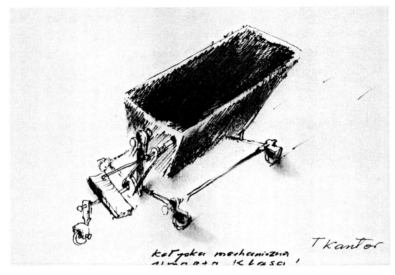

Figura 40 – Projeto do berço mecânico.

Além dos mecanismos que movimentam esse aparelho, outra peculiaridade desse objeto é a sua aparência assemelhar-se a um pequeno ataúde. Esse objeto tem impregnado, na sua forma, a aparência da vida por se tratar de um berço, local destinado aos cuidados da vida que se inicia e, ao mesmo tempo, a aparência da morte por assemelhar-se a um caixão, local destinado a cuidar dos restos deixados pela morte. Nesse contexto, aquela reflexão sobre a vida e a morte que fora iniciada na cena anterior como uma sugestão abstrata desenvolve-se nessa cena como materialidade simbólica, já que o produto do nascimento não existe no plano da realidade. Existe apenas o bater de duas bolas de madeiras no interior do berço/ataúde: no jogo mecânico dos elementos, o som produzido em nada se parece com o choro de uma criança recém-nascida. O som produzido pelo choque das bolas de madeira contra as paredes de ferro do objeto acentuam a tensão ao se fundirem com os lamentos e as súplicas dos Velhos. Esse congestionamento sonoro ao chegar ao máximo da tensão desliza para o inevitável: o silêncio, que em toda a sua letárgica frieza acentua a precariedade da vida nesse mundo.

Assim como as máquinas, as personagens que habitam a cena são seres autômatos, seres cuja vida se esvai a todo instante. Para eles nada mais resta a não ser desenvolver um intenso jogo com o pouco de vida que ainda pulsa em suas carcaças. As repetições, as ações mecânicas se constituirão no contraponto ao estado de inércia encontrado na morte. Dessa forma, toda ação é levada ao extremo como condição essencial da vida sobre a morte. Entretanto, em certo momento do espetáculo não se sabe mais a diferença entre os vivos e os não vivos. Por vezes, os manequins que trazem em si a aparência da morte parecem mais vivos que os próprios vivos. Essa dicotomia entre morte e vida torna possível a percepção de outra realidade que está situada além do espetáculo.

A cena familiar é de fundamental importância porque nela existe um diálogo intenso entre dois objetos inventados, objetos que só podem existir no teatro de Kantor ou em um universo de pesadelo, apesar de a sua essência residir na realidade prática da vida cotidiana. Em *A classe morta*, os objetos assumem um papel de fundamental importância no processo de organização e constituição desse universo insólito: por menor que seja a sua significação na vida prática, quando acoplados aos diferentes elementos presentes na cena eles ganham o poder de criar a sua própria realidade e possivelmente serem elevados ao *status* de obra de arte.

O espetáculo resulta, então, na concepção de uma nova existência na qual um novo complexo de relações passa a existir, uma nova existência que só é conhecida pelos seres que habitam a cena e é intuída pelo espectador. A Faxineira, por exemplo, tem sua existência associada ao seu escovão e ao seu balde, objetos destinados à limpeza de espaços cotidianos. No entanto, ao som das batidas das bolas de madeira nas paredes do berço, essa personagem limpa com muita cerimônia os corpos dos mortos que estão espalhados pelo espaço. O berço/ataúde, de maneira monótona, balança insistentemente de um lado para o outro, movimentado pela engrenagem mecânica. No lugar do choro de criança, o bater das bolas de madeira. No lugar do primeiro banho, a Faxineira/morte processa a lavagem ritual dos cadáveres.

Em um comentário sobre o espetáculo, naquilo que diz respeito a essa cena, Kantor diz que tudo acontece como em um pesadelo no qual "de um lado as bolas ressecadas atravessam o espetáculo criando uma imagem qualquer, ou até mesmo o símbolo da infância. E de outro, por seu papel de objeto inferior, ou por sua subjetividade, elas reduzem essa infância ao estado de objeto morto, elas matam e mutilam" (ibidem, p.164).

Essas bolas, por estarem inacessíveis ao olhar do espectador, ao mesmo tempo em que sugerem algo de sagrado, inviolável, também sugerem o sacrilégio por sua falta de humanidade. Invisíveis no interior do objeto, elas parecem estar unidas a ele ao ponto de serem inseparáveis.

No final do espetáculo os velhos organizam um jogo de baralho em que as cartas são substituídas por obituários nos quais estão escritos nomes de pessoas falecidas. O engraçado da situação é que esses nomes foram retirados da lista telefônica e de livros de recenseamentos. São nomes sem nenhuma importância, frequentemente ridículos, emprestados das classes mais humildes da população, dialogando uma vez mais com uma das bases do seu teatro, ou seja, "a realidade de classe mais baixa".

Existe muita paixão nesse jogo de cartas. É como se todas as paixões de uma vida se manifestassem naquele momento expondo todos os desejos da vida humana. Os obituários passam de mão em mão. Eles os colam uns nos outros. O bater das bolas mistura-se com uma música, uma valsa francesa que soa muito alto, ao mesmo tempo em que os velhos brincam entoando uma rima infantil muito conhecida na Polônia e, dessa maneira, permanecem até o final. O som desaparece, o que permanece são os gestos que são repetidos com contumácia mecânica como se estivessem aprisionados neles para sempre.

As máquinas de tortura

Sobre certo ângulo de visão, é possível entender *Que morram os artistas!* como a condição e o lugar do artista na sociedade contemporânea do final do século XX. Conforme um esclarecimento de Kantor feito a Michal Kobialka em 1986, para a revista *The drama rewiew*, não teria sido a sua intenção falar sobre isso. Kantor diz que a confusão aconteceu e acontece pelo fato de as traduções, sobretudo a inglesa (*Let the artists die!*), não possuírem o mesmo conteúdo e o mesmo sentido do idioma original.

Em língua polonesa, morrer é um significado que possui sua existência atrelada a dois verbos distintos. Um desses verbos é destinado ao ato de morrer que é exclusivo dos homens, e o outro é reservado especificamente aos animais. Assim, as traduções não possuem a mesma força, a mesma complexidade, nem o mesmo impacto do seu equivalente em polonês. Segundo Kantor, apesar de o título da obra não fazer referência direta à situação do artista na sociedade, ao pronunciar "Que morram os artistas!", questões acerca do lugar dos artistas na sociedade moderna evidentemente aparecem.

O título da peça surgiu acidentalmente. Kantor trabalhava na montagem do espetáculo e não sabia como o chamaria. Em uma exposição anteriormente realizada em Paris, ele ouviu do diretor da galeria na qual as suas obras estavam expostas a história de uma mulher que era a proprietária do imóvel e que se opunha aos planos de ampliação do espaço de exposição. Combatendo o projeto, a mulher frequentemente gritava para que todos ouvissem: "que morram os artistas!". Kantor interessou-se muito pelo fato, pois a notoriedade do imóvel e sua consequentemente valorização só foi possível graças aos artistas que ela queria que morressem. Diante desse fato, Kantor utilizou-se do protesto da proprietária para nomear o seu espetáculo, cuja estreia aconteceria em Nuremberg um ano depois, em 1985. Nesse período ele relutou muito em assumir definitivamente esse título, pois ele considerava a expressão muito provocativa. Talvez uma das razões de Kantor para manter o nome tenha a sua origem na história recente da Polônia.

Logo nos primeiros anos após o término da Segunda Guerra, propriamente em 1948, o Ministério da Cultura Polonesa, subsidiário da política cultural da antiga União Soviética, mandou uma mensagem aos artistas: "abandonem todas as esperanças!". Essa citação feita por Dante na *Divina comédia* foi impressa em todas as primeiras páginas de todos os jornais poloneses. Para Kantor, essa expressão é muito mais perversa do que "que morram os artistas!" porque se trata de uma forma de negação da liberdade de expressão artística individual em função de um modelo chamado de arte oficial. Para ele, a condição do artista contemporâneo sempre foi ilegal e suspeita, mesmo daquele que está sob o amparo da cultura oficial, isso pela sua condição de submissão, pois, sem que ele o saiba, as instituições culturais e os fundos privados, dentre outros, extirpam a sua autonomia criativa. De certa maneira ele também está encarcerado, só que não sabe.

Os artistas autônomos, por sua vez, conforme o pensamento de Kantor, tornam-se fora da lei e, marginalizados, são excluídos da sociedade e "deixados mortos" entre as suas criações. É bem possível que essa seja a visão de Kantor sobre o seu próprio trabalho. A crítica, caso exista no espetáculo e faça justiça ao título, caminha na direção de um determinado grupo de artistas que ele chama de malditos, que são exatamente aqueles que recorrem constantemente ao reconhecimento oficial. A autonomia do artista o enclausura, o retém como em uma prisão.

Para Kantor, as condições de um prisioneiro são comparáveis àquelas do artista, pelo menos os da sua atualidade: uma pessoa que é forçada permanentemente a ter que aceitar as regras e os compromissos oficiais. Trata-se de uma ingerência na arte do final do século XX, sobretudo naquilo que diz respeito à necessidade de transformação da arte e de seu processo evolutivo. É muito provável que Kantor também esteja se referindo à crise das vanguardas a partir da década de 1970.

Desde o início do século XX a arte de vanguarda era identificada como um processo ininterrupto de inovações formais. As vanguardas ampliavam exaustivamente as fronteiras da criação artística. Esse processo de transformação e inovação aparenta chegar até o início dos anos 1970. De lá para cá, aparentemente nenhuma tendência se manifestou efetivamente, a não ser aquelas ligadas às repetições fragmentárias de elementos desvirtuados da arte do passado. O próprio Kantor afirma que no entardecer do século XX as vanguardas deixaram de existir.

Nesse contexto de possibilidades que o espetáculo apresenta, as máquinas de tortura funcionarão como tema da derradeira grande obra do final do século. A elas estarão anexados os personagens do espetáculo, os mártires que se sacrificam pela arte: "se é verdade que o artista queima por sua obra, a criação são as suas cinzas" (idem, 1993, p.65).

Na esfera da arte marcada pela morte, os artistas condenados revoltam-se com a sua condição e se libertam dos pelourinhos aos quais estão amarrados e amontoam pelo chão os instrumentos do seu martírio. Esses instrumentos são feitos com os mais variados formatos. De uma maneira geral possuem um poste em madeira sobre o qual estão afixadas engrenagens, cordas e todo tipo de sugestão de suplício. Esse poste, que será apoiado sobre as costas dos atores, também assume a dimensão da cruz e do sofrimento de Jesus. Assim, os artistas condenados carregam o peso da cruz, o martírio pela autonomia ou o peso da sua submissão. Kantor, em toda a sua história, sempre se recusou a ser oficial. Ele nunca aceitou qualquer subsídio do Estado para a realização dos seus espetáculos.

A entrada dos artistas condenados configura a cena como uma Dança Macabra acompanhada pelo som de um tango. Em face do poder extenuante da indústria cultural e de seus agentes culturais, a prisão, a tortura e a morte são metáforas comuns a todos os artistas que se colocam à margem da cultura oficial. Nessa parte do espetáculo, é possível observar uma paráfrase de Kantor sobre a *Dialética do esclarecimento* de Adorno e Horkheimer (2006), no se refere à indústria cultural, no sentido das observações de Kantor dizerem respeito à questão da arte oficial que é patrocinada pelos diversos poderes não possuir nenhuma necessidade artística objetiva a não ser aquela de ser um mero instrumento do Estado ou do capital.

Para Kantor, a arte não pode viver de decretos, e para cada decreto, conforme Adorno e Horkheimer, "maior é o grau da impotência" (ibidem, p.43), e consequentemente menor a autonomia do artista. Assim, o pensamento sobre o declínio da arte em Kantor está diametralmente associado à submissão à indústria cultural que, além de "condenar tudo à semelhança" (ibidem), também institui um processo de homogeneização da produção artística. Por esse caminho, *Que morram os artistas!* assume uma dimensão crítica que está direcionada à indústria da cultura e ao mercado de arte.

Como Kantor desejava reconstruir o mundo com os detritos de uma explosão, dessa forma, ao introduzir na cena algumas das personagens míticas da história da Polônia, ele responde à indagação de Adorno

160 WAGNER CINTRA

sobre como fazer "poesia"[38] após Auschwitz. Ou seja, com a dor e com sofrimento causados pela Segunda Guerra Mundial. Dessa forma, com os destroços que sobraram dos campos da morte, com o esvaziamento das relações humanas que determinam as relações com as coisas, as máquinas de torturas, signo maior da sordidez e do desrespeito à vida, tornar-se-ão simbolicamente a matéria de criação da última grande obra do mestre Veit Stoss.

Com o esmorecimento das vanguardas, essa será a última grande obra do final do século XX. Veit Stoss, o artista do final do século XV, um personagem convocado por Kantor, construirá com os dejetos da história recente da Polônia, e também da humanidade, um altar inspirado na sua obra-prima, o altar da Catedral da Cracóvia. Essa obra é construída com a matéria causadora de dor e sofrimento às personagens e também com o material das diversas batalhas do Teatro Cricot 2. Nesse sentido, esse novo altar se transformará em uma cela de prisão, uma câmara de tortura, pois os objetos de que ele se serve garantem a existência dos personagens e dos próprios membros do Cricot 2 devido à autonomia da sua produção. Em uma simbiose temporal, o altar é construído com objetos e pessoas, um monumento apocalíptico de um teatro de morte, e cabe a cada espectador descobrir as significações da mensagem deixada ao mundo pelo artista:

> Quando as pessoas vêm ao meu espetáculo [...] graças à estrutura do meu teatro, elas param de se comportar como em um teatro convencional. Pode ser que elas se tornem testemunhas [...] mas é bom que os espectadores não consigam decifrar o sentido do espetáculo. É bom que as pessoas se sintam em uma tempestade e sacudidas quando deixam a sala. É somente quando saírem do teatro que as conclusões aparecerão. Os espectadores podem ser desconcertados pelos acontecimentos do meu quarto da imaginação, mas tais acontecimentos são insignificantes. A mensagem lhe é primordial. Uma mensagem jogada sobre o muro à maneira dos prisioneiros. Cada um de nós deve conceber a sua própria concepção das imagens vistas em cena... (Kantor, 1996, p.86-7)

---

38 Entenda-se poesia como arte de uma maneira geral.

A escultura do novo altar feita por Veit Stoss é a cena capital da peça. É uma espécie de barricada que simboliza, além da separação da vida, a barreira entre o público e o ator. Em *A classe morta*, essa separação era a noção da morte; Em *Que morram os artistas!* é a noção de prisão, que no entender de Kantor (ibidem, p.73), é o lugar onde o ser humano está inacreditavelmente só. Kantor sempre acreditou que ele podia se servir dessa noção desumana como signo de criação de uma obra de arte.

A trombeta de Jericó

De todos os objetos criados por Kantor, talvez a trombeta de Jericó seja o mais bizarro e insólito de todos, feito para uma cricotage, a forma kantoriana do *happening*, intitulada *Onde estão as neves de antanho?* (produção de 1979), que se trata de um espetáculo no qual os signos culturais e algumas de suas conotações polonesas estão dispostos em um dispositivo cênico[39] abstrato. Nessa produção, a encenação acontece ao longo de uma corda fixa que divide o palco ao meio e no sentido da lateral da cena. Diante do olhar do espectador, os movimentos dos atores acontecem em paralelo a essa linha, seja da esquerda para a direita ou no sentido oposto, da direita para a esquerda. Ao longo dessa corda de separação ocorre uma série de contrapontos, como movimentos que provocam choques de velocidades ou as ressonâncias das cores utilizadas conforme a variação das suas intensidades.

Em um contexto que mistura pesadelo e bufonaria, a trombeta de Jericó surge como uma máquina sobre rodas, quase um brinquedo de criança, um carrinho de puxar sobre o qual um instrumento de sopro, semelhante àqueles usados pelas bandas para a produção de sons graves, um contrabaixo entre os instrumentos de sopro, comumente chamado de tuba, está afixado. Esse instrumento musical está preso ao chassi do carro por meio de algumas barras de metal que deixam o instrumento suspenso e com a abertura da sua caixa de ressonância voltada para

---

39 Dispositivo cênico no sentido da organização de todos os elementos presentes na cena que definem o espaço, mas sem representá-lo. Difere de cenário por não criar a realidade visual ou a atmosfera na qual se desenvolve a ação dramática.

baixo. Dessa abertura sai um tecido em forma de saco que se conecta a um balde de latão; esse, por sua vez, está associado a um sarrafo de madeira constituindo, com um suporte preso no chassi, uma espécie de alavanca com o formato de gangorra. Quando se coloca uma tensão na extremidade do sarrafo, inicia-se um movimento de subir e descer do balde de latão. Esse movimento, ao mesmo tempo em que produz um som metálico devido às suas repetidas batidas contra a base do chassi do carro, também cria uma movimentação do tecido que sugere o inflar e o esvaziar do saco, como se fosse um instrumento de "fole". No entanto o som que se ouve é aquele produzido mecanicamente pelo choque do metal contra a madeira, algo semelhante àquilo que foi anteriormente visto em *A classe morta*, com as bolas de madeira no interior do berço mecânico. A cena é completada sonoramente por uma música instrumental cujo tema principal é marcado por um instrumento de sopro de som grave. Ao lado da corda de separação, que não é violada em nenhum momento, temos o acontecimento de cenas autônomas, sem a aparente conexão de umas com as outras. A única coisa que é comum é a composição sonora e musical, pela qual, em um processo de justaposição, as músicas e os diversos sons insistentemente se sobrepõem uns aos outros.

Figura 41 – Projeto da trombeta de Jericó.

Nessa produção, feita em intensas variações de preto e branco, a única cor encontrada é o vermelho escarlate dos hábitos dos Bispos que dançam ao som de um tango e que contrasta com o negro das roupas dos dois hassidins[40] vestidos com roupa tradicional e que agem do outro lado da corda. Os hassidins têm muita dificuldade para movimentar a máquina. Eles se movem como se estivessem arrastando o peso do mundo nos ombros. Ao se esforçarem para dar movimento a esse bizarro objeto, constantemente eles param e clamam ao céu por alguma compaixão ou entendimento. Mas o que esperar dessa máquina? Ao que me parece, não existe nenhuma exigência formal no sentido da constituição de algum significado aparente, apesar de esse significado existir subsumido no contexto da abstração. Aparentemente essa máquina possui unicamente a sua existência atrelada à condição de ser mais um elemento nesse aparelho cênico abstrato.

Essa máquina-objeto, cuja existência só é possível em um universo de pesadelo, submete os personagens a uma situação de constrangimento, de opressão e de sofrimento. Eles não sabem para que ela serve. Eles estão intimamente ligados a ela, mas desconhecem a sua utilidade. Quais obscuros mistérios ela esconde? Não há uma resposta para isso. Kantor não se preocupa em equacionar os códigos. Eles existem por si mesmos.

Além disso, essa corda divisória que revela a possibilidade de observação de duas realidades distintas e concomitantes tem seu ponto de fuga em uma das suas extremidades, saindo de um ponto situado sobre a cabeça de um esqueleto sentado em uma cadeira com pequenas rodas. O esqueleto, que tem todos os dentes à mostra, aparenta um tom de escárnio, como se estivesse rindo de tudo e de todos. Evidentemente o esqueleto nos remete de imediato ao significado da morte. Contudo, ao contrário de *A classe morta*, encenada anteriormente, e de *Wielopole Wielopole*, feita em seguida, a morte nessa produção não é personificada por um ator, mas por um objeto inanimado. Aqui, a morte está desprovida de *anima*, ela está presente o tempo todo mas não age, apenas observa. Nessa caixa de imagens dinâmicas e sincopadas, temos a constatação de que a morte está à espera, espreitando cada movimento.

---

40 Judeus ortodoxos que vivem a pregar o fim do mundo.

Como em *A classe morta* não havia possibilidade de salvação, nessa encenação Kantor aponta para uma possível redenção. Mas de quem virá? De Deus? O mesmo Deus, dos cristãos e judeus, que não ouviu as súplicas dos seus escolhidos a caminho das câmaras de gás e que se associou à indiferença dos Bispos a tudo que acontece do outro lado da corda? Kantor, mais uma vez, oferece dúvidas a respostas. No entanto ele tem esperança e é exatamente esse o ponto. Se na produção anterior ela inexistia, em *Onde estão as neves de antanho?* a esperança ganhará uma materialidade específica e se tornará um objeto.

Vários são os temas que podem ser apreendidos desse pequeno espetáculo. Dentre tantos, observamos a emergência metafórica da esperança e do perdão associados ao lamento pelo desaparecimento das neves brancas. Esse tema foi extraído do Salmo 51 do Antigo Testamento, no qual o Rei Davi clama a Deus:

> Compadece-te de mim, ó Deus, segundo a tua benignidade; apaga as minhas transgressões, segundo a multidão das tuas misericórdias.
> Lava-me completamente da minha iniquidade, e purifica-me do meu pecado.
> Pois eu conheço as minhas transgressões, e o meu pecado está sempre diante de mim.
> Contra ti, contra ti somente, pequei, e fiz o que é mau diante dos teus olhos; de sorte que és justificado em falares, e inculpável em julgares.
> Eis que eu nasci em iniquidade, e em pecado me concedeu minha mãe.
> Eis que desejas que a verdade esteja no íntimo; faze-me, pois, conhecer a sabedoria no secreto da minha alma.
> Purifica-me com hissopo,[41] e ficarei limpo; lava-me, e ficarei mais alvo do que a neve.

Como se pode observar na passagem do Salmo acima transcrito, o arrependimento devolve ao homem a inocência branca da neve. Mas por que os homens deverão se arrepender para tornarem-se puros, se eles cometerão os mesmos erros novamente?[42] Então, para que a

---

41 Espécie de planta medicinal.

42 Como já foi visto anteriormente, só que de uma maneira menos abstrata, Kantor

redenção? Será que a esperança da renúncia à violência pelos homens não é uma esperança absurda?

Por mais pessimistas e sombrios que possam aparentemente ser os temas trabalhados no interior do teatro de Tadeusz Kantor, certamente a renúncia completa da esperança não é um deles. Aqui, as considerações de Dante no prólogo de a *Divina comédia* – "abandonai todas as esperanças, ó vós que entrais" – não encontram ressonância integral. É possível estarmos, sim, diante dos portões de Auschwitz, mas a fé nos homens parece existir. A esperança de iluminação dos homens, sem nenhuma conotação mística ou religiosa, encontraria a arte como caminho e resposta para a salvação da humanidade.

Maria Jarema repetira por diversas vezes que só a arte abstrata poderia salvar o homem. Mas qual o sentido dessa afirmação? Talvez porque na arte abstrata se encontra o princípio de todas as coisas representadas. No mais simples encontra-se a essência da totalidade do universo. No *Quadrado preto sobre fundo branco* de Malevich, no princípio mais claro da abstração, encontramos o zero absoluto, encontramos Deus e a alegórica fundamentação de todas as coisas. Assim, se encontramos Deus em uma representação abstrata, a trombeta de Jericó, a estranha materialização do desconhecido, da crença e da fé no outro mundo, torna-se a forma material do desconhecido e do incompreensível fardo carregado pelos judeus nas provações históricas como povo. Todavia, a Jericó de Kantor está muito longe de ter os muros derrubados. O antissemitismo não desapareceu com o fim da guerra.

Apesar da intolerância, a humanidade sonha em ser branca e inocente como a neve, "mas da neve verdadeira, nada resta do seu brilho" (*Scenes*, 1986, p.22). Isso é representado no espetáculo por um grande pedaço de papel branco que é manuseado pelos atores no espaço e no sentido delimitado pela corda. A inclinação dadaísta de Kantor em representar com materiais e objetos diversos de forma a desviar o seu uso sugere pela brancura do papel uma história que ainda não foi escrita devido às lembranças da agonia de uma catástrofe

---

utilizou essa mesma temática para a criação de *Ô douce nuit* durante o Festival de Avignon em 1990.

que todos temem repetir. De certa maneira, esse é um tempo passado que necessita ser revisto. Assim, o papel branco e as neves artificiais revelam a oportunidade de a história ser reescrita ou pelo menos de ser compreendida para que possa, no seu devir, alcançar o alívio da provação e do martírio e assim reencontrar a inocência e a pureza perdidas. É exatamente por isso que no espetáculo, o soldado, ainda que seus movimentos tenham aparência mecânica, está vestido de branco e sua roupa é feita com o mesmo papel que foi anteriormente manuseado pelos atores. Kantor, em sua relação pessoal com o exército e com a perda da individualidade instituída por esse, traz para a cena um soldado individualizado e distinto da generalidade institucional. O soldado, o poder totalitário na sua mais íntima individualidade, pode recuperar as neves que o abandonaram.

Como o papel branco esticado feito toalha de mesa sob a corda que acaba unindo os dois espaços representa a ideia dos valores que foram perdidos e, ao mesmo tempo, o intenso desejo do seu retorno, esse objeto notadamente traz em si a mensagem material da esperança e, consequentemente, a abstração adquire a forma de objeto. Isso quer dizer exatamente que a esperança se tornou uma folha de papel e sua especificidade, a pureza e a inocência, o branco da folha. Evidentemente, no espetáculo, essa busca pela pureza por meio da simbologia da brancura da neve se mostra falseada, pois o papel é um simulacro, é a representação sensível de um determinado aspecto de uma representação inteligível, obviamente, sem matéria. Apesar de essa representação se instituir como "falsa noção" da apreensão do valor representado, em Kantor a percepção desse valor é determinada por um *pathos* individual que determina a situação que o estado desse valor tem para a sua vida.

Algumas das digressões feitas nessa cricotage terão a sua forma desenvolvida na cena final de *Wielopole Wielopole* na qual a esperança está associada a uma toalha de mesa, um signo típico polonês utilizado nas mesas durante as refeições feitas no Natal. Se o teatro de Kantor recorre insistentemente à lembrança histórica da condição humana em face da constante ameaça de dor e sofrimento imposta pela guerra, em *Wielopole Wielopole* Kantor retira da toalha branca todas as leituras imediatas do seu repertório linguístico para atribuir a ela a referência à fraternidade e à esperança. O branco nas duas produções contrasta com a condição humana de degradação e morte.

Entretanto, o sentimento de esperança é totalmente fugidio. Em *Wielopole Wielopole*, após um lampejo de esperança que surge com a cena que lembra as ceias de Natal e, consequentemente, as conotações significativas que a ela estão associadas, a cena transforma-se em eucaristia, a última ceia que antecede a agonia, o martírio e a morte de Jesus Cristo. Nesse contexto, a esperança dura um breve instante. Semelhantemente ao que foi encenado em *A classe morta*, quando, por meio da máquina familiar e do berço mecânico, Kantor associa a morte como condição inexorável da vida, em *Wielopole Wielopole* os códigos presentes na mensagem de Natal sugerem que um nascimento pode redimir a humanidade. Kantor imediatamente desconstrói essa noção, fazendo derivar dela a conotação de que a redenção que conduz à pureza é fatalmente sobrepujada pela intolerância e suas ramificações. A esperança no teatro de Kantor existe, mas ela é frágil e delicada como a neve.

Onde estão as neves de antanho? antecipa muitas das situações temáticas que serão realizadas em *Wielopole Wielopole*. Os signos históricos que são convocados para essa cricotage são simultaneamente desrealizados, devorados em um redemoinho de situações que extrai a sua significação simbólica ou referencial por meio do humor, no sentido quase de uma farsa provocativa. Assim, a trombeta de Jericó, com sua bizarra aparência, não tem por objetivo destruir os muros da cidade bíblica; aqui, ela procura, de uma maneira burlesca, desestruturar a objetividade de leitura direta do espetáculo, introduzindo na cena um elemento desconhecido e que desestrutura toda a construção referencial do teatro tradicional, tradicional no sentido da representação mimética e de um teatro de conflitos. Temos aqui não um diálogo em primeiro grau, cotidiano, mas um diálogo que é essencialmente intuído, o que pode nos fazer pensar em uma poética simbolista em Tadeusz Kantor. Evidentemente esse raciocínio procede em alguns aspectos, sobretudo naquilo que diz respeito à construção das imagens. Em uma peça sem contexto, sem forma dramática, o conflito é substituído por uma série de vibrações internas. Não existe o conflito, pois esse é substituído pela tensão, tensão que, por sua vez, está alicerçada na avassaladora expectativa da morte. Assim, qualquer perspectiva de crise é solucionada pela morte, pois ela resolve tudo, independentemente de tudo e de todos. Em *Onde estão as neves de antanho?*, o tema é abstrato: a salvação pelo arrependimento. Diante da morte, as personagens não têm nenhum controle sobre qualquer acontecimento. O sentido do trágico em Kantor, pelo menos desde *A classe morta*, não resulta do fracasso das paixões humanas ou do esforço divino, mas se revela como no simbolismo, e principalmente como em Schopenhauer, do choque com as forças exteriores que fogem ao controle do homem colocando-o entre a vida e a morte.[43] No caso específico dessa produção, é a lembrança da morte que estabelece a dimensão do trágico. A máquina misteriosa, inexplicável para os hassidins, também institui o tempo como elemento que está além do controle humano. O clamor dos hassidins é pelo passado, mas também é pelo esclarecimento do presente e do futuro. Talvez a trombeta de Jericó seja o signo representativo pelo qual ruíram todos os projetos do Iluminismo. Quais preces clamorosas deverão ser entoadas para que a barbárie não se repita? E mais uma vez, uma pergunta sem resposta. Tudo é mistério.

Como na pintura de Goya, em muitas das suas gravuras que retratavam aparições e figuras sobrenaturais, muitas saídas dos sonhos e pesadelos do artista, o teatro para Kantor, pelo desastre, o horror e a fantasmagoria, motivadores da erupção de outro mundo, é um meio para chegar ao mistério ao mesmo tempo em que o mistério é um meio para chegar ao teatro. Uma peculiaridade nessa relação de Kantor

---

43 De acordo com o peculiar pessimismo da filosofia de Schopenhauer, toda a vida é sofrimento porque é um constante querer eternamente insatisfeito, que leva ao amor, ao ódio, ao desejo ou à rejeição. Schopenhauer elimina Deus da sua visão de mundo e em seu lugar coloca uma "vontade universal" que é a força voraz e indomável da própria natureza. A vontade aqui nada tem a ver com a decisão racional por uma opção de agir, mas trata-se de um ser absoluto, essência primeira, a coisa em si que gera todas as coisas deste mundo. Essa vontade, que é também um substrato, a coisa em si, no homem, é responsável pelos seus apetites incontroláveis. Ao final o homem encontra a morte, o golpe fatal que recebe a vontade de viver.

com a pintura barroca, principalmente com Goya, é o fato de que na sua pintura, Kantor não representou o terror nazista e a ocupação da Polônia pelo exército alemão. Indiretamente ele realizou isso por meio de Goya, do passado do pintor espanhol em uma Espanha ocupada pelo exército napoleônico que cometia todas as formas de desmandos e que, paradoxalmente, atuava sob as ordens dos representantes dos ideais iluministas. Foi sobre esse contexto que ele pintou a série sobre os soldados de Napoleão, em que, metaforicamente, a Espanha de Goya se torna a Polônia de Kantor.

Figura 42 – *Certo dia o soldado napoleônico do quadro de Goya invadiu o meu quarto da imaginação* (1988), de Tadeusz Kantor (acrílico sobre tela).

Evidentemente, a relação entre dois universos que se contaminam vai além das relações entre o teatro e a pintura e se estende para os diversos temas, metáforas ou alegorias que se sucedem nas produções: os adultos que assassinam a sua infância, o passado tornado presente e o vivo confrontado com a mecânica dos manequins, entre outros. Esses, dentre tantos elementos que em um contexto suscitam insistentemente um mundo invadido por outro por meio das máquinas insólitas, dos objetos prontos ou construídos, suscitam situações que sempre degeneram em contos absurdos cujos elementos estão conjugados em uma espécie de poesia estranha, com certo coeficiente de nostalgia, mas turbulenta e corrosiva e que consegue, ao mesmo tempo, ser insolente e hilariante, repleta de momentos de extrema energia; paroxismos, como se cada espetáculo fosse decomposto e se recompusesse infinitamente diante dos olhos do espectador.

O teatro de Kantor é uma tela viva na qual todos os elementos, formas e imagens, sem cessar, não se cansam de se formar e de se desagregar. Enfim, os espetáculos se constituem em uma espetacular galeria em que as imagens, como se fixadas em uma tela, transpostas das visões de Kantor, se tornam a quintessência do movimento e do arranjo, na cena, dos diferentes elementos. Apesar da aparente desconexão, as cenas que são por eles compostas se comportam como em uma espécie de silogismo simbiótico. A conjugação das cenas é perfeita. Existe uma minúcia na organização dos signos que são próprios à poética do pintor e esse talvez seja o maior paradoxo do seu teatro. Ele funciona como se quisesse se lançar no tempo rompendo com as convenções de efemeridade a que o teatro está submetido. Dessa forma, os limites entre o teatro e a pintura tornam-se indistintos. As telas comportam-se como cenas autônomas ao passo que cada cena se constitui como uma tela. Resumindo, as imagens estão além da forma e o teatro está além do teatro.

Como na poética simbolista, a ambiguidade do discurso, em Kantor, substituído pela imagem, é representada por uma relação de vários sentidos entre as personagens e os objetos. Da mesma maneira que ocorre no teatro simbolista, nenhum objeto no teatro de Kantor é decorativo. Ele existe no espetáculo para acentuar um efeito e tornar externa uma visão interior. Outra característica que aproxima o teatro de Kantor do teatro simbolista é o valor atribuído à música como elemento de comunicação não racional, como forma de condução para uma visão subjetiva. Isso é próprio do teatro de Kantor a partir do período do Teatro da Morte.

A ambiguidade da imagem em substituição à ambiguidade do discurso simbolista associa-se necessariamente ao processo de conhecimento irracional trabalhado por muitos dos surrealistas, como

Salvador Dalí e Magritte, que por um lado contribuíram para o total descrédito do mundo da realidade e questionaram os nossos pressupostos acerca do mundo e das relações entre um objeto representado e um objeto real. Por outro, no *Segundo manifesto surrealista*, escrito em 1930, conforme comenta André Breton, a principal finalidade do Surrealismo, pelo menos naquele momento, era determinar a existência daquele ponto, situado na mente humana, em que a morte e a vida, real e imaginário, passado e futuro, comunicável e incomunicável e todas as contradições deixam de ser percebidas como contraditórias.

Essa percepção das finalidades do Surrealismo apontadas por Breton não tinha em vista o estabelecimento de estados contraditórios em relação ao real expressos nas imagens. Aquilo que André Breton propõe e que será, de maneira semelhante, encontrado na obra de Kantor, mais intensamente após *A classe morta*, será a resolução das contradições em um estado, um universo de "suprarrealidade". Em Kantor, esse estado de suprarrealidade, a melhor inspiração do Surrealismo visual, constituir-se-á a partir da imagem, como um buraco na realidade, uma fenda no espaço-tempo, que desde *O retorno de Ulisses*, tem o objeto como principal elemento por meio do qual essa realidade outra se configura.

3
A ESPECIFICIDADE DO TEMPO, DA MORTE E DO OBJETO-IMAGEM NA POÉTICA KANTORIANA

O eu dividido e o tempo invariável

O objeto em Kantor não pretende ser nada além daquilo que é. Ele não está destinado a qualquer processo de reificação da sua condição de objeto. Mesmo quando ele se torna protagonista, apesar dessa condição, a ele não é atribuída nenhuma humanidade. Entretanto, se na sociedade capitalista o trabalho é a essência constitutiva do homem e o fetichismo da mercadoria está diretamente relacionado ao processo de reificação das relações humanas, os objetos fetiches, que não são ilusões, possuem de fato uma existência real e uma influência concreta sobre os indivíduos. Por esse caminho, é evidente que podemos pensar, em Marx, dentro do conceito de reificação, um princípio pelo qual os objetos se tornam cada vez mais sujeitos e por eles se dá a ligação, a comunicação do homem com a realidade, e por esse processo, a utilização cada vez maior de um elemento intermediário no processo de construção dessa mesma realidade.

Um processo semelhante acontece em Kantor, algo como uma "reificação às avessas", em que a realidade se torna a própria realidade do objeto que passa a ser percebida também como sujeito. No entanto, ao objeto (apesar de também ser intermediário, ele com outra realidade) não é atribuída nenhuma condição de valor, valor que se institui como abstrato, que não tem potencial para troca e que pode ser única e somente utilizado como objeto de arte – mas uma arte que não pode e não deve ser consumida, pelo menos não do ponto de vista do trabalho e do capital. Em Kantor, o objeto é sempre aquilo que é enquanto objeto real, da mesma forma como o ator continua sendo o homem que é como homem real.

Existe um mito de que o ator, no teatro de Kantor, é apenas um objeto.[1] Essa é uma concepção equivocada já que, da mesma forma que um objeto qualquer é usado na cena como um objeto qualquer, em um determinado momento do teatro de Kantor o mesmo se aplica ao ator que passa a ser visto como um homem real na sua condição de homem real. Também não existe o processo de reificação do ator, já que se esse homem é utilizado na condição de homem real com todos os seus atributos reais e cotidianos, ele não se torna um objeto no sentido que Marx atribuía ao processo de transformação da força de trabalho humana em mercadoria, pois a arte de Kantor, *a priori*, não é destinada ao consumo. Por esse caminho, se o ator, nessa fase do teatro de Kantor, nada mais é do que um homem comum, cotidiano, a sua condição de ator não se justifica, já que em tese, a sua produção também não poderia ser consumida. Isso fica ainda muito mais evidente quando Kantor atribui aos seus atores a aparência de um morto. Se o ator carrega em si a aparência da morte, ele se torna, da mesma maneira que uma cadeira quebrada, sem valor nenhum para a civilização do consumo, e seus destinos, consequentemente, são endereçados ao lixo, ou seja, à lixeira e à cova respectivamente.

Dessa forma, o ator torna-se mais um elemento do diálogo, semelhante em grau de importância a qualquer outro elemento que compõe a cena, assim como o objeto também passa a ser entendido como sujeito essencial para o desenvolvimento da ação, ação que é uma perfeita simbiose entre os dois elementos. Evidentemente, essa é uma técnica de pintor e é por isso que se atribui ao "ator" a condição

---

1 Convém destacar que essa concepção do ator como objeto, no teatro de Kantor, passou a ser utilizada pelos críticos a partir dos espetáculos que foram encenados após a fase do Teatro da Morte.

de objeto: aquele que perde a autonomia enquanto ser criador para se tornar unicamente elemento, como uma cor ou um traço da criação demiúrgica de Tadeusz Kantor.

No entanto, sob determinado aspecto, também é possível entender esse processo do ponto de vista da construção da subjetividade, como uma espécie de dissolução do eu individual de Kantor no meio da totalidade histórica. Como comenta Renato Palazzi (1990, p.98),

> o eu hebraico dissolvido no holocausto e na diáspora é o eu polonês suprimido em sua própria identidade nacional e constrangido por uma outra diáspora, mais moderna, na qual ser judeu ou polonês não é uma referência étnica, mas o símbolo de uma condição universal. Em suma, isso é o conceito de um eu meta-histórico e, entretanto, profundamente comprometido com a história que engole como um buraco negro ou vazio cósmico as tragédias do nosso século, grandes ou pequenas, pessoais ou coletivas, reativando-as em imagens teatrais.

Nesse sentido, mesmo o eu individual de Kantor, em cena, que vive e se movimenta em um espaço real, está diluído, a partir do seu quarto da memória, nas diferentes etapas e elementos que compõem a cena. No palco, Kantor, o eu real, observa a dissolução do seu próprio eu, da sua própria história nas personagens que ele cria em relação ao passado, ao presente e ao futuro. É por isso que em determinado momento da sua carreira, mais no final da sua vida, ele dirá que toda a sua criação nada mais foi do que reflexo da sua vida frente aos acontecimentos e situações nas quais ele viveu. Assim, quando ele se propunha a rever a sua infância, por trás dos bancos, ou sentado no seu carro infantil, não era ele, mas outra pessoa que estava em seu lugar. Da mesma forma, quando ele queria morrer, algum outro representava a sua morte. Nessa luta titânica consigo mesmo na tentativa desesperada de organizar o seu ser multiforme, Kantor serve-se de materiais muito pessoais, de determinadas ferramentas de trabalho que são a ele incansavelmente associadas, a exemplo da morte e da memória.

A morte e a memória são as coordenadas pelas quais Kantor prepara o terreno para o drama escarnecedor da derradeira angústia do

176   WAGNER CINTRA

eu. A relação entre sujeito e objeto dá-se evidentemente por meio da ação do eu de Kantor situado em todas as dimensões do seu ser, em concordância ou dissonância com os objetos das suas lembranças. Em Kantor, a história é o objeto. Dessa forma, a subjetividade artística de Kantor será erigida a partir de si mesmo e os objetos materiais tornar--se-ão os vínculos da sua consciência presente com o passado e com o futuro. Ainda, nesse processo de construção da subjetividade, ao lado da memória, também existe o tempo que é outra noção fundamental do seu teatro.

Em se tratando do tempo, no teatro existe uma espécie de dupla natureza do tempo no qual o tempo histórico é uma realidade que se insere necessariamente no texto e na representação. Devido a suas temporalidades e seu modo de produção, o teatro é sempre situado na história. De um lado, temos o tempo representado que está associado ao desenvolvimento da fábula – esse é o tempo dramático. De outro, temos o tempo da representação, o tempo cênico, que segundo Patrice Pavis (2001, p.400) "é o tempo vivido pelo espectador confrontado ao acontecimento teatral, tempo eventual, ligado à enunciação, e ao desenrolar do espetáculo".

A representação acontece sempre no presente e da mesma forma se desenrola o tempo. A representação fornece todos os dados que se passam diante de nós em função da nossa temporalidade como espectadores. Isso nos dá a noção de início e fim da representação. O tempo dramático, por sua vez, "é o tempo da ficção da qual fala o espetáculo" (ibidem), está ligado à realização de que algo acontece, aconteceu ou acontecerá no universo da ficção. Muitos autores chamam de tempo teatral a correlação entre aquilo que acontece entre o cênico e o dramático, ou seja, entre o real e a ficção. No entanto, diferentemente disso que foi indicado acima, em Kantor, existe uma espécie de tempo mítico, estrutura semelhante àquilo que também pode ser observado no teatro de outro importante diretor polonês da atualidade, Leszek Madzik.[2]

---

2 Diretor do Scena Plastyczna (Cena Plástica) – Katolickiego Uniwesytetu Lubelskiego (KUL), grupo mantido pela Universidade Católica de Lublin. Leszek Madzik (1945) é formado em história da arte nessa mesma universidade, e ainda

Existe na obra dos dois artistas uma espécie de tempo mítico, um tempo que está intrinsecamente associado aos acontecimentos primordiais que faz com que o espetáculo aconteça em um único instante, em uma fenda no espaço-tempo, sobrepondo-se constantemente a si mesmo. Dessa forma, a ação do tempo não acontece de maneira linear, mas ciclicamente, e as situações, duplas e paralelas, justapõem-se constituindo uma narrativa fragmentada que organiza o entendimento de cada observador individualmente.

Em um jogo de contrastes, Kantor e Madzik não fornecem ao observador uma ação temporal na qual os acontecimentos se sucedem linearmente. As situações são resolvidas em si mesmas, pois o processo está diretamente ligado à criação de imagens e como já foi dito, as imagens são capazes de desenvolver atividades inconscientes no pensamento do espectador. Assim, a fragmentação das cenas associadas às tentativas frustradas de pensamento consciente possibilita a não repetição do tempo, pois ele funciona como um constante retorno a um momento presente. O tempo não se desenvolve, ele somente acontece. Em função do tempo, os espetáculos de Tadeusz Kantor e os de Leszek Madzik funcionam como uma cerimônia imagética situada fora do tempo histórico. Nesse sentido, as imagens fixadas pelo observador tornam-se símbolos puros.

Dessa forma, o tempo no teatro de Kantor modela-se como a estrutura ideal pela qual ele pode ativar toda a atividade do seu ser. O tempo constitui-se no elemento que corta, transforma e multiplica a ação cênica ativando a presença simultânea de momentos em que o indivíduo se perde na totalidade, ou seja: na dissolução do eu de Kantor entre os vários momentos do espetáculo.

---

como jovem pintor também passou a se dedicar ao teatro por entender, entre outras coisas, que uma tela é insuficiente para obter do observador a mesma intensidade de reações, sentimentos e emoções que é capaz de produzir um espetáculo realizado ao vivo diante de um espectador. Madzik abandona a palavra, apega-se à imagem que é fortemente amparada pela exploração da luz no espaço. Utiliza-se ainda de objetos, bonecos e da presença silenciosa do ator que é usado como mais um elemento na criação das imagens. Em seu teatro existe certa relação com o sagrado que leva o espectador a refletir acerca da sua existência e sua relação emocional com a realidade.

O tema dessa identidade fragmentada em segmentos temporais pode ser observado em diversos momentos da jornada artística de Kantor. Entretanto, é mais explicita em *Que morram os artistas!*, em que a negação do eu individual é colocada em evidência pela sua presença na cena como o eu real que observa simultaneamente o encontro do seu "eu criança", reconstrução do passado de uma maneira aparentemente deformada pela memória, com o seu "eu morrendo", "projeção da memória atávica do futuro" (1990, p.96). Tudo isso acontece diante do olhar do verdadeiro Kantor que se constitui, com sua presença em cena, como o agente ativo de uma construção poética, a qual participa ao mesmo tempo em que fica ao lado da construção. A sua memória age de maneira livre, em estado puro, autônoma, independente de qualquer estado de verossimilhança. É uma memória que apenas recorda, não se tratando, freudianamente, da manifestação de uma vontade ou de um sentimento reprimido que encontra na arte, no teatro, um meio para sublimação. É, porém, a memória de um sujeito que age em relação aos objetos de sua história privada constituindo um terreno no qual o eu acredita realizar a sua vida. Dessa forma, a memória apropria-se do espaço impondo seu caráter transformador e transitório para celebrar, conforme as palavras de Renato Palazzi (ibidem), "seu banquete de felicidade entre as cinzas de uma vida que cegamente se acreditava aberta para as energias do futuro".

Todo o teatro de Kantor, não importando qual a perspectiva de análise, sempre nos conduzirá a determinadas profundezas inquietantes. As imagens, principalmente aquelas construídas a partir de *A classe morta*, foram se perfilando continuamente uma após a outra, constituindo-se como metáforas amedrontadoras desse eu dividido, estratificado entre a memória e o sentimento de outro mundo, de forma que o eu se constrói como resíduo do passado e, ao mesmo tempo, como estado premonitório do futuro fatal e inelutável. Por esse caminho, somos levados a pensar que com seus desfiles de máscaras macabras e clownescas, dos simulacros dolorosos dos personagens, objetos e manequins, Kantor se coloca em frente do espectador como espelho cujo reflexo é deformante e impiedoso, destruidor de toda certeza sobre a continuidade real da existência. Na face desse espelho, toda a visão do existir fica obscurecida.

Apesar das diversas possibilidades de interpretações do objeto a partir do pensamento poético e de seu uso cênico, o objeto, em Kantor, é somente um objeto que deve ser utilizado como objeto real. O objeto para ele deve ser constantemente lembrado, reconhecido como tal. Nesse sentido, há uma concordância com a afirmação de Adorno (2006, p.190) sobre a reificação ser esquecimento. Isso quer dizer que ao ser reificado o homem e ao ser humanizado o objeto, eles deixam a condição de ser aquilo que são e passam a ser vistos como coisa e sujeito respectivamente. Em resumo, a reificação do homem-sujeito é a sua "coisificação", ao passo que a humanização, "reificação às avessas", da coisa-objeto, seria a sua transformação em sujeito. Esse processo, no entanto, não acontece dessa forma no interior do teatro de Kantor. Caso possamos falar em reificação e humanização em Kantor, essa relação entre sujeito e objeto, apesar de homem e coisa serem entendidos e colocados lado a lado, reconhecidos como o mesmo grau de valor, não existe o esquecimento da sua condição de objeto real. A lembrança e a memória são fatores de fundamental importância para o entendimento do objeto em Kantor. Para ele, e isso já foi dito insistentemente em passagens anteriores, o objeto deve ser protegido, salvaguardado do esquecimento. A própria história como objeto necessita insistentemente ser lembrada e os objetos são os meios mais eficazes para isso. O teatro de Kantor é uma luta incessante da memória, da mesma forma que Adorno (1995, p.119-38) conceberá em *Educação após Auschwitz* como um princípio de não esquecimento – lembrar para que a história não se repita – lembrar sempre da dor, da humilhação, do sofrimento e da morte.

A morte como poética

Mesmo a morte sendo recorrente em toda a sua obra, Tadeusz Kantor nunca esteve interessado em explicá-la como fenômeno. Por se perceber finito mediante a consciência da própria morte, a arte de Kantor mostra-se como sublimação da vida à espera do inevitável e é pela arte que ele realiza a sua crença na imortalidade da vida depois da morte, e de certa maneira a notória recusa da própria destruição e o anseio pela eternidade.

180   WAGNER CINTRA

Deixando o ponto de vista de um artista imbuído de um forte sentimento de dor e de catástrofe e passando para os domínios do desenvolvimento da civilização, é possível perceber, desde os seus primórdios, que a morte é a responsável pelo aparecimento das primeiras angústias existenciais e metafísicas do homem. Disso decorre, evidentemente, o culto aos mortos em todas as culturas. Assim, a morte se mostra, desde o princípio da civilização, como uma fronteira que não significa somente o fim da vida, mas o começo de outra realidade, na maioria das culturas, desconhecida e aterradora. Desde o início dos tempos, a consciência religiosa sempre ofereceu um conjunto de convicções que indicaram os rumos do comportamento humano frente ao mistério da morte, fosse pelos primitivos rituais, fosse pelas religiões mais organizadas. É exatamente por isso que a angústia da morte criou a crença na imortalidade pela aceitação do sobrenatural e da admissão do divino e do sagrado como verdade fundamentada na fé.

Em Kantor, a morte é um processo que está muito distante do sobrenatural. Ela é a condição finita da temporalidade que fundamenta o sentido da existência e que permeia o tempo todo a vida humana. Lembrando, em *A classe morta*, na cena familiar, o nascimento institui-se como a primeira morte no sentido de perda, a primeira perda, a primeira separação. Podemos também observar a oposição entre os velhos e os manequins de crianças, o velho e o novo, que continua a repetir indefinidamente o primeiro rompimento, o que explica a angústia presente nas personagens diante do esfacelamento da vida física no tempo. Dessa forma, é possível observar no teatro de Kantor a divisão do homem entre corpo e espírito, deixando esse de ser mero objeto da natureza para tornar-se possibilidade de transcendência[3] para alguma coisa além dele mesmo.

Para Kantor, transcender significa conquistar outra dimensão na qual a arte se institui como realidade sensível e, ao mesmo tempo, desconhecida daquilo que está oculto dos sentidos, mas que é patente para a consciência. Isso remete Kantor mais uma vez de encontro a Malevich,

---

3 No sentido moderno mais usual definido por Heidegger que estabelece como transcendente a relação entre o homem e o mundo.

cujas "formas elementares pretendiam anular as respostas condiciona-
das do artista ao seu meio ambiente e criar novas realidades não menos
significativas do que as realidades da própria natureza" (2000b, p.121).

Assim como em Malevich, o quadrado, que nunca se encontra na
natureza, institui-se como repúdio ao mundo das aparências e da arte
passada; Kantor, por sua vez, ao trazer para o seu teatro a aparência
e os fundamentos da morte, repudia o teatro como imitação da vida.
Dessa maneira, tanto o quadrado de Malevich quanto a morte em
Kantor em nenhuma circunstância se configuram como estruturas
"nadificadas". Pelo contrário, transbordam significados, exatamente
por aparentarem "nada ser", parafraseando Jean Paul Sartre (2005)
sobre a consideração de que do nada se chega às coisas. Dessa forma,
o conhecimento sensível é substituído pelo inteligível já que as possibilidades de existência de representação, nos dois casos, encontram-se
fora do alcance dos sentidos. Nas *Lições de Milão*, Kantor (1990, p.82)
fala sobre isso:

> Minha criação e minhas obras cujas fontes provêm do subconsciente
> "compreendem" esta voz interna e comandam bem mais cedo e bem
> mais rapidamente.
>
> Nesse caminho o intelecto realiza mais claramente as NOVAS RAZÕES:
> ESPIRITUALISMO
> IMPERATIVO DA ALMA.
> SENSAÇÃO DE UM OUTRO MUNDO.
> CONCEPÇÃO DA MORTE.
> DO "IMPOSSÍVEL".
> "DA ESPERA PACIENTE DIANTE DA PORTA" ATRÁS
> DA QUAL SE ESTENDEM
> OS ESPAÇOS INACESSÍVEIS AOS NOSSOS SENTIDOS E
> CONCEITOS.

Para Kantor, somente os artistas são capazes de enfrentar o desafio
da morte pela sua arte, tanto no sentido literal como no simbólico. Isso
acontece exatamente pelo fato de serem os artistas, mas os "verdadeiros
artistas", usando o seu vocabulário, capazes de romper com a ordem
estabelecida, a velha ordem, para, a partir dela, construir algo novo

baseado em princípios distintos da convenção. Em um dos seus ensaios, Kantor (1991, p.100) comenta:

> Eu compreendi que era necessário propor uma correção
> urgente na maneira convencional
> de conceber a arte.
> Que era necessário suprimir entre os anos
> as fronteiras rígidas, consagradas pela tradição.

No mesmo ensaio, que se trata de um comentário sobre a "Antiexposição"[4] realizada em 1963, ele dirá que pelas cartas, bilhetes de viagem, endereços e demais coisas que compunham a obra, que já poderia ser chamada de "instalação", pela primeira vez experimentou intensamente a noção do vazio, do nada, e que toda a realidade incomensurável da vida era plena de acontecimentos que a qualquer instante poderiam se tornar obra de arte. Essa era a época do Teatro Zero, chamado assim pelo temor que ele tinha em pronunciar a outra palavra que estava escondida atrás da palavra "nada", ou seja, morte.

Assim, a morte refere-se ao zero absoluto, ao nada, da mesma forma que o quadrado negro de Malevich também é associado, entre outras possibilidades, ao número zero, na medida em que, a fim de obter a anulação das formas objetivas da realidade, Malevich depurou a geometria até a absoluta aniquilação de qualquer referencial, permanecendo apenas aquilo que pode ser chamado de percepção intuitiva de algum objeto ou de alguma coisa.[5]

No mesmo passo, Kantor opôs-se ao mundo objetivo abstraindo da vida em direção à realidade da morte a garantia absoluta da vida. Esse pensamento determinará a edificação de uma nova realidade que está além das prioridades práticas da vida e além dos objetivos linguísticos tradicionais e cuja lógica orientar-se-á na construção de outras necessidades e objetivos, tanto formais quanto de conteúdo. Evidentemente, dentro dessa percepção recém-descoberta por Kantor da incomensu-

---

4 Detalhes sobre a "Antiexposição" serão expostos mais adiante.

5 Malevich absorveu ideias de filósofos como Upenski, que em sua obra defendia a existência de uma espécie de "razão intuitiva".

rabilidade da realidade da vida como objeto de representação poética, aquilo que se mostra mais expressivo e mais significativo dentro desse universo desmedido é notadamente o seu antagonismo, a morte. Kantor percebe que a morte é imbuída de infinitas possibilidades para a criação artística, muito mais do que a própria vida.

Apesar de a morte ser indissociável do teatro de Kantor desde 1944, e já aparecer fortemente em *O retorno de Ulisses*, é graças a Witkiewicz que essa noção iniciará o percurso como elemento centralizador da sua poética. Em um de seus ensaios ele comenta sobre isso:

> A noção da morte emerge em mim por meio de Witkiewicz e de outros "destruidores": porque quando dizemos: destruição; quando dizemos: colapso, também devemos pronunciar a palavra que se segue. Primeiro eu criei o Teatro zero, isso quer dizer nada [...] mas ainda eu não tinha pronunciado tanto a tal palavra, por assim dizer, banal: morte. Mais tarde eu falei: Morte. Em seguida pronunciei a palavra passado. Sequer isso foi permitido porque todos me consideravam um homem velho, aquele que começou a inventar o seu passado, e em seguida juntei esta outra palavra: memória. (Kantor apud Parlagreco, 2001, p.37)

Inicialmente Kantor se recusava a assumir abertamente a morte como elemento poético. Ele dizia que até o momento da Arte Informal, ao contrário de outros artistas, ele se recusava a utilizar-se de lembranças como processo de criação, ele dizia não estar preparado para empreender uma viagem às terras do passado em que ele deveria criar com a ajuda do tempo que escorria, da sua nostalgia e de sua inutilidade, com fragmentos pobres, a tela trágica do tempo presente. Ele não conhecia ainda a relatividade do tempo e seu ultimato.

> Eu perguntava a mim mesmo – "O retorno de Orfeu é possível?"
> Dos Infernos – Lá embaixo, em meu *Infernum*,
> eu senti pela primeira vez o contato dessa Bela Dama – a Morte – e o poder
> que ela
> exerce sobre a arte. Nada era maior e nem mais magnífico. (Kantor, 1991, p.112-3)

Nesses anos havia nele algo que ele mesmo não conseguia explicar, uma espécie de vazio em que, no seu *infernum*,[6] a palavra "nada" possuía uma significação estranha. Alguns anos mais tarde, após a desmascarar, Kantor assumiu a presença desse significado em seu teatro como elemento da sua *poiesis*, ou seja: a morte como linguagem. E nada mais incomensurável na realidade da vida do que a realidade da morte. Assim, a morte é elevada ao *status* de obra de arte – verdadeiramente uma afronta, um ato blasfematório, frente às tradições e instituições artísticas.

No teatro de Kantor, os polos opostos, morte e vida, não se excluem mutuamente. Eles são estruturas dialéticas inseparáveis, negam-se e se confirmam incessantemente. Evidentemente, como na própria história, o sentido da morte nem sempre é o mesmo. De uma maneira geral, a forma como alguém ou um povo enfrenta a morte ou o significado que a ela é atribuído indica, de alguma maneira, o sentido que também lhe confere a vida.

Kantor, desde a Segunda Guerra Mundial, enfrentou a morte por meio do seu teatro. A sua ligação com a morte justifica-se evidentemente pelas experiências adquiridas nesse período, o que justifica também a sua relutância, após a queda da Alemanha nazista até o início dos anos 1960, apesar do intenso sentimento da morte, em haver qualquer ação da memória no seu processo de criação, exatamente pelo fato de que isso implicava necessariamente a renovação direta da dor e do sofrimento vivenciado durante a guerra. Essa situação tornar-se-á inevitável com a descoberta da morte como potência criadora que já estava subsumida à "realidade de classe mais baixa"; a morte, também entendida como dejeto da civilização, foi escondida, escamoteada, afastada das vistas do mundo e da arte. A morte fora, apesar da sua inevitabilidade, esquecida do seu aspecto real e cotidiano. Coube a Kantor retirar a embalagem que a protegia e trazê-la para o teatro como forma, como elemento poético.

Para Kantor a arte habita o território inexplorado da morte e ele insiste em despertar a consciência para esse fato. Isso não deve ser entendido

---

6 Título de um de seus ensaios.

como um desejo por um assunto mórbido tratado por um artista que vive obcecado pela morte inevitável. Esse comportamento, pessimista no sentido shopenhaueriano, seria uma atitude estanque no processo de construção da realidade. No entanto, Kantor, ao contrário, ao aceitar a sua própria finitude, reavalia o seu comportamento e suas escolhas.

Segundo Heidegger (2006), em *Tempo e Ser*, somente o homem autêntico enfrenta suas angústias e assume a construção da sua vida. Essa autenticidade, em Kantor, é reforçada cada vez mais pela autonomia do seu teatro. Assim, em Kantor, a existência está condicionada a uma sucessão infinita de possibilidades, entre as quais se encontra justamente a morte como elemento artístico significante que possibilita a imersão do olhar crítico sobre a vida habitual. Kantor assume, por esse caminho, a condição de um "artista para a morte", no mesmo sentido que Heidegger pensava o *dasein*[7] como um "ser para a morte", homem cujo ser como possibilidade o introduz na temporalidade. Isso significa que o homem passa a ser reinterpretado em relação ao passado e ao futuro, não mais como uma sucessão de momentos que se alternam uns aos outros de maneira passiva, mas como um futuro para o qual a existência é projetada, sendo o passado aquilo que a existência transcende. Obviamente, tanto em Kantor quanto em Heidegger, a morte é algo que dá sentido à vida, e em nenhum outro artista, desde o século XIV, com a Dança Macabra, o enfrentamento da própria finitude foi tão intenso na arte quanto no teatro de Tadeusz Kantor.

Aceitar a morte para Kantor é aceitar uma realidade dentro da história, é demonstrar uma verdade que é parte integrante da sua vida, seguramente a verdade dos campos de extermínio. Kantor aceita a morte como necessidade de transcendência do pensamento para que a história não seja esquecida e para que a realidade da morte se mantenha como consciência do devir. Assim, a morte deixa de ser uma prerrogativa dos seres vivos para tornar-se a essência da consciência do homem.

Como é possível perceber, a morte é um elemento indispensável ao teatro de Kantor. É claro que essa não é a morte ritual, mas uma

---

7 "O ser aí", ou seja, o ser lançado no mundo e que tem a sua existência garantida pela realidade cotidiana.

verdade humana. Tudo aquilo que Kantor fez na arte é reflexo da sua atitude em relação aos eventos que o cercaram, em relação às situações nas quais ele se encontrava: seus medos, sua fé, sua descrença, ceticismo e esperança. Para expressar tudo isso, ele cria a ideia de realidade como uma forma de colocar em debate a própria realidade. E sendo essa realidade fundamentada na especificidade da morte como realidade, todos os questionamentos de Kantor necessariamente dialogam insistentemente com a dicotomia morte e vida. Por esse caminho, Kantor dialoga com o passado por um intenso sentimento de dor ao mesmo tempo em que projeta no futuro questionamentos sobre o seu próprio destino.

Guy Scarpetta (2000, p.46) refere-se a isso: "o teatro de Kantor é pós-histórico (a história terminou, nada resta além dos fragmentos, dos dejetos), teatro póstumo, é a morte, a 'pulsação da morte' que deforma sem fim a representação".

Aos poucos o teatro de Kantor se constituirá em um alucinante cortejo saído de um mundo sepultado por meio de uma memória às vezes individual, às vezes coletiva, retrato de família de uma Europa desaparecida, restituída em uma dimensão concomitantemente patética e burlesca: "como se a própria morte colaborasse com as imagens exumadas" (ibidem, p.51).

Existe em Kantor, em seu teatro, uma espécie de equilíbrio instável, que conduz à representação, ao jogo teatral, a um ponto no qual ela se torna totalmente patética e caricatural, ao mesmo tempo em que é sagrada e profana. Esse desequilíbrio penetra no interior do coração do sagrado no qual ele faz manifestar todo o seu poder de desestruturação. Isso quer dizer que em relação à morte e suas dimensões manifestas, tais como o horror e a agonia, Kantor introduz o humor como um elemento desafiador do real – desafio que tem, evidentemente, seu ponto de apoio fora do mundo convencional. É exatamente nesse sentido que se estabelece a sua relação com os temas mais duros que estão presentes na sua memória. Por meio do burlesco, Kantor dessacraliza o martírio do povo judeu nos campos de concentração. Isso não significa que o processo de dessacralização da história deva ser entendido como irreverência; não, pelo contrário, ao introduzir o humor burlesco nos domínios da morte, Kantor deixa evidente toda a fragilidade da vida. Isso é aquilo que Guy Scarpetta (ibidem, p.31) chama de o ponto secreto, ardente, decisivo na organização subjetiva de um criador na dimensão de Tadeusz Kantor. Nesse sentido, a morte realiza a sua principal condição: deixar de ser o que é para ser colocada em outro mundo, para mudar inteiramente de ser.

A imagem condensada

Uma das características da imagem no teatro de Kantor é o fato de cada imagem, individualmente, trazer em si uma significação concentrada daquilo que trata o espetáculo. Essa significação pode estar única e exclusivamente associada à produção de estados emocionais no observador. Essas imagens, fascinantes e perturbadoras, são produtos do repositório da memória de Kantor como se estivessem afixadas em uma fotografia, o que faz com que os jogos observados em cena sejam percebidos como uma sucessão de imagens. Isso ocorre inevitavelmente porque a construção dos jogos está totalmente fundamentada na construção da imagem. O teatro de Kantor é, antes de tudo, um teatro de imagens fortes e avassaladoras. Essas imagens podem ter sua origem na imaginação de Kantor ou como produto da sua memória poderosa. A memória pode se manifestar por meios diretos ou indiretos, ou seja, a imagem, a situação, vivida e experimentada, dá seguimento à cena que se materializa no palco. Essa memória pode aparecer por meios indiretos, como é o caso de *Wielopole Wielopole*, na qual uma parte essencial do espetáculo foi baseada em imagens retidas em fotografias antigas. A foto dos soldados, recrutas, provavelmente prestes a partir para o *front*, mobilizou a memória pessoal de Kantor, referente à criança de seis anos que via o movimento das tropas do Marechal Pilsuldski em ação pelas ruas da sua pequena vila natal. A transferência dessa imagem estática fixada pela fotografia, desbotada pela ação do tempo, acionando a sua memória pessoal, concebeu para o palco figuras dolorosas de homens em cinza, empoeirados – revestimento da morte antecipada.

Figura 43 – Soldados poloneses na Primeira Guerra Mundial.

Na aparência da imagem inerte, Kantor viu o desenvolvimento de uma história, a tragédia de homens reais, a manifestação de algo que aconteceu e que estava destinado a acontecer novamente no palco. Uma nova criação, original, única, como vista pela primeira vez. Além dos soldados em uniformes da Primeira Guerra mundial, em pose, posando para uma fotografia, a última recordação antes da partida sem volta, temos também uma série de carteiras escolares feitas de madeira velha, usada, na qual estão sentados velhos decrépitos, pessoas estranhas, pálidas, todos vestidos de negro, como se prontos para um funeral. Temos também um quadro, uma moldura enorme em cujo centro, em pose, pessoas estão reunidas para uma fotografia familiar; uma ratoeira gigante que devora homens; um monumento enorme – uma escultura feita com os objetos degradados de vários formatos e funções. No alto desse monumento, o anjo da morte, a puta do cabaré, como *A liberdade guiando o povo*, obra do pintor francês Delacroix, e também como a clássica fotografia que marca a tomada do Reichstag[8] pelo exército vermelho em 1945, movimenta a sua bandeira negra. Essas,

---

8 Edifício em Berlim que abrigava o Parlamento durante a Segunda Guerra Mundial.

dentre inúmeras outras, são imagens memoráveis do teatro de Tadeusz Kantor: *Wielopole Wielopole, A classe morta, Hoje é meu aniversário, As belas e os feios, Que morram os artistas!*. Essas são imagens poderosas, imagens que trazem em si uma vasta gama de significados relativos ao repertório gramatical kantoriano.

Figura 44 – *A liberdade guiando o povo* (1830), de Delacroix; *A tomada do Reichstag* pelo exército vermelho em 1945; a puta do cabaré empunha a bandeira da resistência em *Que morram os artistas!*
Reprodução de cena feita em aquarela por Valner Cintra

A imagem no teatro de Kantor é uma estrutura imobilizada em um momento que não poderá jamais evoluir, vivendo eternamente em um único instante de emoções condensadas. A imagem, afastada da vida, como uma fotografia, transforma-se em ícone, em emblema, em metáfora e alegoria. É isso que interessa a Kantor: o poder da imagem como vocabulário que age diretamente na estrutura psíquica do observador desestabilizando-o de todos os seus instrumentos de reconhecimento da realidade como constructo da sua consciência.

A relação entre imagem e significado dramático é o nó essencial dos trabalhos teatrais de Tadeusz Kantor. O componente visual, que é uma espécie de escritura, de dramaturgia da imagem, é extremamente forte e está repleto de sinais que ao serem observados derivam a dúvida entre teatro e pintura. Kantor, por sua vez, insiste em afirmar que o seu teatro não é um teatro de pintor, mas que a pintura é uma espécie de escrita para o teatro. Em resumo, essa escrita cênica, de uma forma autônoma e específica, é um meio de expressão. Mas esse componente visual não se resolve somente pela pura ilustração, nem se sustentará como um plano dramatúrgico preexistente. Essa estrutura visual, no plano cênico, emergirá como uma realidade dramatúrgica própria e verdadeira. Essa estrutura dramática, evidentemente muito particular, é mais icônica do que narrativa e traduz, pela imagem apresentada, níveis desconhecidos da realidade. Ele é capaz de ver dentro da imagem, de uma imagem que ainda é estática, imóvel, e por meio da sua ação criativa, liberar aquilo que está escondido dos olhos e fazer teatro com isso.

Um exemplo claro dessa situação são os soldados de *Wielopole Wielopole*. Ao olhar uma fotografia velha e desbotada, Kantor foi capaz de observar os vícios, as vicissitudes, expressões de surpresa, de felicidade, de desespero e de terror de cada um deles. A imagem traz em si o seu destino, a sua lógica, ícone exato da sua própria história. Esse é um processo de criação no qual a imagem como recurso dramatúrgico se constrói em cena e com a cena, constituindo assim o movimento narrativo e simbólico do espetáculo. Lorenzo Mango (2001, p.32) atribui a esse processo de construção da imagem uma manifestação dividida em três níveis diferentes: personagem ícone (a caracterização do personagem), o espaço opaco (organização da cena) e a construção dramática (construção da narrativa).

Os personagens ícones seriam, usando como exemplo os soldados de *Wielopole Wielopole*, aqueles que são marcados pela morte, que estão "infectados por esse bacilo" (Kantor, 1983, p.149) e que estão mortos antes mesmo de terem morrido. A sua aparência é o próprio emblema da morte. Para conseguir essa aparência, Kantor utiliza diversos recursos: a maquiagem esbranquiçada e a deformação expressiva da face que transforma os rostos em máscaras, as roupas velhas e empoeiradas, os movimentos desconexos, mecânicos, segmentados como em uma marionete etc. De uma maneira geral, Kantor intervém na matéria visível com os recursos de outro material visível. Esse recurso de adicionar uma imagem sobre outra imagem faz com que exista uma separação, um distanciamento da realidade real da imagem, fazendo dela, por um processo de recomposição, não somente um indicador expressivo emocional da cena, mas principalmente como um estado dramático localizado no interior da cena.

É na imagem dramática que reside o conteúdo dos personagens do teatro de Kantor. A imagem funciona como síntese, como elemento condensador icônico que transcende a sua própria realidade como imagem, indo muito além da sua história original, cotidiana, para revelar elementos e situações que variam do imprevisível ao misterioso de histórias e aventuras que nunca foram contadas. Essas histórias contêm um segredo, sombra e reflexo daquilo que percebemos condensado na imagem que se realiza no espaço. Essas imagens pertencentes à imaginação, aos delírios, às alucinações e fantasmagorias de Kantor são constituídas por um tecido de gestos, de ações pequenas e grandes, por jogos repletos de humor e terror, especificidades que conferem ao teatro de Kantor o recorrente uso de um signo negativo associado à estrutura dramática das imagens criadas.

Isso quer dizer que, para cada cena, para cada imagem, existe posteriormente o seu contraponto, a sua negação como expressão dramática simbólica. Dessa forma, diante um tema duro e traumático como o holocausto e a morte dos judeus nos campos de extermínio, na sequência da cena, Kantor insere uma paródia jocosa, quase burlesca. Assim, nessa situação específica, Kantor dessacraliza a história introduzindo um elemento de humor em uma estrutura aceita e sacralizada como absoluta e impensável de ser observada de outra forma:

> A arte de Kantor é antes de tudo um desafio ao real. O real, em Kantor, quando é evocado, está sempre afetado de um signo negativo. Isto porque o humor em sua arte, representado pela relação com o real, quer dizer ao horror, à agonia, ao triunfo inelutável e generalizado da morte uma espécie de desafio positivo, e ao desafiar o real dessa maneira, isso supõe evidentemente um ponto de apoio fora do mundo. É esse o ponto secreto, ardente, decisivo na posição subjetiva de um criador da dimensão de Kantor. (Scarpetta, 2000, p.131)

A "iconização" da imagem flui como subtração do transcurso do tempo e imersão no universo do simbólico por meio de um intenso diálogo com a morte que encontra pelas imagens e personagens que constituem essas imagens, e por isso também são icônicos, um caminho e um meio para manifestar-se. A morte como abstração encontra materialidade na imagem como forma concreta. Esse tempo que teve o seu percurso alterado, condensado em uma imagem, para a eternidade, como já foi visto, foi chamado de tempo mítico, um tempo que vive eternamente o instante da ação.

Outro aspecto do componente icônico da imagem no teatro de Tadeusz Kantor é a utilização dos manequins como recurso expressivo. A presença do manequim nos espetáculos é, segundo Lorenzo Mango (2001), o exemplo mais tangível da manifestação da morte e consequentemente da sua transformação em ícone, ou seja: o manequim nada mais é do que a expressão absoluta da morte, do vazio e da vacuidade. Em *A classe morta*, os Velhos carregam os manequins das crianças que foram um dia, como excrescência, um tumor supurado do passado morto. Em *Wielopole Wielopole*, a imagem do Padre duplicada no manequim de látex desperta o interesse na descoberta da condição da sua humanidade. Assim, a partir do temor da morte, surge a clareza última da vida que é traduzida em imagem pura, emblematicamente fechada como ícone.

No processo de organização da cena, nesse espaço opaco, conforme a definição de Lorenzo Mango (2001, p.34), a cena é o local no qual o ícone do personagem se materializa. Isso será iniciado nos anos 1970 quando Kantor, a partir do Teatro da Morte, começa a desenvolver a tendência de concentrar a ação teatral em um único lugar cênico – isso após anos de frequência assídua de lugares inusitados e situados nas dimensões do *happening*. O seu teatro chegará então a um lugar parecido, do ponto de vista da utilização do espaço físico, com a "cena italiana", mais uma vez lembrando a corda de separação adicionada em *A classe morta*, estrutura que se fortalecerá e ganhará estabilidade em *Wielopole Wielopole* e que prosseguirá assim nas demais produções. Luigi Allegri (apud Martinis, 2011, p.34) comentará, acerca de *Wielopole Wielopole*: "enquanto os olhos observam a transparência da cena que age feito janela que se abre como visão para um mundo ilusório, somos conduzidos a ver além da matéria afetiva que temos diante de nós; assim, o espaço de Kantor se torna opaco".

No interior dessa construção opaca da cena, os objetos assumem uma proeminência particular, sendo que a relação que Kantor tem com eles é levada a ser reconhecida como uma experiência próxima aos *ready-mades* de Marcel Duchamp. Não tanto porque o objeto esteja totalmente pronto, mas porque ele é análogo ao processo mental que é a base da sua criação. Em Duchamp, o *ready-made*, o objeto privado de sua função original, de certa forma como em Kantor, é exposto em um contexto no qual ele é visto como se fora pela primeira vez. O objeto, nesse processo, a "coisa em si" ocupará o lugar da imagem, que anteriormente, antes do Cubismo e da colagem, era entendida como desdobramento da ideia em imagem composta na tela. Com o Dadaísmo, propriamente com o *ready-made*, o objeto tornou-se imagem sem ser ele mesmo imagem, o que no contexto do teatro de Kantor é percebido exatamente como imagem.

Disso decorre a averiguação do teatro feito por Kantor como um teatro fortemente amparado pelas bases da arte pictórica. Uma das definições do *ready-made* que acredito sirva prontamente ao objeto no teatro de Kantor é aquela na qual o filósofo José Arthur Giannotti (2005, p.135) se refere a ele como "um objeto posto fora do seu contexto de uso deixa de ser coisa à mão para vir a ser coisa que se contempla quando nela nada pode ser contemplado".

A banheira de *A galinha d'água*, assim como a cadeira de Penélope em *O retorno de Ulisses*, nega a sua realidade cotidiana para ser vista como diferença em um museu imaginário que se configura como a realidade artística na materialidade do teatro e, graças a isso, um efeito de estranheza paradoxal é produzido: o objeto torna-se finalmente visível.

Em Kantor, a "construção dramática" é um procedimento pelo qual aquilo que chamamos de dramaturgia tem sua lógica baseada, mais uma vez, na produção de imagens icônicas, nas quais a lógica das combinações e das sequências (lembrando que essa é uma lógica da imagem) é um procedimento fundamentado na construção e na desconstrução. A construção dá-se exatamente pela agregação lógica dos fragmentos que são incongruentes uns em relação aos outros em uma imagem homogênea. A desconstrução, ao contrário, destrói a coerência da imagem dentro de um plano narrativo alheio à imagem. É por isso que a memória no palco, pessoal e abrangente, a partir do seu quarto da imaginação, é desconstruída e reconstruída em ícones "dramáticos" individuais.

Nesse contexto, as imagens como ícones são apresentadas como sínteses de um passado vivo na memória As imagens de Kantor são túrgidas de emoções. É exatamente por esse fato, que em *Que morram os artistas!*, o monumento final construído por Veit Stoss, ao mesmo tempo em que se refere ao altar da Igreja de Santa Maria, também se refere aos artistas marginais que buscam a liberdade. Daí a referência a Delacroix, em cuja pintura, a Liberdade representada por uma mulher de seios de fora, evidentemente uma ousada reação aos violadores dos ideais da revolução de 1789, é também ac Anjo da Morte, cujos ideais iluministas se esfacelaram diante da barbárie nazista e do terror stalinista. Ao observarmos a imagem construída no espetáculo, estamos ao mesmo tempo nos reportando ao século XV, ao século XIX e ao século XX. Vemos através da imagem construída a obra de Veit Stoss, ao mesmo tempo em que percebemos a defesa e o esfacelamento do Iluminismo. Todas as imagens em uma única imagem.

Esse processo de criação, de certa forma, está ligado a algumas considerações de Freud sobre o sonho, o sonho como linguagem que, por meio da estratégia da condensação e movimento, renomeia as coisas e as redefine, ou seja, a realidade e sua compreensão. A linguagem dos sonhos, segundo Freud, é uma linguagem icônica que atua no inconsciente como imagem chave, absoluta, estranha, ilógica; contudo, é excepcionalmente capaz de se expressar como símbolos, de se exprimir amplamente em um universo simbólico. A imagem no teatro de Kantor, por sua vez, age, não somente a fim de definir uma dramaturgia icônica, em que o ícone representa sozinho a imagem central, mas ainda, e com isso, a sua capacidade de antagonizar a linguagem lógica, racional, cotidiana. Ainda assim a imagem icônica em Kantor também está repleta de teor lírico.

O lirismo das imagens criadas por Kantor (que conjuntamente com a música operam um retorno a si mesmas) promove um constante multiplicar dos significados, de forma que a ação expressa no presente imediato se configura. Como comenta Anatol Rosenfeld a respeito do imediatismo do lírico (1965a, p.12):

A isso se liga a preponderância na voz do presente, que indica a ausência da distância, geralmente associada ao pretérito. Esse caráter do imediato que se manifesta na voz do presente não é, porém, o de uma atualidade que se processa e se distenda através do tempo (como na dramática), mas de um momento eterno.

O lirismo desse momento eterno na obra de Tadeusz Kantor, que também pode ser observado nas produções de Leszek Madzik, realiza-se de uma maneira muito específica ao associar a imagem à poesia. As imagens e as figuras constituem o espaço que só é possível representar por meio dos objetos e das formas. Por sua vez, a poesia se articula pelos signos que se sucedem no tempo, e os signos, conforme especifica Benedito Nunes (2003, p.10) ao citar Lessing, "só podem representar objetos sucessivos que se chamam ações, eis o domínio próprio da poesia".

O teatro de Kantor, ao mesmo tempo em que está repleto de terror e humor macabro, também está repleto de poesia na qual a realidade afetiva despertada pelo espetáculo é a medida interna do sentimento interno de oposição entre os contrastes, entre o permanente e o provisório, a exemplo da relação entre o humano com o inanimado. Nada mais poético do que o melancólico movimentar da manivela do instrumento híbrido utilizado pelo soldado músico que volta da guerra apresentado em *Wielopole Wielopole* ou, no mesmo espetáculo, o encontro entre o Padre Smietana e o Rabino Smull, em uma atitude de reconciliação entre as culturas: por meio de um observa-se a generalidade (esses dentre inúmeros outros exemplos).

Assim, o momento de eterna poesia presente em Tadeusz Kantor realiza-se na efemeridade temporal do espectador suscitando sentimentos diversos e na impossibilidade de configuração concreta do tempo e do espaço, dentro de uma estrutura normativa e linear, os espetáculos vão muito além da realização artística. Muito mais do que somente suscitar no observador percepções estéticas, a arte de Kantor configura-se como uma profunda experiência afetiva que coloca o humano em relação ao jogo com as imagens e os objetos na busca de significados, significados esses que se não estão ligados ao conhecimento de questões relativas à existência humana, mas constituem-se, com certeza, nas dúvidas de realização humana da nossa própria individualidade.

De uma maneira geral, a imagem no teatro de Tadeusz Kantor é uma estrutura fortemente articulada com os objetos e também com os homens, mas principalmente com os objetos. Essas imagens, cujo tempo é invariável, que não evoluem cronologicamente, não podem ser medidas em uma relação de causa e efeito entre uma e outra. São imagens independentes, autônomas, que trazem em si um profundo sentimento de dor, de catástrofe, referendadas pela presença inexorável da morte, refletem a invariabilidade do tempo e, consequentemente, um constante e intenso retorno a esses sentimentos, o que causa, no espectador, a impressão de que o espetáculo nunca termina, tratando--se, pois, de uma experiência que se inicia com a entrada na sala de espetáculo e cujo final funciona como uma interrupção, jamais como epílogo. A imagem, em Kantor, é uma realidade em si, que pode e deve ser entendida como uma realidade alternativa concebida em outra percepção de tempo e também de espaço.

4
A REALIDADE RELATIVA: O JOGO ENTRE REALIDADE E ILUSÃO, ESPAÇO E MEMÓRIA

No teatro de Kantor existem dois momentos fundamentais no que se refere ao tratamento destinado à estrutura da ilusão. O primeiro inicia-se com o nascimento do Teatro Cricot 2 e continua até 1973, com a negação da ilusão como única forma de entrar na realidade. O segundo, após 1973, e mais especificamente a partir da encenação de *A classe morta*, na qual há uma retomada da ilusão por Kantor como condição essencial para a entrada e conhecimento da realidade, realidade que de espetáculo em espetáculo se constituirá como uma superposição de estados de consciência.

A negação da ilusão: o espaço real e o objeto real

Antes de 1973, a arte de Tadeusz Kantor era praticamente a imagem refletida da sua atitude em relação aos acontecimentos que estavam ao seu redor, em relação às suas crenças, aos seus medos e à expectativa do seu destino. Para expressar todas essas situações, Kantor cria a ideia de realidade em detrimento da ideia de ilusão e, consequentemente, a renúncia do conceito de representação, ou seja, da reprodução mimética do drama. O teatro de Kantor constituirá uma ruptura com a realidade formal moldada pelas convenções não somente artísticas, mas também sociais e políticas.

É muito difícil falar do trabalho de Kantor em relação às práticas teatrais dominantes. O seu teatro acontece em um lugar de transição entre dois mundos, um lugar no qual a lógica do espetáculo tradicional não encontra ressonância. É nesse local de transição, no qual a "marginalidade" tem direito à existência digna, que Kantor explora, por meio de um autoexame de suas introspecções mais profundas, coisas que estão escondidas do resto do mundo. Essas coisas que poderiam ser definidas como um profundo sentimento de catástrofe são marcas que emergem desse outro mundo como frutos de sensações muito pessoais – sensações que não são organizadas, ao contrário, são confusas, mas que em cuja enganosa aparência de casualidade reside um sistema de relações artísticas muito complexas que é marcado por um intenso e profundo sentimento da morte.

Talvez o maior problema em relação ao teatro de Kantor seja a dificuldade de contextualização, já que aquilo que acontece no palco, essa experiência de outro mundo[1] para a linguagem habitual, é insuficiente para uma definição satisfatória de uma poética que se expressa no teatro de maneira irracional e acidental. Descrever os acontecimentos que ocorrem no palco de Tadeusz Kantor torna-se um exercício de ultrapassar as fronteiras da língua e do pensamento lógico em busca de outros níveis de entendimento do acontecimento teatral. No entanto, essa linguagem convulsiva é exatamente o elemento que nos permite a compreensão desse outro mundo ou dessa outra realidade que tanto já foi mencionada. Esse mundo outro é o mundo do abstrato, e para Kantor, a arte abstrata nada mais é do que a existência da imagem de um objeto material em um universo cujo nível de existência não pode ser visto ou tocado a não ser pela arte. Para desenvolver essa ideia, será preciso falar um pouco sobre a anexação da realidade.

A realidade que Kantor se empenha em anexar não é a realidade das convenções sociais cujos objetos possuem um valor estabelecido. Pelo contrário, Kantor apega-se à realidade que perdeu sua significação e não apresenta mais, para a sociedade, nenhum valor reconhecido. Essa realidade desprezada pela civilização e pela arte se tornará o propulsor

---

1 No mesmo sentido de realidade.

que possibilitará a emergência desse outro mundo, que no teatro de Kantor, como já foi visto, está associada ao período do Teatro Autônomo, do Teatro Informal, do Teatro Zero, do Teatro Happening, do Teatro Impossível, ou seja, aos diversos momentos da sua criação que antecedem o Teatro da Morte. Todos os procedimentos dessas estruturas teatrais desenvolvidas por ele se empenharam em negar o valor da realidade por meio de iniciativas de exploração de determinadas coisas que poderiam estar escondidas da singularidade da visão cotidiana. Essa ideia de anexação da realidade é fundamentada no entendimento de Kantor acerca da arte abstrata.

Após a guerra e durante o processo de reconstrução da Polônia, Kantor inicia um trabalho de exploração da matéria. Para ele, toda matéria é detentora de uma força inimaginável. Ele via na destruição das cidades polonesas por meio dos ferros retorcidos das pontes bombardeadas, do concreto dos edifícios em ruínas, ou seja, das formas comprimidas da matéria, um novo *status* para uma nova convenção artística. Tudo isso estava muito próximo, no final dos anos 1940 e início dos 1950, daquilo que se constituiria nas célebres Compressões de automóveis feitas por César Baldaccini[2] nos anos 1960.

Usando um carro comprimido, completamente esmagado por um compressor, César Baldaccini questiona a essência do objeto artístico trazendo para os espaços rarefeitos dos templos sagrados dos museus e das galerias aquilo que em outro contexto seria chamado de sucata. A opção por materiais não utilizados habitualmente no contexto artístico ilustra outra das características que viriam a definir o espaço conceitual da arte contemporânea. Antes do Novo

---

2 César Baldaccini (1925-1988): escultor francês. Entre 1960 e 1965, com partes de automóveis e de sua prensagem em blocos, o artista realiza suas famosas "Compressões", seguindo os princípios de Marcel Duchamp e de seus *ready-mades*, mas de forma absolutamente particular: em sua obra há uma transformação do objeto apropriado, um elemento cênico e o estabelecimento de uma relação com o processo de consumo de mercadorias. É uma arte que está diretamente ligada ao real e que preconiza a utilização de objetos existentes, por isso foi chamada de Novo Realismo, uma arte de junção, acumulação e modificação do objeto real. Contemporâneo da *pop art* americana, o Novo Realismo será reconhecido como uma das múltiplas tendências da arte de vanguarda dos anos 1960.

Realismo dos anos 1960, em 1947 Kantor já era atraído pela força da compressão: era exatamente essa força, aquilo que estava escondido dos olhos, que o interessava.

Em algumas de suas pinturas, Kantor explora o interior da matéria, e a imagem do ser humano começa a desaparecer; ele tenta revelar aquilo que está no interior desse ser. Em 1948, ele realiza uma exposição na qual apresenta a imagem interna de um ser humano em chapas de raio X. Essa exposição acaba sendo o motivo para o início da exploração mais acentuada do interior do homem e das coisas. Isso significa, antes de tudo, o abandono da arte representacional que estava fundamentada na experiência da Segunda Guerra Mundial.

Mais tarde, com a Arte Informal, Kantor interessa-se somente pelo interior. Ele estava interessado pelas entranhas do corpo humano, pela sensação que essas entranhas provocam. Existe uma familiaridade na pintura de Kantor, nessa fase, com o Expressionismo Abstrato de Jackson Pollack. Essa busca pela exploração táctil da mão que entra no interior da matéria se estende com a Arte Informal até 1955, momento em que conjuntamente com Maria Jarema, Kantor funda o Teatro Cricot 2. É exatamente nesse momento que ele se volta intensamente para o teatro.

Nesse período, Kantor presume o teatro simplesmente como uma reprodução de formas sem pensamento. Em tal contexto, o Teatro Autônomo surge como uma ruptura com o teatro tradicional pelo fato de esse se orientar na direção da tradução, da interpretação ou na busca de algum significado novo. Já a cena kantoriana não possui uma relação lógica com os fatos expostos. No palco existe uma total liberdade da imaginação no processo da criação de fatos que rompem definitivamente com a aparência e a lógica do drama.

O Teatro Autônomo é uma resposta à realidade e não uma representação da realidade. Na encenação de O polvo, que é uma peça que fala sobre a função e o significado da arte na sociedade, especificamente sobre a crise da arte moderna, é impossível observar qualquer interpretação de um drama. Aquilo que existe é a tensão entre um texto literário com as situações que estão ocorrendo no palco. É a tensão a responsável pela destruição da estrutura do drama. Kantor quer demonstrar que o drama nada mais é do que invólucro vazio. No espetáculo, a primeira providência é a criação do ambiente de uma maneira que o palco seja despojado de toda a ilusão e foi exatamente por isso que a encenação da peça aconteceu em um ambiente real, ou seja: a apresentação foi feita em um café e o público entrava para o espetáculo vindo diretamente da rua.

Figura 45 – *Rysunek automatyczny* (1955), de Tadeusz Kantor.

As peças de Witkiewicz, autor que foi o principal representante da vanguarda polonesa dos anos 1920, são estranhas por natureza e foram censuradas na Polônia durante o período mais intenso da influência soviética, isso porque os textos lidavam com um conceito de realidade que não se encaixava no modelo dominante entendido como realismo socialista. Diante dessa realidade sugerida pelos textos de Witkiewicz, Kantor inicia um rompimento com a ideologia oficial. Ele propõe um mergulho nas profundezas da realidade proposta por Witkiewicz como alternativa para um ideal de realidade que, de certa maneira, ecoa a sociedade surgida com a era da razão e do esclarecimento do século XVIII, mas que demonstrou seu fracasso ao conduzir a civilização à Auschwitz e outros campos de concentração.

Todos os valores encontrados nessa realidade alternativa e ilógica são hipervalorizados por Kantor de uma maneira que se faz impossível perceber qualquer padrão no desenvolvimento dos diálogos, o que conduz à existência de uma intensa e surpreendente mudança de pensamento e de tensões entre os personagens. Subsiste então, nesse trabalho, um diálogo, sem desenvolvimento, que é reminiscência da tradição dadaísta de criar choque e escândalo. E deste conjunto de elementos em um constante transformar das relações, a única relação que permanece com certa estabilidade, lembrando, é a que se estabelece no espaço entre os objetos e os atores. Assim, o espaço que não é sagrado como em Grotowski, que não é teológico como em Artaud, que nada imita e nada traduz, torna-se objetivamente um ambiente dinâmico que visa unicamente ao desenvolvimento das mais variadas possibilidades de relações entre sujeito e objeto.

Dentre as relações estabelecidas nesse espaço, podemos observar em *O louco e a freira* a forma como o trabalho do ator é definido como uma estrutura em constante transformação, metamórfica e espontânea em um fluxo ininterrupto, não visando à construção de um personagem, mas naquilo que o ator é capaz de liberar em forma de jogo, de criação autônoma. Nessa produção, a máquina de aniquilamento comporta-se como um elemento que frustra toda iniciativa dos atores de exploração de qualquer fator emocional. Assim, eles são obrigados a dirigir-se para outra zona, a colocar-se em contato com os próprios sentimentos que surgem a partir das emoções frustradas pela máquina. Nesse contexto, temos situações de jogo com resíduos emocionais, como melancolia, frustração, neuroses de toda espécies e esquizofrenia, dentre outras.

Esse tipo de procedimento retira o ator do espaço tradicional e consequentemente das formas tradicionais de atuação, sobretudo aquelas definidas por Stanislavski,[3] para introduzi-lo em um novo conceito de atuação definido como antiatividade, estrutura que corrobora o desejo

---

3 No sentido de um teatro de ilusão e da criação do real em cena. Em Stanislavski, o ator representa um papel e se engaja no desenvolvimento das ações e das emoções que estão subsumidas a ele. No teatro stanislavskiano, pela imitação o ator representa o "outro", distanciando-se da sua verdadeira natureza individual, ao passo que em Kantor o ator joga com si mesmo e sobre a sua própria natureza.

de Kantor de destruir a ilusão enaltecida pelo teatro convencional. Esse empreendimento em desbancar a ilusão do seu trono dourado constituirá o principal artifício de Kantor para dar uma resposta à realidade.

Nos anos 1960, o objeto virá a se estabelecer como o elemento central do teatro de Kantor. Isso quer dizer que ele começará a pensar o objeto vulgar como fundamento da obra de arte, (lembrando que as bases disso já se encontravam em 1944 em *O retorno de Ulisses*), o objeto desprovido de qualquer valor monetário e que por isso jamais seria apropriado pelos museus e pelo mercado da arte. Em 1963 ele faz uma exposição de pintura na Cracóvia, mas os quadros jamais foram expostos. Aquilo que foi exibido foram contas de restaurante, passagens de trens, tickets de espetáculos e cartas, dentre outros – elementos que foram pendurados em varais pelo espaço.

Ao entrar no ambiente da suposta exposição, o espectador, inicialmente movido pela ilusão da busca pelas pinturas, depara com a mais trivial realidade. A movimentação por esse espaço obriga o contato direto com os objetos que jamais serão considerados obras de arte e, por isso, são inapropriados para o consumo; eles acabam por revelar outro contato com a criação artística que induz a percepção de aspectos desconhecidos da realidade. A ilusão, por sua vez, afixa-se na impressão de imutabilidade da obra em relação ao seu processo de criação. No entanto, segundo Kantor, o verdadeiro processo de criação reside no estado de fluidez, mudanças e efemeridade da obra. Assim, esse ideal do constante "vir a ser" da obra de arte determinará os rumos do teatro de Tadeusz Kantor.

Nesse processo de transformação do espaço e das relações nesse espaço exemplificado pela exposição de 1963, encontramos a síntese e os traços das estruturas características do Teatro Autônomo, do Teatro Informal, do Teatro Zero e também do Teatro Happening, já que Kantor acredita que imagens e objetos existem em função do espaço e de sua mutabilidade. O espaço torna-se, na concepção de Kantor, um objeto de criação. Talvez isso deva ser entendido como uma mudança no seu teatro, já que o espaço deixa de ser o local no qual o ator e o objeto se confrontam e evoluem, deixando de ser somente um receptáculo da ação para tornar-se o próprio agente da ação. O espaço está repleto de energia e é capaz de múltiplas transformações e variações de formas:

O espaço tem para mim um valor autônomo
Elástico;
Dinâmico;
Animado de movimento de contração e de extensão.
Ele é vivo,
Esse é o espaço que forma e deforma os objetos. (Kantor, 1983, p.20)

Embora essa consideração sobre o espaço tenha sido escrita após o período anteriormente descrito, é possível perceber que o teatro de Kantor é uma experiência espacial que coloca em choque constante espaço, atores e objetos. Essa associação entre esses elementos pretende liberar a energia comprimida e retida no interior da matéria por meio de diferentes arranjos e de diferentes estados de tensão. Nesse espaço coisas da vida cotidiana são adicionadas para que seus valores possam ser desarticulados pela revelação de elementos imprevisíveis que reagem e destroem a sua ligação com as atividades diárias, atribuindo a esses objetos um aspecto desconhecido.

A Segunda Guerra Mundial, na visão de Kantor, devido à bestialidade humana que pôs em xeque os ideais iluministas, também destruiu a ideia de encanto e beleza da obra de arte. É exatamente por isso que ele se apegou à realidade, àquilo que estava mais próximo, o objeto real que era trazido para o espaço real não para o espaço teatral. Diante do genocídio e da barbárie incomensuráveis, Kantor desafia a tradição do teatro ilusionista como reação à história oficial e à civilização; ele se recusa a trabalhar dentro de uma ordem estabelecida e de conceitos esquemáticos.

A realidade era excepcionalmente forte e dela não havia escapatória, ela o encontraria onde quer que ele estivesse. Dessa forma, para que criar a impressão de realidade se lidar com a própria realidade era "mais fácil"? Para que explorar aspectos singulares da realidade, passando pela estrutura deformante da ilusão, se era possível entrar na realidade por ela mesma? Diante dessas questões, Kantor apega-se, então, aos objetos reais e ao espaço real, iniciando seu processo de investigação com *O retorno de Ulisses* na encenação de 1944. Esses elementos, já vistos, mais tarde serão denominados de "realidade de classe mais baixa" e se tornarão os principais elementos desafiadores da tradição teatral; a sua estrutura de utilização busca, antes de tudo, destruir o entendimento do conceito de ilusão do teatro aristotélico e stanislavskiano em uma clara reação de protesto contra os dogmas do espaço sagrado.

Não é por menos que, desde *O retorno de Ulisses* até *As belas e os feios*, ele encena seus espetáculos em espaços não convencionais nos quais ele pode explorar as ideias e noções do Teatro Autônomo, ideias que conduzem à criação de tensões entre o espaço, o texto e o ator. Essa exploração do espaço passa pelo Teatro Informal de 1963 no qual ele usa um guarda-roupa para a investigação do outro aspecto da realidade da matéria; pelo Teatro Zero no qual a máquina de aniquilamento reduz a zero a possibilidade de interpretação dos atores, restando somente o espaço como elemento de estruturação do jogo; no Teatro Happening, em que a movimentação no interior da banheira em *A galinha d'água*, conjuntamente com o intenso movimentar na cena, procura desfazer a tensão da realidade existente jogando-a para o interior de outra realidade pronta.

Já em 1973 era a fase do Teatro Impossível: observa-se a crise do espaço real relacionada à maneira como a plateia reagia aos acontecimentos ligados a esse espaço. Essa mudança de registro foi a última transformação do Teatro Cricot 2 que será inaugurado com *A classe morta* e prosseguirá até *Hoje é meu aniversário*. Essa última transformação, marcada pelo surgimento do Teatro da Morte, determinará o retorno da ilusão ao teatro de Kantor e, por meio dela, de uma nova maneira de entrar na realidade.

Novamente a ilusão – memória: outro espaço, outro objeto

É importante lembrar que as classificações, todos os momentos do teatro de Kantor, não devem ser entendidas como atividades estilísticas, mas como um processo que buscava explorar as coisas que foram esquecidas e encobertas pelas convenções e dogmas da cultura

206 WAGNER CINTRA

oficial, como a matéria bruta, os objetos marginalizados e degradados, as atividades cotidianas etc. Esse processo de desafio, a sua necessidade de expor as entranhas da realidade e de tentar reeducar os olhos do espectador para outra compreensão da arte, o conduz, de certa maneira, na medida em que suas próprias atitudes se tornavam tão estáveis quanto a estrutura oficial que ele tanto se empenhou em desafiar, para uma armadilha – armadilha essa da qual, consciente dos perigos, ele se empenha então em escapar. E é exatamente nesse ponto que ocorre uma transformação no seu pensamento e, consequentemente, uma nova concepção do seu teatro. Essa transformação, que tem *A classe morta* como ponto de referência, dará início àquilo que se constituirá nas características mais marcantes do teatro de Tadeusz Kantor: a morte e a memória.

Em *A classe morta* havia uma corda de separação entre o espaço da encenação e o espaço destinado ao público. Isso não acontecia nos espetáculos anteriores nos quais existia uma assimilação da plateia pelo espetáculo. Essa assimilação era motivada pela inserção dos espectadores no mesmo espaço de jogo. Em *A classe morta*, a corda propõe distância; o olhar do espectador será encaminhado por Kantor na direção da experiência de observação de uma obra de arte exposta em um museu: uma obra que não pode ser tocada, apenas vista, e cuja linguagem textual não faz sentido, sendo que o ponto de importância é a tensão, é a criação do espaço. Esse é um momento muito importante na mudança do teatro de Kantor. Se antes de *A classe morta*, a propósito da investigação da realidade, a noção de espaço real era de fundamental importância para a sua criação (sendo por isso que as suas encenações deveriam ser realizadas em locais específicos, não podendo ser encenadas em outros lugares), o mesmo não acontece com essa produção e as subsequentes. Isso permitiu a Kantor levar a sua criação teatral para diversos lugares do mundo a partir de 1975.

Muitos dos elementos do espetáculo estão diretamente relacionados com o *Manifesto do Teatro da Morte* e muitos são prolongamentos de conceitos anteriormente formulados. Os livros velhos, amontoados, empoeirados, presentes em uma das cenas de *A classe morta* estão se desfazendo, são considerados inúteis, e como os objetos em *O retorno de Ulisses* também são libertos da escravidão da utilidade para atingi-rem, nessa peça, a condição de unicamente existirem como objetos no espaço e nele exibirem a sua "objetoalidade".

A partir de *A classe morta*, Kantor não desafia mais a arte tradicional e tudo que a ela se refere. Ele não se lança mais para o interior da rea-lidade; ele se coloca separado, atrás daquela barreira intransponível à qual ele faz referência no *Manifesto do Teatro da Morte*, para promover uma investigação voltada para si mesmo em um processo de busca dos elementos que se configurarão como a sua mais profunda intimida-de. É por isso que, como comenta Michal Kobialka (1993, p.325), a corda de separação surge como o primeiro elemento visível no espaço de representação, que é precisamente aquilo que separa o espaço da plateia do espaço da ação.Desde a Renascença com a redescoberta da perspectiva no teatro tradicional, o palco é uma extensão da plateia que introduz a terceira dimensão em um plano de duas dimensões. Isso quer dizer que ao olhar para um quadro o observador tem a ilusão de que a tridimensionalidade realmente existe no plano da obra que é bidimensional. Ela nos indica como era a relação do homem com o mundo (Mantovani, 1989, p.9). Até então, o espaço de representação medieval, que na maioria das vezes era um espaço real, uma igreja, por exemplo, foi substituído pela forma de proscênio em arco, o que facilitava a construção da perspectiva e também possibilitou o desen-volvimento de um processo de imitação da vida e de construção de um espaço de representação no qual a plateia pudesse ser capaz de decifrar os códigos e significados das situações que estavam sendo apresentadas diante dos seus olhos.

O artista que adota a perspectiva como condição essencial da sua arte não está interessado em uma visão abstrata e nem mesmo absoluta da realidade. Ele apresenta um ponto de vista de algo que está aconte-cendo em um determinado momento. Nesse sentido, a perspectiva é uma inovação na história da arte. Ela introduz na arte a dimensão do tempo e aquilo que o artista reproduz não é mais uma estrutura imutá-vel, mas de uma percepção individual da realidade. Essa estrutura que nasce com a Renascença permanece até os dias atuais. Kantor, por sua vez, ao diferenciar o espaço da representação do espaço do espectador, sugere que aquilo que está no palco está protegido, o acesso está muito além do simples olhar. Aquilo que é visto em cena não é algo que se possa decifrar inteiramente, exatamente por não ser o ponto de vista de uma situação em particular localizada em um momento específico: é apenas uma situação que nada imita e nada pretende imitar.

Nesse momento de transformação do teatro de Kantor, a cena se constituirá como a materialização das suas memórias, processo que se tornará cada vez mais sólido e contundente na sua produção teatral, materialização a cuja memória apenas Kantor tem acesso. A plateia é deixada de lado nesse processo. Evidentemente, o espetáculo transforma-se em um constante retornar a si mesmo, não há possibilidade de qualquer extensão ao espectador. A corda impede, simbolicamente, a entrada no espaço da representação. A angústia é evidente para o espectador que se vê diante do fato de não enxergar a cena como reflexo da sua própria vida. A cena continua a não imitar nada se tornando somente o espaço de ação para as memórias de Kantor, apenas as suas memórias que podem até ter alguma possibilidade de alinhamento com as do espectador, mas esse alinhamento ou aproximação jamais será completado. Essa ideia de separação simbolizada pela corda também se refere à concepção de Kantor (1983, p.64) sobre o ator e da sua separação do espectador, que afirma no *Manifesto do teatro da morte*:

> Tentaremos representar essa situação fascinante: em frente àqueles que permaneceram desse lado, um homem se ergue exatamente semelhante a cada um dos demais, entretanto (pela virtude de qualquer operação misteriosa e admirável) infinitamente distante, terrivelmente estranho, como habitado pela morte, separado deles por uma barreira, que por ser invisível não parecia menos assustadora e inconcebível, assim como o verdadeiro sentido e a honra só podem nos ser revelados através sonho.

Para Kantor, o aparecimento do ator é um ato revolucionário, pois pela semelhança percebe-se a mais profunda diferença. Essa barreira à qual Kantor se refere está conectada com o ideal de uma ação que está sendo realizada pela primeira vez. A semelhança entre os homens, quando um deles se encontra do outro lado da barreira que separa a vida da arte, percebe-se na existência do homem; entretanto, apesar de ser homem, não é exatamente homem enquanto semelhança. Evidentemente, essa é uma noção que contraria a perspectiva renascentista de imitação da vida, já que essa é uma imitação por semelhança. Em Kantor, se em algum momento fora do *Manifesto do Teatro da Morte* se pode falar em imitação, certamente essa não será por semelhança, mas por diferença. Talvez isso explique a atitude de Kantor em *O retorno de Ulisses*, ao destinar às personagens a utilização de objetos sem nenhuma utilidade para a vida prática, como uma cadeira quebrada, mas que no espetáculo passam a ser utilizados exatamente pela diferença, como uma nova gênese, um primeiro ato de criação. O objeto tal qual o homem, como se vistos pela primeira vez.

Mas essa ideia da semelhança e diferença introduzida em *A classe morta* vai muito além da agonia e da aflição do espectador por não ser capaz de reconhecer o seu reflexo na cena. O que é observado em termos de semelhança é exatamente o que o torna infinitamente diferente. Aquilo que o espectador observa no palco não é o reflexo da sua vida, mas a projeção da sua morte. No palco, a semelhança ocorre pela diferença, assim como a vida por meio da morte.

> Assim que na luz ofuscante de um raio, eles percebem repentinamente a imagem do homem, barulhento, tragicamente clownesca, como se eles o vissem pela primeira vez, como se eles vissem a si mesmos. Esse foi com certeza, uma percepção que se poderia qualificar de metafísica.
>
> Essa imagem viva do homem saindo das trevas, colocando sua marcha adiante, constitui um manifesto irradiante de sua nova condição humana, somente humana, com sua responsabilidade e sua consciência trágica, determinando o seu destino em uma escalada implacável e definitiva, a escalada da morte. (ibidem)

Essa "nova condição humana" apontada por Kantor é exatamente o centro dessa outra etapa do seu teatro. Nesse contexto, somente quando nos confrontamos com um morto é que percebemos as diferenças existentes entre eles e os vivos e como consequência os questionamentos sobre a morte e a vida. Com o Teatro da Morte, Kantor propõe um novo modelo para o ator cujas referências não estão nas semelhanças encontradas desse lado, o lado da plateia, mas que nos força a olhar de uma maneira mais apurada e atenta para a diferença que está latente do outro lado da barreira intransponível.

> Foi aos espaços da morte que esse manifesto foi endereçado, revelador que provocou no público (utilizando um termo atual) esse acesso ao metafísico. Os meios e a arte desse homem, o ator (empregando nosso próprio vocabulário), ligando-se assim à morte, a sua trágica e horripilante beleza.
> Nós devemos devolver à relação espectador/ator a sua significação essencial. Nós devemos fazer renascer esse impacto original do instante no qual um homem apareceu pela primeira vez diante de outros homens, exatamente semelhante a cada um de nós, e, no entanto, infinitamente estranho, além dessa barreira que não pode ser transposta. (ibidem)

Assim, até *A classe morta,* Kantor utilizava atores que tinham uma formação de teatro convencional. Diante dessa nova concepção, as pessoas que alimentavam as cenas do seu teatro não precisavam necessariamente ter formação de ator. Esse é um elemento muito importante, embora, durante a fase do Teatro Impossível, ele já houvesse utilizado pessoas nas suas vidas reais, como em *Cassino,* por exemplo, uma cricotage realizada em 1969.[4]

A partir dessa nova fase, ele passa a utilizar pessoas não profissionais; muitas delas tiveram com ele encontros casuais, eram pessoas reais, com suas pessoalidades e trejeitos cotidianos mas que, de alguma

---

4 No Teatro Impossível não existia um local definido para a encenação. Os atores circulavam por diversos lugares reais nos quais se produziam os acontecimentos, ultrapassando, por seu caráter extraordinário, os limites do possível. Em *Cassino,* além dos atores, havia pessoas reais que exerciam na cena as funções que realizavam no dia a dia. Havia, dentre outros, um crupiê que comandava a roleta e jogadores verdadeiros (já que se tratava de um cassino verdadeiro) que apostavam na roleta e um grupo de *hippies* ambulantes reunidos ao acaso. Em determinado momento, o limite do possível era ultrapassado pela ameaça de um rebanho de carneiros que tentava entrar na sala. Feno era trazido e empilhado ao redor da roleta ao mesmo tempo em que galinhas entravam na sala, voavam e cacarejavam sem parar. Os atores colocavam-se em perseguição dos animais. Essa situação era uma das medidas do impossível.

maneira, foram capazes de reorganizar o seu pensamento em relação à poética de Kantor, poética que desde então se fundamenta sobre a materialização da memória de Kantor no palco e é a partir dela que esses atores e não atores desenvolvem os jogos que se transformarão em cenas. Esses jogos e essas cenas (especificamente em *A classe morta*, os atores que estão do outro lado da corda de demarcação do espaço e ao mesmo tempo do outro lado dessa barreira metafórica, em um ambiente que se poderia qualificar de metafísico), essas pessoas tornam-se os geradores das memórias de Kantor tanto quanto da ação paralela da peça de Witkiewicz.[5]

Desde o Teatro Zero, Kantor afirma que é impossível para o ator representar algo além de si mesmo. Disso decorre o conceito do "ator *dibuk*" e, por inferência, a revelação da existência de um lugar de transição entre "um e outro mundo". O "ator *dibuk*" nada mais é do que uma pessoa que é "possuída", metaforicamente, por um morto.[6] Essa ideia no teatro de Kantor não tem nenhuma relação com qualquer fator místico ou religioso. Esses mortos, aos quais Kantor se refere, são aqueles que habitam a sua memória e que encontrarão nos atores do Cricot 2 um meio para retornar a este mundo não por possessão, mas por correspondência.

Esse processo ficará mais claro com a encenação de *Wielopole Wielopole*, espetáculo que se caracteriza por ser fundado nas memórias de Kantor. Esse retorno dá-se evidentemente sob duas bases. A primeira, estritamente formal, reza que o retorno aconteça por meio da materialização da aparência da morte. A segunda, conceitual, solicita que ele se realize em um espaço intermediário. Esse novo espaço configura-se como um espaço paralelo situado entre a morte e a vida.

---

5 É importante esclarecer que essa barreira de separação não significa, em nenhum momento, desconhecimento do público pelos atores. Não, pelo contrário, existe total consciência sobre isso, mas também eles são muito conscientes de que não estão interpretando um texto literário, e sim de que são agentes dos comentários mais pessoais e interiores de Tadeusz Kantor.

6 "*Dibuk* é o nome da alma errante de um morto. Em certas circunstâncias, um *dibuk* penetra no corpo de um vivo. [...] Essa crença permaneceu viva durante muitos anos em amplas camadas dos guetos judaicos do leste europeu" (Rosenfeld, 1965b).

Com *A classe morta*, Kantor mergulha muito mais profundamente nos pesadelos da vida. O abandono do espaço real produz uma imersão na realidade por meio dos mecanismos da morte. Mas como lidar com a morte no teatro se não pela ilusão? É por isso que, ainda que discretamente, a ilusão faz o seu retorno ao teatro de Kantor. A realidade nos é apresentada por objetos, sobretudo os bancos, e também pelos Velhos. Os bancos de escola, devido à sua robusta materialidade física, aludem à permanência, à supremacia do objeto sobre brevidade da matéria humana. Os bancos escolares são aquilo que é mais real no espetáculo e é exatamente por meio deles que a ilusão se manifesta com maior força, ou seja: os bancos criam a ilusão da sala de aula. No entanto, na peça, os Velhos que trazem em si a aparência da morte, a inexorável realidade da existência humana reforçada pela aparência degradada pelo tempo, insistem em negar a morte pelo recurso dos manequins que materializam suas próprias memórias do período mais vivo das suas histórias, o período escolar.

Mas de que maneira a peça de Witkiewicz se encaixa nesse processo? Kantor não está interessado em representar a peça *Tumor cervical*, mas sim em criar uma tensão entre os velhos de *A classe morta* com a peça de Witkiewicz. Existe no espetáculo um processo de reduplicação da realidade. Isso quer dizer que temos a realidade de *A classe morta* e a realidade de *Tumor cervical*. Assim, ocorre constantemente uma mistura entre os Velhos que estão constantemente dando vida às suas memórias, mas elas jamais se completam com a ação da peça de Witkiewicz. Isso significa, por um lado, que as memórias dos Velhos não são reconstruções nostálgicas do passado porque as imagens que se formam são retiradas das palavras da peça de Witkiewicz e, dessa maneira, as imagens entram em colapso devido ao excesso de elementos em choque. Por outro lado, os personagens da peça de Witkiewicz são "habitados" pelos Velhos de *A classe morta*. Em alguns momentos, a cena parece apresentar alguns elementos do texto de Witkiewicz, mas nenhuma das cenas jamais se completa. Uma das maneiras de reagir à tentação de completar logicamente a cena é pelas lembranças dos Velhos que se recordam dos seus tempos de escola. Toda vez que a peça *Tumor cervical* ameaça se impor pelos campos da narrativa lógica e contínua, os Velhos, que estão presos à imaginação de Kantor e não à de Witkiewicz, voltam a si mesmos e à realidade da classe que expõe a sua condição de degradação e proximidade da morte.

A relatividade do espaço, da memória, da ilusão

Kantor não percebe o espaço como um valor absoluto como preconizava Isaac Newton, mas como um espaço motivado por diversos valores relativos. Esse espaço que surge com *A classe morta* passou a ser explorado por meio de uma perspectiva fora das definições tradicionais, sobretudo a compreensão neorrealista[7] de Aristóteles. O espaço em Kantor é uma estrutura dinâmica no qual tudo que nele existe está em um processo contínuo de mudança. A partir de *A classe morta,* a noção de espaço real esvaziou-se, noção que era de supraimportância para o aparecimento da tensão dentro da realidade. Nesse momento da sua obra, Kantor voltou todo o seu interesse para a investigação da tensão que ocorre entre o choque da memória com a realidade.

O jogo de tensões entre memória e realidade em seus espetáculos ficará mais evidente em *Wielopole Wielopole.* O espaço desse espetáculo certamente não é o mesmo espaço de *A classe morta,* que era um espaço constantemente desafiado pelos personagens da obra de Witkiewicz. O espaço de *Wielopole Wielopole* é o espaço que se estrutura por meio da repetição, da possibilidade de ação constante da memória na cena.

Isso é aquilo que Kantor chama de "espaço da memória", em que ele usa de uma realidade, não uma realidade literária como foi o caso de *Tumor cervical* para desestabilizar suas lembranças, mas a realidade das suas experiências pessoais, das recordações mais íntimas que encontrarão na cena as condições essenciais para a sua materialização. A cena tornar-se-á o espaço de ação da sua memória, o espaço da sua infância com todos os seus habitantes. Esse espaço é construído infinitamente

---

7 Referindo-me ao termo aristotélico habitualmente utilizado pela crítica contemporânea e anteriormente já utilizado por Brecht para designar um teatro baseado na ilusão e na identificação.

pela memória, na qual seus habitantes – parentes, amigos, personagens públicos – vivem e morrem insistentemente a cada reconstrução. É um espaço que se transforma por ser maleável, da mesma maneira que maleável é a memória de Kantor. Os personagens que nele são depositados repetem insistentemente os mesmos gestos como se estivessem presos a uma pose em uma fotografia. Nesse espaço somente Kantor tem o domínio, e é exatamente por isso que no início do espetáculo é ele quem está em cena arrumando, posicionando os objetos de suas lembranças. A cena constituir-se-á, então, não na reprodução das coisas como eram, mas da maneira como ele julga se lembrar. Assim, as situações não precisam ser apresentadas em uma estrutura linear: elas ocorrem independentemente umas das outras, o que leva ao resultado de cada cena individualmente se resolver em si mesma e distante de qualquer possibilidade de verossimilhança com o real.

É por isso que encontramos em *Wielopole Wielopole* a cena da crucificação antes da Santa Ceia, a morte dos soldados antes de partirem para o combate. A linearidade histórica e o tempo cotidiano não têm a menor importância. O principal é o processo de desestabilização da memória interna de Kantor que ocorre quando as personagens intervêm no espaço de representação, já que esse espaço é a sua própria memória materializada.

Como já foi dito, de 1944 até 1973, Kantor rejeita abertamente a ilusão por acreditar que a única possibilidade de chegar à verdade era pelo manuseio da realidade. A realidade era a única coisa que interessava ser explorada e cuja entrada se dava por meio dos objetos marginalizados, degradados, esquecidos nas latas de lixo. Já em 1973, com a crise da "realidade de classe mais baixa", Kantor volta-se para a ilusão como uma nova maneira de lidar com a realidade, processo contra o qual ele havia lutado durante a maior parte da sua vida artística. Assim, por esse caminho, Kantor percebeu que no seu teatro, por trás da barreira intransponível, emerge outra realidade, uma realidade que é elevada a outro nível, ou seja: o teatro passou a ser entendido como um local no qual os registros da realidade e da ilusão são expostos, sendo que a ilusão possui a propriedade de transferir a realidade para outro tempo e para outro espaço.

Uma vez que esse outro espaço é criado e organizado por ele à maneira das suas lembranças, evidentemente, no momento que lhe melhor interessar, ele permitirá que os personagens surjam, vindos de um "outro mundo" através das portas e intervenham no espaço da sua memória. Por serem as suas ações desconexas e ilógicas, esses seres "memoriais" tentam organizar seus atos por ações repetidas, mas eles não conseguem, exatamente porque as suas memórias não são as corretas.

É importante lembrar aquilo que foi descrito a propósito de *Ô doce noite*, quando após o Holocausto os mortos, ao ressuscitarem, tentaram reconstruir o mundo por meio dos objetos, mas eles não sabiam para que eles serviam exatamente. Por mais que os personagens tentem, é sempre a memória de Kantor que persevera. Mesmo que suas memórias não sejam totalmente verossímeis, a similaridade existe e é exatamente isso que prende os personagens no espaço, por meio do jogo, não com a verossimilhança, mas com a similitude. O que está em cena são fragmentos de personagens e situações, como os membros da sua família, a Primeira e Segunda Guerras Mundiais, passagens bíblicas etc. Tudo isso, produto da memória, está misturado de forma caleidoscópica; o espaço rearranja-se a partir de cada abertura das portas.

Segundo Michal Kobialka (2005), a memória de Kantor não possui uma estrutura linear de desenvolvimento: aquilo que se vê no palco é a própria consciência do artista, ou seja, o "espaço da memória" é exatamente a consciência dos fatos da sua própria história pessoal. No entanto, se há consciência, é possível intuir que muitas dessas situações criadas por Kantor também podem ser produzidas por digressões oriundas do inconsciente. Nessa situação, não existe nenhuma garantia de que as ações de Kantor, apesar de criadas a partir da consciência, não entrem na cena pelo inconsciente. É exatamente por isso que é impossível determinar alguma relação de causa e efeito entre uma cena e outra nos seus espetáculos. Quando visto pela primeira vez, é impossível prever o que acontecerá quando a porta se abrir e o espaço se transformar. Por esse caminho, é possível perceber que o espaço de Kantor não é absoluto como o espaço de Newton e também não é uma metáfora. É um espaço multidimensional, relativo na sua organização espaço temporal, o que torna muito difícil prever como as situações e os jogos se desenvolverão. Mais uma vez, o teatro de Kantor mostra-se como uma atividade em constante transformação.

Em sua memória, as personagens e situações de *Wileopole Wielopole* já aconteceram. No palco, essas memórias constituem-se como outro ato de criação, como repetição de um fato no tempo. No palco, personagens e situações repetem-se uma vez mais, mas sempre como uma atitude criativa genuína. E como os fatos se desenvolvem na medida das suas lembranças, e essas nunca são precisas, estão em constantes transformações, reforçadas eventualmente por um ou outro detalhe que lhe interessa no momento, na cena, tudo ocorre como se fosse feito pela primeira vez.

Nesse sentido esse espaço de criação anula a realidade que aconteceu em outro tempo e outro espaço, constituindo assim diferentes possibilidades de exploração das relações entre tempo e espaço. É exatamente por isso que o obsessivo tema da Segunda Guerra Mundial é uma constante no seu trabalho. Para cada repetição do tema, ele espera que o espectador perceba os acontecimentos e a trabalhe na sua memória por meio das imagens que são lançadas no espaço, e que essa insistência na repetição estimule o espectador a não sucumbir ao esquecimento.

Kantor acredita que completar é esquecer, é não dar possibilidade para a ação da imaginação e produção de novas imagens ou conhecimentos. Essas imagens produzidas afetam as experiências sobre aquilo que o espectador sabe da realidade. Assim, a avaliação daquilo que se vê em cena está diretamente relacionada com as suas experiências passadas e com as suas emoções. Dessa forma, no palco, tudo está envolto por um enorme peso emocional.

Durante muito tempo Kantor debateu-se contra a ilusão em proveito da promoção do "objeto real"; a isso ele chamou de a descoberta da realidade, que nada mais era do que a sua maneira de se opor ao naturalismo e, de certa maneira, também à abstração. Segundo ele, a abstração também pode suscitar a ilusão por meio do gesto criador, por meio da ilusão do pensamento que constrói formas. Entretanto, pouco a pouco, ele foi vencido pela materialidade da realidade e seu teatro ganhou um novo impulso ao trazer de volta a ilusão para a cena, ao reintroduzi-la de outra maneira, como uma dimensão específica da sua arte.

Em determinado momento desse processo, ele declara que a realidade não pode existir por ela mesma, necessitando sempre de alguma coisa que a coloque em perigo, nesse caso: a ilusão. Essa ilusão está além do significado corrente do termo e assume, para ele, uma dimensão metafísica, dimensão muito próxima de um ritual, que por sua estrutura de repetição atribui-lhe esse aspecto metafísico. Disso decorre o paradoxo do teatro de Kantor: ser ao mesmo tempo anti--ilusionista, no sentido de que os atores são percebidos como signos, e pelo fato de o diretor estar em cena, no meio deles, observando-os e corrigindo-os, mas também revelam esse outro aspecto metafísico da ilusão que é capaz de acionar a realidade por meio da repetição, como em *Wielopole Wielopole*.

Mas esse aspecto, digamos ritualístico, suscitado pela repetição, não possui a mesma dimensão de um verdadeiro ritual, como no teatro oriental, como em Artaud ou em Grotowski. Essa ideia manifesta-se, como assinala Guy Scarpetta (2000, p.89), como um apontamento, como uma indicação; assim é o caso das roupas vermelhas dos Bispos que dançam tango em *Onde estão as neves de antanho?* ou as músicas em *Wielopole Wielopole*, *Que morram os artistas!* e *Não voltarei jamais*. Em se tratando de *Onde estão as neves de antanho?*, Scarpetta (ibidem) comenta: "há uma mistura de rituais. O tango é um ritual, as roupas vermelhas dos cardeais também pertencem a um ritual. No entanto, por serem dois cardeais em roupa vermelha que dançam tango, isso é verdadeiramente outra coisa".

O mesmo acontece com os rituais escolares, com o exército, com o casamento, as fotos de família etc. que são transformados ao mesmo tempo em que são esvaziados dos seus significados imediatos para serem redimensionados em uma nova forma de existência.

O palco é o espaço da memória de Kantor e é um local em que somente ele pode interferir. Se em *Wielopole Wielopole* ele trabalha com a ideia da repetição como um ato de criação, não criação divina, mas criação humana capaz de construir e desconstruir o espaço a partir da sua memória, em *Que morram os artistas!*, por sua vez, ele trabalhará com uma nova forma de utilizar a memória no espaço, ou seja, por meio da exploração de múltiplos desdobramentos de Kantor no tempo. A exploração dessa multiplicidade de tempo e espaço ocorrerá, evidentemente, no mesmo tempo e no mesmo espaço.

Figura 46 – Os bispos vestidos de vermelho dançando tango.

Se em *Wielopole Wielopole* o "espaço da memória" é único e estava sujeito a constantes transformações devido à inferência dos personagens que alteravam os aspectos aparentemente estáveis do espaço, em *Que morram os artistas!*, Kantor desenvolverá a ideia do espetáculo como uma sequência de negativos fotográficos colocados um sobre o outro, o que leva a concluir que ao olhar o primeiro, necessariamente se observará todas as personagens e situações simultaneamente.

Nesse sentido, o espaço de ação ou espaço da memória pode ser definido também como um espaço híbrido, não uno, um espaço que traz em si a qualidade de ser o que é, ou seja: local da representação, mas também a materialização de múltiplos espaços da memória de Kantor. Dessa forma, temos esse espaço constituindo-se ao mesmo tempo como um cemitério, um albergue, uma câmara de tortura, dentre outros. E nesse espaço serão observados diferentes estados de Kantor: Kantor aos seis anos, Kantor morrendo, Kantor ele mesmo, que na realidade do espetáculo gera, pela memória, o passado, e pela consciência, a projeção do futuro. Assim, simultaneamente teremos na cena vários Kantors, e ao olharmos para um, conforme a organização em negativos, necessariamente estaremos olhamos para os outros, sendo que cada um desses negativos pode produzir a sua própria memória, o que amplia as relações no tempo e no espaço.

Esse jogo com o espaço-tempo encontra paralelismo nas teorias da física quântica no sentido de que no mundo quântico tudo está em superposição. No universo quântico existem várias possibilidades de existência para o mesmo objeto, ao passo que no mundo convencional estas múltiplas possibilidades resumem-se a escolhas muito específicas e definidas, ou seja: tudo é determinado e está em um lugar específico. O teatro de Kantor, assim como a mecânica quântica, é oceano de genuína potencialidade de existências distintas.

Existe um preceito na teoria da física quântica chamado de "entrelaçamento", que diz que a conectividade entre as coisas é o fundamento básico do tecido da realidade. Dessa forma, é preciso estabelecer novos paradigmas para aquilo que chamamos de realidade. A realidade não se sustenta mais na aparência daquilo que sabemos sobre o real. Existe um nível de existência que acontece em um mundo que não é percebido pelos sentidos. O espaço, por sua vez, fornece apenas a ilusão de que as coisas estão separadas. Por meio dessa percepção e a partir de experimentos realizados no mundo subatômico, foi demonstrado pelos físicos que nesse nível, uma partícula (um dos componentes da matéria) pode estar em vários lugares ao mesmo tempo. Elas podem estar ligadas, apesar de aparentarem estar separadas. Na realidade, elas podem estar ligadas pelo espaço, por um espaço muito grande, um espaço composto de várias dimensões. No caso de *Que morram os artistas!*, isso é observado pelo desdobramento de Kantor em várias dimensões temporais.

Para a teoria da relatividade, o tempo não é absoluto. De acordo com uma das bases teóricas e também controversa da "simetria reversa do tempo" trata do fato de podermos influenciar o passado na mesma medida em que podemos influenciar o futuro, e mais controversa ainda, da possibilidade de que o futuro pode ter um efeito causal no presente. No mundo quântico, as coisas podem se mover para frente e

220 WAGNER CINTRA

para trás. Dessa forma, a simetria de reversão do tempo destrói a nossa percepção e todas as noções que possuímos sobre o tempo e, além disso, o "entrelaçamento" acaba por destruir toda a nossa experiência com o espaço. Assim, conforme esses princípios, é possível vermos Kantor no passado, no presente e no futuro.

Em uma das metamorfoses do espaço, a entrada de Veit Stoss é muito significativa, pois ele recriará o seu famoso retábulo esculpido para a Catedral de Santa Maria, na Cracóvia. Os objetos que entram em cena e constituirão a nova obra que será construída pelos atores que estão no albergue transformam o espaço em um local de tortura no qual os artistas são supliciados. A construção realizada, inspirada na obra do século XV, no momento em que os objetos são agrupados, assume a dimensão de barricada, um local de resistência do qual será lançada uma mensagem ao mundo, uma mensagem que contradiz a ideia de que os artistas devem morrer. Essa contradição está alicerçada no pensamento de Kantor de que o artista deve viver e criar, e somente assim, por meio da verdadeira criação artística, a humanidade alcança a tão sonhada eternidade.

Evidentemente, ao trazer Veit Stoss para a cena, Kantor está associando a ideia de obra de arte ao conceito de eternidade. Por meio da obra, da verdadeira obra de arte, não aquela destinada unicamente ao consumo, o artista não morre, ele vive eternamente. Dessa forma, Veit Stoss, assim como os vários momentos de Kantor, existe no presente, determinado pela arte, no mesmo instante em que existe no passado determinado pela história, ou melhor, pela memória. Seguindo os princípios do "entrelaçamento", Veit Stoss, Kantor e o espectador estão ligados pelo espaço-tempo, mesmo que separados pelo espaço e pelo tempo. Assim, aquilo que liga o passado, o presente e o futuro e permite o rompimento com o espaço absoluto é exatamente a arte de Veit Stoss e os objetos do espetáculo, os objetos de Kantor, com os quais o artista do século XV recriará no presente a sua obra mais importante. Em resumo, o retorno dá-se através da matéria, do objeto artístico. O teatro de Kantor ignora o relógio e suas convenções. Ele funciona como um organismo, um tipo especial de organismo altamente conectado com suas partes e que se estende pelo espaço e pelo tempo.

Os níveis relativos da ilusão e da realidade

É muito difícil restringir a arte de Kantor a alguma síntese, pois um dos elementos que impõem essa dificuldade é a intensa necessidade que Kantor possui em descrever a realidade na qual ele está inserido. Em *Que morrem os artistas!* a relação com o espaço não se dá da mesma maneira como aquela ocorrida em *Wielopole Wielopole* na qual, no seu processo de exploração, ele sugere que a memória funciona não somente como um desdobramento linear da narrativa, mas que ela possui aptidão para o espaço.

Em *Que morrem os artistas!* aquilo que interessa a ele é a coexistência de diferentes memórias em um mesmo espaço e no mesmo instante. Nessa encenação, Kantor, a exemplo de *Wielopole Wielopole*, também inicia o espetáculo organizando os objetos no espaço da cena: as camas, as cruzes, cadeiras, portas etc. Somente quando o espaço estiver organizado e pronto é que os personagens entrarão. Uma das cenas que é muito esclarecedora acerca da ação da memória no espaço e que enfatiza a ideia dos negativos acontece logo no início da peça, no momento quando Kantor, a criança de seis anos, entra em seu brinquedo infantil. Nessa cena ele criança é seguido por outra de suas memórias que diz respeito aos seus soldadinhos de brinquedo, mas ao mesmo tempo são as suas lembranças sobre o movimento das tropas do exército comandadas pelo Marechal Pilsuldski. Nesse espaço, os soldadinhos, ao brincarem com Kantor, a criança, também materializam a memória de um importante momento da história da Polônia no seu processo de conquista da independência.

De certa maneira, nesse espetáculo, a memória, a tradução cênica das suas lembranças mais íntimas, o conduzirá para a intensificação do processo de transparência da ilusão, diferentemente dos espetáculos anteriores nos quais ela estava escondida no texto de Witkiewicz. Sobre isso comenta Guy Scarpetta (2000, p.46): "a ilusão é elevada ao seu ponto culminante de saturação, de exasperação, aquele em que os corpos vivos imitam os manequins, em que a oposição entre o real e a aparência acaba por se decompor – estado do mais-que-real".

Em *Que morram os artistas!*, o seu desejo de mostrar a realidade no palco o conduz a outra armadilha, algo que o aproxima do tão combatido teatro tradicional. Isso quer dizer exatamente que a criança que Kantor era aos seis anos é representada por outra criança de seis anos, não pelo Kantor real. Na sua morte, outro morria no seu lugar, um ator representava o seu papel de morrer. Em síntese, aquela estrutura que ele havia confrontado toda a sua vida, nesse espetáculo, conforme a minha interpretação pessoal, funcionava perfeitamente bem. Sobre esse processo de retorno da ilusão ao seu teatro, em uma entrevista a Guy Scarpetta (ibidem, p.84), Kantor diz:

> A realidade e a ilusão são problemas capitais para mim. No início, eu era um ortodoxo, ou seja: eu recusava completamente a ilusão. Eu queria que somente a realidade existisse. Posteriormente eu comecei a duvidar, pois a ilusão, em meus espetáculos, aparecia cada vez mais. Quando eu pego um objeto, ou um personagem da vida real, eu privo esta realidade do passado e do futuro. Eu pego, por exemplo, no teatro, uma ação que é útil na vida, e privo esta ação de sua causa, de seu motivo, assim como de sua meta, de sua eficácia, é isto que eu chamo a "realidade pura", aquela que eu posso manipular. Mas em certos momentos esta realidade acaba por tornar-se uma "ilusão" [...]

Já em *Não voltarei jamais*, diante do dilema estabelecido entre a realidade e a ilusão, Kantor desenvolverá uma estrutura na qual ele estará em cena como o eu real que se direciona ao encontro das situações e pessoas que criaram com ele a sua história artística. É um retorno a si mesmo por meio da memória, mas é um retorno de confronto, uma espécie de "passar a limpo" a história do seu teatro. Ele está em cena não mais como um organizador do espaço. Ele não está mais interessado em criar o seu espaço da memória que é apresentado no palco. A cena realiza-se por meio do confronto de Kantor, o Eu verdadeiro, com os objetos da sua criação. Mesmo aqui a teoria dos negativos mostra-se eficiente para explicar o que acontece.

Por tratar-se de memórias dos espetáculos anteriores (e muitas dessas memórias por si já são memórias), a densidade da cena acontece exatamente pela fusão de diferentes níveis e estados da memória aplicada sobre a própria memória em confronto com a memória dos atores (os mesmos que Kantor utilizou anteriormente para materializar o seu espaço da memória, lembrando que a maioria desses atores trabalhou com ele por mais de vinte anos). A tensão que surge imediatamente é exatamente o confronto entre Kantor, o Eu verdadeiro, com os atores que com ele se encontram nesse espaço.

Mais do que a teoria dos negativos, *Não voltarei jamais* é um bom exemplo de "caleidoscopia" no teatro de Kantor. A teoria dos negativos ajusta-se perfeitamente bem a *Wielopole Wielopole,* mas principalmente a *Que morram os artistas!* No entanto, em *Não voltarei jamais,* existe algo mais: diante do confronto do criador com os objetos de sua criação há a ocorrência de um processo de mistura dos fragmentos da memória. À medida que Kantor remexe a sua memória, não só as cenas se reorganizam, mas também os próprios elementos constituintes da memória original, ou seja: a cena original reorganiza-se em outros parâmetros. Isso quer dizer que os elementos não estão mais presos à memória original e se apresentam independentes dela. É por isso que nessa produção, uma espécie de colagem de diferentes momentos da criação de Kantor, tudo está sempre mudando e os personagens de determinada peça falam textos ou usam objetos de outra. Se no teatro de Kantor, de uma maneira geral, o óbvio é um equívoco, *Não voltarei jamais* é o exemplo perfeito dessa singularidade.

Desde *A classe morta* os espetáculos são compreendidos como um procedimento criativo que tem sua fonte de expressão originada a partir da memória que se volta sobre si mesma a fim de explorar os seus diferentes atributos. A teoria dos negativos mostra a maneira como as memórias são sobrepostas e cuja simultaneidade permite lidar com o passado, presente e futuro. Em *Hoje é o meu aniversário,* haverá prontamente um tratamento da memória que mostra outro aspecto do engajamento de Kantor com a realidade.

Durante toda a sua vida, Kantor foi motivado pela crença de que a única verdade na arte é a representação da vida de alguém em um processo de descoberta do seu destino e da sua fé: a vida e o destino de Kantor confundem-se com a sua arte. A sua casa sempre foi o seu trabalho, ou seja, a pintura e o teatro. *Hoje é meu aniversário* é essencialmente um resumo das várias mudanças no trabalho artístico de Kantor, seja em relação à sua pintura, seja em relação ao seu teatro. Em síntese, esse espetáculo define toda a sua obra como pintor e criador teatral colocando em cena o próprio ateliê do artista, o seu espaço de trabalho, o seu quarto da imaginação.

Com a morte de Kantor, esse espetáculo tornou-se a memória ativa da sua presença no palco. A cadeira na qual ele se sentava ficou vazia dessa vez. Inicialmente foi cogitado, para dar continuidade às apresentações agendadas para o ano de 1991, colocar na cadeira o manequim de Kantor. No entanto essa situação se converteria em falseamento da realidade, proposta que foi recusada pelos membros do Teatro Cricot 2. Além disso, até então, a cadeira vazia não possuía uma história imediata de ação no palco, e essa opção, mesmo que ao acaso, veio enfatizar a ausência de Kantor na cena. A cadeira na qual ele deveria se sentar, próxima à mesa, permaneceu vazia, habitada apenas pela sua memória e consequentemente pela sua abstração.

Nesse sentido, o objeto torna-se o receptáculo da memória ao mesmo tempo em que sugere Kantor em outro contexto de existência. O interessante nessa situação é que essa cadeira vazia pode ser interpretada como um ato original, da mesma maneira como a cadeira quebrada de *O retorno de Ulisses* se constitui, por meio da ação de Penélope, em um ato que está acontecendo pela primeira vez: nesse caso específico, pela primeira vez na jornada artística de Kantor.

No prólogo havia uma gravação com a voz de Kantor (1993, p.170) em qual ele referia sob quais situações essa produção foi erigida:

> Eu estou novamente em cena,
> e sem dúvida...
> para:
> o magnífico resumo de minha
> teoria e de meu método.

Existe aqui algo de contraditório, ou seja: originalmente Kantor não estava verdadeiramente no palco, mas no seu limite. Na frente da plateia, conforme o seu vocabulário – na realidade –, e diante dele a cena, a ilusão. Esse é um espetáculo cujo movimento acontece na direção da ilusão para o mundo real e esse acontecimento deve ser uma revelação cênica única, original, como se acontecendo pela primeira vez: "sem *pathos*, sem milagres ou procedimentos cênicos pretensiosos" (ibidem).

Essa produção, em particular, não é mais a ação da sua memória sobre fatos e situações das suas lembranças pessoais e da história da Polônia – mas é sobre a sua vida na arte. São as memórias da sua evolução artística. É um momento no qual ele quis perceber e resumir aquilo que foi feito da sua própria vida e como a sua vida se confunde com a sua arte. Assim teremos no palco a sua pintura e o seu teatro. É por isso que o cenário é composto basicamente por três molduras de quadros e pequenos palcos atrás delas.

Nesse espetáculo, Kantor mergulha nas turbulências das suas reflexões, das suas dúvidas, dos seus sentimentos e de todos os clichês da sua história artística. É uma tentativa de colocar seu passado em ordem revendo-o no contexto do presente. Dessa maneira, ele procede limpando, exumando a sua história, tentando organizar a sua memória a fim de dar forma às ideias para esse que foi o seu derradeiro espetáculo.

Nesse trabalho ele se apropria do palco como o seu espaço íntimo. Nele se encontram os seus objetos mais pessoais: a cama, a cadeira, a mesa, sobretudo os seus quadros, além dos personagens mais próximos da sua vida e da sua criação, como é o caso dos membros da sua família e a Infanta de Velázquez, respectivamente. De uma maneira geral, Kantor transfere o seu quarto, o ateliê onde suas ideias surgem, para o palco. Por diversas vezes ele comentou com seus amigos e com seus estudiosos que ele imaginava o seu quarto em um teatro, no palco mais do que em qualquer outro lugar. Então, em *Hoje é meu aniversário*, o seu quarto da imaginação está situado no palco e não deve se parecer como um quarto no palco mas como um quarto real, o seu quarto pessoal, que pertence a ele e somente a ele. Assim, aquilo que se vê no palco é o desejo de Kantor de completar a exumação da sua arte que começou com *Não voltarei jamais*.

Se em *Não voltarei jamais* Kantor cria o espaço para a sua memória encontrar as suas criações que vêm a ele, em *Hoje é meu aniversário* ele mora no palco atribuindo uma nova dimensão para a realidade. Ele mostra a sua vida, as suas ideias, as suas lembranças, revelando todos os detalhes da sua história a fim de desvendar o seu próprio destino. Parece que ele está dizendo que aquele é o seu limite. Isso já podia ser observado na pintura feita dois anos antes, em 1988, intitulada *Eu não sairei mais dessa tela*, na qual ele antecipa o seu destino que se realizará dois anos depois em *Hoje é meu aniversário*. Sobre isso ele comenta em um ensaio escrito no mesmo período:

> E afim de que esse
> TEATRO DA VIDA
> termine conforme as regras:
> o epílogo,
> a derradeira tela:
> "LÁ, EU PERMANECEREI".
> Porque, finalmente
> a tela deve vencer. (Kantor, 1991, p.220)

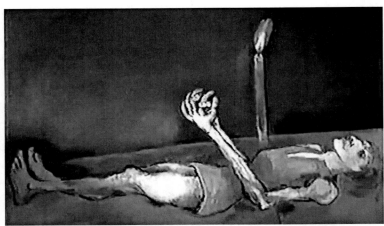

Figura 47 – *Eu não sairei mais dessa tela* (1988), de Tadeusz Kantor (acrílico sobre tela).

Assim, *Hoje é o meu aniversário* constituir-se-á no seu grande altar, exatamente por estar o seu destino subsumido às circunstâncias inexoráveis da existência. O palco como tela, como tumba, expõe um mundo desaparecido, engolido pelo tempo e que, no entanto, retorna constantemente. E na medida em que é retorno, repetição, a criação de situações ilusórias permite a ele olhar a realidade desde outro ângulo e, consequentemente, torná-la clara.

Através das molduras vemos, em um processo de composição fotográfica, alguns aspectos da vida e do trabalho de Kantor. Vemos a Infanta, vemos os soldados, vemos a família. Essa estrutura fotográfica não é algo estanque, mas uma composição que está em contínua mutação. Na moldura central estão as portas de *A classe morta*, de *Wielopole Wielopole*, de *Que morram os artistas!* – as portas da morte. Por elas, diferentes personagens entram e encontram a sua vida exatamente entre as molduras e as portas, entre a morte e a ilusão.

O interessante é que constantemente os personagens atravessam a moldura em direção ao espaço central onde, assim como a cadeira vazia, nenhum deles tem uma história de palco. Isso quer dizer que personagens como Maria Jarema, Jonasz Stern, Meyerhold, a Infanta, ao deixarem as pinturas, agem no palco como memórias autônomas. Elas não têm uma história de palco para contar. A única coisa que existe é a relação das memórias com o espaço. Esse novo espaço que não pertence a Kantor é construído pelas relações entre as personagens e as molduras quando elas estão no espaço central. Essa autonomia que isenta os personagens de qualquer sentido induz a uma existência apenas em termos das relações estabelecidas nesse espaço. Isso quer dizer que os personagens não controlam a representação e aquilo que acontece entre as molduras e a porta da morte deixa de ter qualquer significado quando a moldura é retirada para revelar uma porta completamente diferente, e isso se dá em todas as relações. Quando, em uma das sequências, a moldura central é removida, os personagens que surgiram do passado entram na cena da maneira como eles pensam ser, não pela memória de Kantor.

Nesse espetáculo, a exemplo de todo o seu trabalho teatral, Kantor, mais uma vez, propõe a necessidade de pensar o seu teatro por outros canais de observação. Um exemplo disso é a existência no espetáculo de dois níveis de ilusão, ou seja: um nível secundário que é composto pela tela e seu interior e outro nível anterior, reconhecido no palco como o seu quarto da imaginação. Nesse contexto, a presença da ilusão na tela diante da ilusão primária do seu quarto materializado no palco faz com que o quarto da imaginação se torne realidade.

Originalmente, Kantor, o observador que estava presente nessa realidade construída, estava constantemente gerando as suas memórias, ou seja: as memórias são geradas nessa realidade e é por isso que é possível perceber que no seu processo de criação a memória está no mesmo plano da realidade. Isso vai um pouco mais longe. Se pensarmos que existe outro plano de realidade anterior a essa, que é a realidade do espectador, perceberemos que essa é a realidade que faz com que a realidade do quarto da imaginação de Kantor (criada a partir do contraste com a ilusão e que é gerada pela ação da memória no espaço da tela) também possa ser compreendida como outro espaço de ilusão.

Assim, da mesma maneira que observamos diferentes níveis de ilusão, também observamos diferentes níveis de realidade e isso está diretamente relacionado à presença do observador. Dependendo do observador, os registros entre a realidade e a ilusão podem ser alterados. Aquilo que acontece no espetáculo é uma espécie de inter-relação entre observador e objeto observado que torna as coisas reais conforme a percepção individual da realidade exterior. Isso faz com que a maneira do observador de perceber, sentir, pensar as coisas (ou seja, a maneira como o mundo é percebido) esteja em constante mudança, pois depende essencialmente da posição do observador em relação ao objeto em observação: mais uma vez a física quântica.

Essa é uma situação paradigmática na relação entre o espaço e o tempo e que dificulta a compreensão da realidade como um sistema de relações absolutas. Nesse sentido, a forma de observar o mundo, conforme Newton afirmava, como um sistema de relações baseadas no movimento e que podem ser descritas a partir e pelas leis do movimento, só funcionam bem na realidade imediata. Mas como vimos, a realidade é dependente do observador, assim a realidade deixa de ser absoluta e passa para o plano da relatividade, pelo menos na maneira de Kantor pensar e se relacionar com ela.

É possível ainda perceber na estrutura do espetáculo uma moldura metafórica que separa o espectador dos diversos níveis de existência da ilusão que acontecem no palco; uma tela composta nos mesmos moldes ilusionistas de *As meninas* do pintor espanhol Velázquez.

Figura 48 – *As meninas* (1656), de Velázquez: obra exposta no Museu do Prado, em Madri (Espanha) (óleo sobre tela).

Na obra de Velázquez, um instante da vida cotidiana do pintor é capturado de uma forma quase fotográfica que também sugere a ausência do objeto pintado, no caso, os Reis de Espanha: o objeto real não está na tela. Eles existem em outro espaço, sugerido apenas por um tênue reflexo em um espelho situado ao fundo da pintura. Algo interessante nessa obra refere-se à porta localizada no fundo do quadro e que é a responsável pelo desdobramento de toda a profundidade e toda a perspectiva da pintura. A exemplo dessa porta, a porta situada na moldura central de *Hoje é meu aniversário* também funciona como indutor de perspectiva. Constantemente Kantor brinca com o movimento da moldura e da porta no sentido de aumentar ou diminuir o espaço entre elas com a nítida intenção de desestabilizar as regras pelas quais a ilusão se configura.

De uma maneira geral, Kantor está afirmando, com esse trabalho, que a existência da realidade depende da existência da ilusão. Mesmo antes de 1973, quando ele se empenhou em desmascarar a ilusão para bani-la da arte, a negação da ilusão garantia indubitavelmente a sua existência nos meandros da criação. Kantor empenhou-se então não em eliminá-la, mas em bloquear a sua influência na cena. Daí a sua opção pelo objeto real, pelo espaço real. A ilusão, por mais que Kantor se esforçasse em negá-la, agia subterraneamente, e constantemente ele tinha que encontrar meios para evitá-la. Quando Kantor cria a ideia de realidade iniciando a intensa luta contra a ilusão, imediatamente ele desestabiliza a noção tradicional de representação propondo a falta de representação. Essa ausência não significa absolutamente uma total negação da representação, mas sim daquelas forças que agem na representação como uma estrutura rígida e imutável.

Pois bem, se a constituição da realidade depende necessariamente da posição do observador em relação ao objeto observado, nessa situação, na qual temos uma realidade se sobrepondo a outra, no caso de *Hoje é meu aniversário*, é possível verificar nesse espetáculo que nessa sobreposição a memória de Kantor está sendo gerada no plano da realidade que é configurada pela ilusão criada pelas telas. Dessa forma, é possível perceber que para Kantor a memória é a própria realidade e essa realidade não existiria sem a ilusão, e por esse caminho a ideia de que a ilusão está situada no mesmo nível da realidade. Assim, originalmente, no palco, no plano da realidade, Kantor estaria olhando em direção à porta central, a porta da morte, gerando suas memórias ao mesmo tempo em que elas convergem, inevitavelmente, para o seu futuro irrevogável. Essa é uma maneira muito peculiar de tornar evidente esse processo de revelar a verdade sobre a vida de alguém nas dimensões do passado, do presente e do futuro.

Figura 49 – No desenho, projeto de cena para *Hoje é meu aniversário*.

No espetáculo, após a morte de Kantor, a realidade transformou--se na sua ausência na cena. Paradoxalmente a cadeira vazia induz à ilusão de existência ao mesmo tempo em que a abstração (conforme os postulados de Kantor) garante a sua existência nesse universo que só pode ser alcançado pelos meios da arte, e vem justificar a sua afirmação de que a ilusão também se encontra na abstração pois, ao percebermos a cadeira vazia, também percebemos a presença de Kantor. Ou seja, há uma alteração da nossa percepção da realidade por meio de um objeto real que nos lança para o interior de outra realidade.

5
ILAÇÕES ACERCA DA VARIABILIDADE DO REAL DENTRO DA REALIDADE VARIÁVEL

Os espaços multidimensionais

A manipulação da memória é capaz de criar, no mesmo tempo e no mesmo espaço, espaços multidimensionais. Além disso, esse processo de desestabilização do espaço a partir da memória também altera as relações entre realidade e ilusão. Evidentemente tudo o que acontece no palco estará diretamente relacionado à posição do observador. Isso necessariamente diz respeito à questão do espectador no teatro de Kantor. Diferentemente de Grotowski, para Tadeusz Kantor, o espectador é um elemento essencial da sua criação. Em uma entrevista realizada em 1975, *O objeto se torna ator – conversa com Tadeusz Kantor* (*Cadernos de teatro* n.68, 1976, p.10), ele concordará que o objetivo final do teatro é ganhar o público: "Esta é a função do teatro. Não pode ser a mesma coisa com a pintura, mas o teatro... a palavra em si tem esse significado. É por isso que não posso crer absolutamente nisso quando alguém me diz que o teatro é um laboratório".[1]

Antes de 1973 esse espectador tinha uma presença muito ativa nas encenações de Kantor exatamente por elas acontecerem em espaços

---

1 No texto há claramente uma crítica a Grotowski e sua concepção do Teatro Laboratório.

reais. Com *A classe morta* e depois dela, não mais com a necessidade do lugar real, o espectador adquiriu outra especificidade no processo de criação. Afastado pela corda de separação adicionada no espetáculo e que continua metaforicamente até *Hoje é meu aniversário*, o espectador, na sua condição de observador, será o responsável, por meio de sua consciência, pela definição do espaço.

Apesar de Kantor acreditar na existência de muitos espaços multidimensionais, o seu teatro ocorre em um espaço muito específico que é determinado pelo espectador no momento da observação. Isso quer dizer que tudo aquilo que acontece no palco depende necessariamente do observador, pois é ele que está constantemente definindo aquilo que é realidade e aquilo que é ilusão. Mesmo antes de *A classe morta* isso já acontecia. Se recordarmos a encenação de *As belas e os feios*, perceberemos que o jogo, que era real, feito em determinados momentos com os espectadores que participavam ativamente do espetáculo, criava constantemente uma tensão entre a realidade do espectador e a realidade dos artistas. Embora sobre o mesmo tempo e sobre o mesmo espaço, o espectador era forçado, por sua natureza de observador, a redirecionar a sua atenção para a narrativa da peça, já que os atores "simulavam" ou jogavam, na ausência de uma palavra melhor, com as personagens de Witkiewicz, mesmo que isso ocorresse em um momento muito breve.

Dessa forma, a atividade do espectador exigia também a sua participação no processo de constituição dos seus próprios referenciais para que ele pudesse participar ativamente do espetáculo. E essa é uma atitude real que, pela ação da consciência sobre a realidade do momento, define a arte como a própria realidade.

Voltando um pouco mais atrás, no primeiro espetáculo do Cricot 2, *O polvo*, de 1956, o espaço real de um café, com suas mesas e com seus fregueses, chocava-se com os personagens históricos que eram arremessados para o interior desse espaço. O espectador, ao tomar sua bebida, sentado em uma cadeira real, encostado em um balcão real, bebia uma bebida real diante do manequim de três metros de altura do Papa Julius II. O espectador, pela consciência, via-se em um café, mas ao mesmo tempo em um teatro. Ou seja: apesar de um único espaço físico, esse espaço era capaz de se alterar conforme a forma de observação. Sobre essa capacidade que o espaço possui de se transformar, Kantor escreveu anos mais tarde:

O ESPAÇO

Esta UR-MATÉRIA é o espaço!
Eu sinto como ele pulsa.
O espaço,
que não tem nenhum ponto de apoio e nem fronteira,
que com igual velocidade se afasta e foge,
ou se aproxima,
por todos os lados, sobre as bordas e pelo meio,
se eleva para o alto, cai nas profundezas,
gira sobre um eixo vertical, horizontal, oblíquo...
Não crendo poder penetrar na muralha de uma forma fechada,
sacudindo-a de maneira brutal,
diminuindo-lhe a sua aparência cotidiana...
Os personagens, os objetos alteram as funções do espaço e de suas peripécias...
... o espaço não é um recipiente neutro,
no qual nós misturamos os objetos, as formas...
O ESPAÇO é o próprio OBJETO (de criação)
E o espaço principal!
O espaço carregado de ENERGIA.
O espaço que se contrai e se estica.
Estes são movimentos que adornam as formas e os objetos.
O espaço GERA as formas!
O espaço condiciona os encontros entre as formas e suas TENSÕES.
A TENSÃO é o ator principal do espaço.
MULTIESPAÇO... (Kantor, 1990, p.25-6)

Como a tensão é o principal elemento do espaço e é originada a partir do choque entre as formas que são criadas por esse mesmo espaço, o observador ao entrar no café altera substancialmente aquilo que já estava no espaço, reestruturando o desenvolvimento das ações por outro grau de percepção desse mesmo espaço, ou seja, o espaço passa a se comportar a partir do seu ponto de vista. Isso porque a imagem remonta à ideia que determina o rumo das coisas. Evidentemente, esse espaço, mutável, contraria a noção de espaço imóvel de Newton que, por séculos, dominou a maneira de encarar a física no Ocidente. Kantor rejeita o espaço e o tempo absoluto da mesma maneira que Einstein demonstrou na teoria da relatividade os fundamentos que seriam utilizados pelos teóricos[2] da física quântica: dentre esses fundamentos, os princípios da incerteza e imprevisibilidade como contraponto ao mecanismo estável da física clássica, princípios que são encontrados ativamente no teatro de Tadeusz Kantor.

O princípio da incerteza é próprio da condição do observador como elemento do espetáculo.[3] Isso quer dizer que a coisa só passa a existir a partir do momento em que é observada. Dessa forma, é possível concluir que a observação tem um efeito direto no mundo. Ou seja, a realidade deixa de ser estável como na mecânica clássica. Isso significa que o real é flexível a ponto de qualquer coisa que não esteja no mundo poder se materializar a partir da consciência. Dessa forma, como a realidade exterior está constantemente sendo construída a partir da nossa consciência, qualquer alteração nessa realidade se dá por meio da percepção que temos dessa mesma realidade. É exatamente essa situação que levou o físico austríaco Anton Zeilinger (2005) a dizer que a ideia de que o mundo existe independentemente do observador está errada. Ou seja: realidade e observação são coisas diretamente proporcionais.

---

2 Werner Heisenberg, Erwin Schrödinger, Marx Born, Niels Bohr.

3 Em 1939, Edmond Bauer sugeriu que a consciência humana é capaz de influenciar o processo de observação de elétrons. Isso não significa que se pensarmos que o elétron está em determinado lugar que ele deverá nele aparecer. Não é isso. Antes de ser observado, o elétron tem uma posição indefinida, é como se estivesse em mais de um lugar ao mesmo tempo. É somente ao ser observado pela consciência que ele aparece em um determinado lugar. Essa ideia levou o físico americano Hugh Everett, em 1957, a sugerir, a partir das estranhas propriedades quânticas, a existência de universos paralelos sem comunicação uns com os outros.

Isso quer dizer que no teatro de Kantor, desde o momento da adição da memória como fundamento da sua criação, Kantor está constantemente gerando a realidade a partir da sua observação da cena a partir de si mesmo, da sua própria consciência, já que consciência pode ser entendida como a percepção que o indivíduo tem de si mesmo por meio de uma relação intrínseca com o seu próprio interior. E como pela consciência o indivíduo pode conhecer a si e julgar a si mesmo, o teatro de Kantor, com a inferência da memória, constituir-se-á como um processo de autoexposição dos seus comentários íntimos a partir das suas lembranças. Assim, se a realidade é criada a partir do momento em que é observada, Kantor, ao observar a cena, ao depositar no palco as suas memórias, está ao mesmo tempo exibindo o seu autojulgamento. Então, aquilo que o espectador vê na cena é basicamente a consciência de Kantor, ou seja, o seu processo de tornar evidente a vida de alguém, no caso a sua, nas dimensões do passado, do presente e do futuro.

Na física não newtoniana, um dos modos de deformar a estrutura do espaço-tempo é pela presença de massa, de matéria no espaço. Isso faz com que onde houver matéria, haja gravidade, que pode ser interpretada, conforme a física, como uma deformação no universo que causa interferências nas medidas de espaço e de tempo. No caso dos buracos negros, são muitos os indícios teóricos de anomalias que poderiam transportar a matéria a pontos incomuns, como ao passado, ao futuro ou a lugares que sequer estão no universo. Se tais coisas forem reais e puderem ser controladas com precisão, isso significa que viagens a longas distâncias poderão ser realizadas sem depender do eixo temporal.

A física quântica por sua vez apresenta-nos fenômenos que sugerem estranhas conexões físicas entre todos os pontos do universo, como se de certa forma existissem atalhos invisíveis a ligar tudo – relembrando a teoria do "entrelaçamento". Toda essa reflexão sobre a existência de universos múltiplos acaba por nos proporcionar uma investigação sobre aquilo que de fato é a realidade e sobre qual o nosso papel individual na vestimenta do mundo como o percebemos, questões que também são inerentes ao teatro de Kantor.

O teatro de Kantor, em sua última fase, por meio da desestruturação do espaço-tempo pela ação da memória sobre a matéria, faz com que o objeto funcione como um orientador da percepção imaginativa do observador na direção de perceber o espetáculo como uma variável dentro da sua realidade. Mesmo que isso seja questionável do ponto de vista prático, já que a realidade depende necessariamente do ponto de vista do observador, a imaginação humana leva-nos a conceber aquilo que aparentemente parece impossível. É nesse sentido que a arte se manifesta como constructo da imaginação, como pura existência abstrata, como consciência abstrata pela qual as pessoas e as coisas surgem no vasto universo que observamos. No entanto, o universo que somos está sempre a escorrer por entre os nossos dedos. A vida que se esvai a todo instante torna-nos sempre mais abstratos até o ponto em que chegamos à pura abstração. A morte, o vazio da cadeira em *Hoje é meu aniversário*.

Algumas das teorias da física moderna sustentam a existência de universos múltiplos, que a realidade tal qual a conhecemos é questionável, pois tanto sujeito quanto objeto, ambos estão em constante mudança, de forma que aquilo que já foi aceito como realidade pode deixar de ser. Por esse caminho, o teatro de Kantor, como potencialidade para o "vir a ser", leva-nos a intuir a existência de realidades distintas que coexistem em uma variável de espaço e tempo que deixa de ser oculta para nós, e será nessa variável que o espetáculo se realizará e as tensões entre os elementos se manifestarão e serão esgotadas.

O deslocamento do real no interior da realidade

Como a negação da ilusão se institui como uma estratégia que propõe que essa nova realidade seja construída com objetos reais e em um espaço real (que é unicamente diferenciada pela maneira como a relação acontece entre os homens e os objetos), aconteça como realidade própria e independente, a outra realidade que aparece surge como um deslocamento na realidade do espectador/observador que está inserido no espaço real, tornando possível que uma cadeira quebrada seja percebida não como um objeto de uso descartado, mas, pelo contrário, como um objeto de necessária e substancial importância para a existência da personagem no universo que se configura como uma realidade intermediária e concomitante à realidade da vida. Essa é a realidade na qual Kantor acreditava que a arte deveria acontecer e encontrar os seus fundamentos. Enfim, esse é o modelo do teatro de Kantor antes de 1973. Nesse seu processo de criação, as raízes já se mostravam desenvolvidas desde *O retorno de Ulisses*. Durante esse período, o objeto real, pertencente sobretudo à "realidade de classe mais baixa", é o principal instrumento desse deslocamento do real que se institui como uma realidade alternativa na qual o teatro de Kantor encontra a sua existência.

Kantor não tem qualquer necessidade de alterar a natureza do objeto, alteração que só seria possível por meio da ilusão, como é o caso da banheira utilizada por Grotowski em *Akropolis*. Em Kantor, sobre o objeto jamais existirá a possibilidade de surgimento de qualquer estrutura ilusionista que impeça o objeto de ser conhecido como objeto real.

Durante o período da negação, Kantor travou uma intensa batalha para desbancar a ilusão que tentava sorrateira e insistentemente se impor como relevante aos espetáculos. Nas encenações, na medida em que a ilusão ameaçava se fortalecer, Kantor lançava mão de estratégias para destroná-la e evitar que o espetáculo degenerasse na direção do teatro tradicional. Um bom exemplo disso é uma cena em *A galinha d'água*, na qual existia uma máquina de costura no palco. Essa máquina, quebrada, como a maioria dos objetos reais utilizados por Kantor, era utilizada unicamente para produzir barulho com as suas engrenagens.

Entretanto, com o repetir da cena nas várias apresentações, a ilusão se depositava sobre o ator no sentido de defini-lo como personagem induzindo-o para uma narrativa que sugerisse uma ligação histórica e até emocional com o objeto. Mesmo o ator, cujo único objetivo era produzir som movimentando o pedal da máquina, motivado pelas repetições do espetáculo, acabava por se deixar envolver pela situação, possibilitando assim o aparecimento de estados emocionais na cena. Para bloquear qualquer envolvimento emocional do ator com a cena, Kantor substituía constantemente o ator que movimentava o pedal da máquina. Essa é a principal razão pela qual, no meu entendimento,

240 WAGNER CINTRA

o ator não pode ser considerado, nessa fase, um instrumento de deslocamento do real, exatamente pelo fato de ser sobre ele que a ilusão procurava insistentemente se manifestar. O objeto por sua vez estava livre dessa ameaça, pois se tratava de um objeto real utilizado em sua condição de objeto real.

Outra situação interessante ocorre ao observar a cadeira vazia em *Hoje é meu aniversário*. Isso nos leva a pensar imediatamente na ação da ilusão sobre o objeto que está em cena e que conduz o observador a imaginar a presença de Kantor no palco. A cadeira, diferentemente dos bancos de *A classe morta*, que criam a ilusão da sala de aula, não cria a ilusão de Kantor. Essa ilusão não é motivada pelo objeto, mas pelo vazio da cadeira, vazio que representa a ausência do sujeito/objeto e cuja presença agora se encontra na cena sem forma. O sujeito ausente é uma abstração que exatamente por manifestar por meio da sua ausência a sua presença na cena; o vazio, que tem a cadeira como agente, faz com que a abstração, nesse caso específico, se torne o receptáculo da ilusão. Assim, Kantor será referendado por *Hoje é meu aniversário* na sua crença na existência de uma dimensão que só pode ser atingida pela arte.

Em toda a história do teatro de Kantor é possível perceber que todo objeto está atrelado, de uma maneira ou de outra, a um personagem. Dessa forma, quando Kantor afirma que os homens passam mas os objetos permanecem, veremos que um dos aspectos de entrada nessa dimensão é pelos objetos que estão carregados de energia vivida, de memória, e é por meio deles que ocorre a passagem.

Mesmo a cadeira vazia, em *Hoje é meu aniversário*, que até a morte de Kantor não tinha nenhuma existência significativa no palco, passa a ser de significante relevância pois, por meio dela, observa-se a existência de Kantor em outra realidade, em outra dimensão. Obviamente, nesse caso, uma realidade distinta da realidade da vida e também da realidade da morte. É exatamente nessa congruência que o seu teatro acontece após 1975. A cadeira, nesse caso, seguindo as proposições sobre a arte abstrata colocadas por Kantor em *Lições de Milão*, torna--se necessariamente o elemento que possibilita o acesso a esse outro universo. Em *O retorno de Ulisses*, Kantor manuseava a realidade por meio daquilo que era mais real, ou seja, a Segunda Guerra, o terror nazista, os campos de concentração. Enfim, a realidade da vida era a realidade da morte, um *ready-made*, um deslocamento do real dentro da realidade pelo qual se tornava possível a observação mais profunda da natureza da vida. Por esse caminho, no seu teatro, o uso de objetos comuns transfigurados em obra de arte coloca em discussão a existência de lugares desconhecidos e ainda não habitados pela arte. Assim, em Kantor, o objeto vulgar, ao ultrapassar os limites da fronteira com o desconhecido, inaugura uma nova existência como objeto único.

Esse ultrapassar as fronteiras do desconhecido em busca de lugares ainda não habitados pela arte encontra sua maior expressão no Teatro da Morte. No entanto, em relação ao objeto, nos anos 1960, com as suas "embalagens", Kantor se relacionará com ele por meio daquilo que está escondido dos olhos, propondo ainda uma digressão em relação à natureza da embalagem com a sensação do pecado oriundo das profundezas religiosas da sua infância que, em contraste com o seu lado herético, fez desse jogo, pecado e heresia, um excelente campo para a ação artística – de um lado a pobreza e a eternidade; do outro, o objeto pobre como monumento de arte.

A POBREZA foi por muito tempo e talvez seja definitivamente o sujeito da
minha arte.
Eu volto ao meu discurso sobre o OBJETO,
no instante no qual eu tinha um pobre saco nas mãos
sem saber o que fazer com ele.
E eu devia lhe confiar o meu futuro.
Eu sabia que não poderia reiterar meu gesto
do ano de 1944, embora a realidade e o objeto
deixaram de contar e tem, ao contrário, todas as chances
de persistir.
Eu sabia que aquilo que durante a Guerra foi criado contra toda estética, se tornava, em 1963,
um simples gesto refinado e de... esteticismo.
Assim, eu fiz algo que decidiria o meu futuro:
Eu cobri rapidamente e quase "furtivamente" esse objeto. (Kantor, 1991, p.115)

242 WAGNER CINTRA

Essa atitude de cobrir o objeto significa torná-lo invisível para que se possa ver alguma coisa além do visível. Assim, tratando o mundo exterior, conforme a concepção de Kantor da realidade do objeto, na medida em que o objeto é oculto, embalado, invisível para a visão, outro mundo se abre diante do observador. Isso quer dizer que ao cobrir o objeto, que foi concebido para ser visto, Kantor retira do observador a possibilidade da leitura imediata, excluindo qualquer possibilidade de conhecimento por meio dos sentidos. O fato de estar o objeto encoberto não significa que ele não exista. Evidentemente ele existe, só que em outras condições, com outras regras, ou seja, as regras que se estabelecem sob a realidade que está abaixo dos panos e longe do acesso do olhar.

Dessa forma, o objeto embalado, que não é visto, tem a sua existência plena na sua condição de objeto em uma situação de realidade que está em desacordo com a realidade do observador. Este, ao perceber a realidade da embalagem, percebe simultaneamente o objeto em uma existência paralela com a sua realidade. É exatamente nessa realidade paralela que a obra está acontecendo em todo o seu esplendor. Assim, a embalagem, seja na tela, seja no palco, constitui-se como uma estrutura performática que por meio do elemento que se encontra encoberto também produz um deslocamento do real na realidade. O objeto, que é real, torna-se estranho para a realidade cotidiana assim como a morte que só pode ser atingida pela arte.

A existência de objetos no mundo que nos rodeia é, de certa maneira, o testemunho iconográfico de um determinado momento na história. Afinal, a história das civilizações é contada pelos seus objetos: a arqueologia é o exemplo mais contundente disso. No entanto, existe um momento em que o objeto deixa de ser histórico. Esse momento é exatamente aquele no qual o objeto passa a usufruir de uma carga de significados que ele não possuía anteriormente, passando a ser definido semanticamente como obra de arte e, nesse instante, há a passagem do objeto vulgar para outro território que define a criação de objetos artísticos em um mundo existente em paralelismo com a realidade do mundo real.

Nesse outro território, nessa outra dimensão, o uso de uma cadeira quebrada passa a ser entendido pelo espectador como essencial, como verossímil, sendo o espectador obrigado a abandonar a análise lógica e o pensamento racional para uma situação que abre caminho para a atuação da imaginação como ação criadora, que é capaz de garantir a existência de coisas que não se encontram no mundo das coisas. Dessa forma, a cadeira quebrada de Penélope, mais do que ignorada, morta para a civilização, tem a existência garantida nessa nova realidade artística. Assim, o acesso a essa realidade pelo teatro de Kantor, já nesse momento, faz-se por meio do objeto que em nenhum momento deixa de ser aquilo que é, falseando a sua condição de cadeira quebrada. Ao ser percebido como objeto essencial, ele é transposto para outra dimensão de existência que assegura a ele a sua autonomia enquanto objeto de arte essencial. Essa é uma das inúmeras situações que se repetirão por toda a jornada artística de Kantor.

De uma maneira geral, em todas as civilizações os objetos são sempre os responsáveis pela orientação da consciência nos trâmites da lógica ou nos domínios da fé que conduzem à crença de possibilidades de existências que estão além da vida cotidiana. Determinados objetos, em toda a história, manifestam o seu poder de transcender a realidade para outras dimensões. Podemos observar essa situação em objetos que já trazem em si o estigma de outro mundo. A cruz, por exemplo, no mundo cristão remete-nos imediatamente à ideia da morte e da existência de outro universo, de um possível outro estágio da vida, normalmente chamado de paraíso.

Muitos objetos, devido à sua peculiaridade cultural, como é o caso da cruz no Ocidente ou a imagem de Buda entre os orientais, instituem--se imediatamente na consciência como objetos que lembram, o tempo todo, outra realidade que se fundamenta em outras formas de existência moral. Esses são ícones religiosos, símbolos que são responsáveis pelo questionamento metafísico de diversos povos. No entanto, outros objetos, cujos seres materiais, até prova do contrário, existem apenas como materialidade na história das civilizações e na imaginação das culturas, também trazem em si a ideia de outra realidade. A Arca da Aliança, o objeto mítico mais importante entre os judeus, é um objeto que, conforme a crença, estabelecia uma ligação direta entre os homens e Deus, entre o mundo das coisas e o princípio da própria coisa.

244 WAGNER CINTRA

Tal qual a Arca da Aliança, outros objetos trazem em si conteúdos de existências semelhantes. O Santo Graal[4] é outro objeto mítico que estaria imbuído de poderes que lembram, a todo instante, a existência de outra realidade: o cálice sagrado que além de ter sido usado na Última Ceia também serviu para guardar o sangue de Jesus derramado pela lança do centurião Longino. Aliás, a lança também é, conforme a tradição, outro objeto dotado de poderes sobrenaturais. De qualquer maneira, a lenda do cálice sagrado está necessariamente associada à possibilidade de outro mundo pelo qual o poder emana para o objeto. Nas representações pictóricas e na literatura, o Graal aparece muitas vezes associado a efeitos que sugerem uma experiência extrarreal, à maneira dos surrealistas. Enfim, toda relíquia divina, em qualquer cultura, está inevitavelmente associada a uma realidade distinta da realidade cotidiana.

Os objetos mágicos, por serem detentores de um poder cuja origem deve estar situada em outro estado de realidade, são passíveis de serem considerados divinos exatamente pelo fato de a origem de seus poderes estar localizada fora do nosso mundo. Assim, a força sobrenatural providenciada por um objeto sagrado só é possível porque o seu poder vem de outra fonte que não se localiza na realidade da vida. O objeto sagrado é somente o intermediário entre o humano e o divino e, por meio desse objeto, é possível a percepção de um mundo distinto do nosso mundo. Assim, o objeto ascende, mesmo que na forma de ídolo ou máscara, como o principal elemento mágico presente na história das civilizações.

Em 1862, Lewis Carroll, em *Alice no país das maravilhas*, um clássico da literatura universal, já lidava com o conceito de realidades paralelas. O texto de Carroll é aberto a várias possibilidades de leitura que seduzem o leitor levando-o a uma série de questionamentos a partir do momento em que Alice atravessa o buraco do coelho iniciando sua viagem (uma aventura que até poderia ser chamada de surrealista) e tem a realidade que conhecia alterada para uma outra na qual as coisas

---

4 No sentido mais tradicional, conforme as lendas arturianas que estabeleciam o Graal como o cálice utilizado por Jesus na Última Ceia.

acontecem em função de outra lógica e de outros códigos linguísticos. Por esse caminho, somos levados a perceber que, de uma maneira geral, seja cultural, seja meramente um recurso artístico, o objeto torna-se o principal elemento no processo de percepção e construção dos universos paralelos.

Mesmo em situações que podem ser comprovadas na prática, como as viagens interplanetárias, ou pelo menos até Marte, das naves exploradoras que viajam pela galáxia atrás de informações sobre o desconhecido, sabe-se que, no espaço, as leis não são exatamente as mesmas da realidade do nosso planeta. Quanto mais distante, mais frágil a nossa compreensão do universo em que vivemos a partir das nossas experiências. O macrouniverso é regido por leis que desconhecemos. Nós apenas intuímos a partir da compreensão que temos do nosso próprio mundo. Quando se fala em viagens dessa natureza, estamos falando necessariamente de máquinas que se movimentam dessa realidade para outra totalmente desconhecida. De qualquer forma, seja para viagens no mundo da ficção, seja para pequenas viagens, em escalas astronômicas, em nosso sistema solar, tanto a fantasia quanto a realidade estão submetidas ao poder do objeto para que o ser humano possa cogitar alguma possibilidade de conquista e conhecimento de universos que não estão à vista dos nossos olhos. Enfim, o universo é uma grande embalagem.

Para Kantor, o objeto é alguma coisa que está além dele. É algo cuja imagem ele pode desenhar e pode garantir a sua existência na tela. Mas isso não é o suficiente. Não se trata somente de uma imagem, mas de algo que se fosse possível ele comeria a fim de ligá-lo ao seu organismo.

Mas essa relação do objeto em Kantor terá necessariamente dois momentos distintos no seu procedimento de estabelecer os vínculos do objeto com o "além de", com a dimensão paralela situada entre a vida e a morte. A primeira diz respeito ao uso do objeto real degradado, que se inicia com a ideia da pobreza em 1944, fazendo dessa a característica fundamental do objeto nas suas encenações, e a segunda diz respeito à ação da memória sobre o objeto.

Assim, essa nova realidade que surge na obra teatral de Tadeusz Kantor desde *A classe morta*, e na qual acontecem seus espetáculos, é

246 WAGNER CINTRA

um espaço intermediário localizado entre a morte e a vida.[5] Em Kantor, o objeto, que é real, leva-nos para essa realidade intermediária na qual o espetáculo se realiza da mesma forma em que guia os personagens, que estão perdidos nas várias dimensões da memória, para esse lugar de encontro. Entretanto, do ponto de vista do observador, esse objeto é visto na realidade do teatro ao mesmo tempo em que é percebido na realidade paralela.

Por várias vezes Kantor (ibidem, p.118) perguntou-se se o retorno do mundo dos mortos era possível. Em um dos seus ensaios, ele conclui que é impossível, e atribui a isso a grande tragédia humana:

> após alguns anos, após ter obtido muito de mim mesmo, eu comecei a pensar no
> retorno. Eu me perguntava se o retorno de Orfeu era possível. Para o nosso mundo.
> "Infelizmente não existe retorno.
> Esse é o destino trágico do homem."

Dessa constatação, a sua ligação com o objeto desenvolver-se-á por novos caminhos, por caminhos desconhecidos por ele até então, principalmente motivado pelo fato de ele perceber no objeto a capacidade de conservar-se materialmente no tempo, mais do que o ser humano (lembrando que na sua concepção os homens passam, mas os objetos permanecem).

> O tempo do objeto.
> Isso é "algo" que existe na outra extremidade da minha consciência, do meu "eu".
> Inacessível.
> E todos esses esforços, após os séculos, para o "tocar"
> Custou muito.
> O objeto, profundamente ancorado em mim. (ibidem)

---

5 É importante lembrar que o acesso e o conhecimento da dimensão da morte não são possíveis, da mesma maneira que não é possível o retorno dos mortos e seus adereços para a realidade cotidiana.

Notadamente, Kantor reconhece a impossibilidade de conhecer a dimensão da morte. No entanto, ele atribui à memória, ao passado, – possivelmente inspirado por Maeterlinck[6] – esse *status*. Porém, aquilo que está na memória, apesar de estar morto, paradoxalmente, também está vivo. Assim, ao trazer a memória para o palco, o palco transforma-se em um local de recepção de personagens e situações. Kantor tem uma maneira muito peculiar de referir-se a isso. Ele chama o palco de a sua casa e por ser a sua casa, os personagens que habitam a sua memória, o seu passado, são os locatários desse imóvel e encontram no palco a sua morada. Em um dos comentários a respeito de *Wielopole Wielopole* ele escreve:

> é difícil definir as dimensões espaciais da lembrança.
> Eis o quarto de minha infância,
> que eu arrumo sempre
> e que sempre morre.
> Com seus locatários de alhures.
> Os locatários são os membros da minha família.
> Todos repetem ao infinito
> seus atos,
> impressos como em um clichê.
> Para a eternidade. (idem, 1990, p.61)

Para poder entrar nesse local que é lugar de encontro entre um mundo e outro, faz-se necessário o uso de uma energia muito intensa, uma energia que possa unir o passado com o presente. Dessa forma, aquilo que é capaz de resistir com muito mais solidez as intempéries do tempo é o objeto. O objeto permitirá que as personagens que são atores reais associados aos objetos e às lembranças de Kantor se apresentem em um teatro ou um espaço artístico, mas ao mesmo tempo, que esse local se declare como uma ruptura em relação ao espaço e ao tempo cotidianos. Nessa realidade paralela ou alternativa, o tempo deixa de ter relevância, pois como na memória tudo acontece ao mesmo tempo,

---

6 Maurice Maeterlinck, em *O pássaro azul*, refere-se ao passado como o mundo dos antepassados, dos mortos.

em um processo de sobreposição de imagens e situações, o tempo se caracteriza pelo instante em que é observado. O tempo cronológico é uma prerrogativa do observador que não se encontra na cena. Aquilo que existe no palco de Kantor é uma forma específica de tempo que se define em outros parâmetros – ou seja, um tempo mítico.

Se o palco é o ponto de confluência das memórias de Kantor que estão latentes em sua imaginação, o jogo do ator nessa outra realidade dá-se necessariamente para que ele possa ser arremessado para lá, por meio de algo que o caracteriza como necessário. Dessa forma, um objeto colocado no palco, o arco de Ulisses, por exemplo, imediatamente, pela força da sua energia histórica, retirará Ulisses do ano de 1944 e o conduzirá para 1988. Trata-se pois de um objeto em uma situação de um espetáculo do passado que se desdobra no tempo para acontecer no espetáculo do presente: "O TEMPO PASSADO QUE DESLIZA SECRETAMENTE NO TEMPO PRESENTE" (ibidem, p.62).

Nesse mesmo momento o objeto que é real, que está ligado à consciência do espectador, ao promover a entrada da personagem na dimensão paralela, também conduz o espectador para essa zona na qual os jogos se realizarão e as tensões serão estruturadas e sublima-das. Nesse contexto, o espectador/observador estará constantemente definindo esses limites já que Kantor, que está no palco, não é produto da sua memória ou da sua imaginação. Kantor é o ser real, histórico, artista criador que está construindo a sua memória no palco. O observador, ao sentir a presença do real, é levado a desvencilhar-se momentaneamente dele e será obrigado a compartilhar com Kantor os seus comentários mais íntimos.

O objeto, por sua vez, permanece estável o tempo todo. Ele existe enquanto objeto real tanto no presente, quanto no passado e até mesmo no futuro. Mesmo se tratando de um objeto cópia do real, como é o caso do arco-metralhadora de Ulisses, esse objeto, construído no presente, estranho para a realidade do espectador, é o objeto pelo qual Ulisses é guiado para a sua outra Ítaca e com o qual os pretendentes de Penélope serão assassinados. Ulisses voltará para a terra natal, não após vinte anos perdido em lutas pelas terras gregas, mas por quase meio século de perambulações pela Europa devastada pela guerra e pelas almas congeladas em pedra pelos olhos frios da Medusa stalinista. Ulisses retorna não para a diplomacia, mas para reafirmar a sua identidade como o herói que supera as intempéries e derrota os inimigos. Seja no passado grego, na obra de Homero, seja na montagem de Kantor sobre a obra de Stanislaw Wyspianski ou em *Não voltarei jamais*, o retorno de Ulisses está diretamente associado ao seu arco, símbolo do seu poder sobre os pretendentes de Penélope. No seu retorno, antes da esposa, é o arco que Ulisses tem em suas mãos.

O arco-metralhadora, mais do que o manto (o casaco do herói), determinará a condição na qual Ulisses será observado como Ulisses na realidade do espetáculo e que é a realidade do espectador/observador. Entretanto, concomitantemente, a consciência do espectador/observador é transferida, pelo objeto, do real para a realidade paralela na qual Ulisses se encontra com esse objeto, que é um desafio ao entendimento consciente, pois a sua natureza híbrida, produto das sobreposições de memórias de Kantor e também das suas alucinações, terá sua existência justificável nas mãos do astuto general grego: mais uma vez, o objeto como sustentáculo de existência do personagem.

O objeto no teatro de Kantor é sempre uma estrutura real que está constantemente desafiando a realidade na qual ele está inserido. Muito já se falou sobre a cadeira quebrada de *O retorno de Ulisses*, da maneira como esse objeto é capaz de se colocar como objeto real em outra realidade que está em total conexão com a realidade do observador. Diferentemente da memória como processo de criação, que pela sua ação no espaço real desestabiliza esse espaço e provoca o surgimento de uma realidade alternativa, os objetos do Teatro Independente (é anterior à fundação do Teatro Cricot 2) e aqueles encontrados no Teatro Autônomo, no Teatro Informal, no Teatro Zero, no Teatro Happening e em alguns momentos do Teatro Impossível promoverão, a exemplo da cadeira quebrada de Penélope, a ruptura com a realidade por meio de um redimensionamento do valor do objeto real na realidade (lembrando que essa é sempre a realidade do observador).

Esse redimensionamento do objeto faz com que o armário de *A pequena mansão*, um velho guarda-roupa, sirva na realidade do espetáculo de local não para pendurar roupas, mas para sustentar seres humanos presos a cabides, e seja percebido como estranho, como único para a realidade na qual ele está inserido. Isso quer dizer que na realidade do observador haveria de se presumir que quando as portas do objeto se abrissem, roupas penduradas é que seriam vistas, não homens. Disso decorre a estrutura que se tornará inerente a todas as demais fases do teatro de Tadeusz Kantor, como já foi insistentemente comentado, pela qual é impossível prever o que acontecerá nos seus espetáculos a partir do momento em que as portas se abrem.

Esse guarda-roupa, que também foi utilizado em *Wielopole Wielopole*, em *A pequena mansão* será o responsável pela desconexão do objeto com a realidade do observador, posto que ao observar o guarda-roupa o espectador é forçado a configurar outra realidade na qual aquela situação seja verossímil. Evidentemente essa busca acontece a partir da consciência; no entanto, se aceitarmos a consciência como o entendimento da realidade exterior a partir do entendimento e conhecimento que o sujeito tem de si mesmo, o conjunto de relações entre esse objeto com a realidade do observador não é passível de acontecer. Dessa forma, por uma percepção puramente intuitiva, o espectador observa esse objeto em outra realidade que não é a sua realidade cotidiana, mas que está acontecendo, a partir de aspectos desconhecidos da sua consciência, aos quais Kantor já havia se referido em uma passagem descrita anteriormente e que também faz parte do mundo exterior que por ele é construído no instante da observação.

A diferença entre as situações de entendimento surge do fato de ser o mesmo objeto observado e, apesar disso, ele se apresentar distinto em duas realidades que não são opostas, mas similares. É, portanto, um fato semelhante ao apontado por Kantor no *Manifesto do Teatro da Morte*, quando ele comenta sobre o surgimento do ator ser percebido de uma maneira completamente diferente quando colocado além da barreira intransponível.

Seguindo esse princípio, em 1969, Kantor realizou um *happening*, na ex-República da Iugoslávia, nos Alpes, que se tratava de uma nova concepção de *A pequena mansão*. Nesse *happening*, um guarda-roupa similar ao utilizado no espetáculo de 1961 foi erguido por um helicóptero a uma altura de 1.500 metros, e de lá foi solto para chocar-se contra o solo em um local próximo a uma estação de esqui. Os observadores/espectadores, informais nesse caso, não entendiam exatamente o que estava se passando. Aquele objeto pendurado pelo helicóptero criava uma situação estranha para a sua experiência de observador, ainda mais por se tratar de um local cujas possibilidades de que algo mais do que esportes de inverno acontecesse praticamente não existiam. Entretanto, ao perceber aquela situação inusitada, o observador casual intuitivamente notava aspectos da realidade que estavam escondidos da sua visão cotidiana.

Na sequência, após o objeto ser derrubado e se arrebentar contra as pedras, alguns atores se colocavam em jogo com os fragmentos daquilo que restou do armário, cuja concepção e arranjo da situação deveria determinar a simplicidade da realidade da vida. Evidentemente isso só foi possível pelo objeto. Temos também no contexto desse acontecimento aquilo que se tornaria o célebre pensamento de Kantor sobre o *happening*, como uma maneira de situar a arte na realidade da vida. Obviamente, toda a estrutura do seu teatro apresenta essa dicotomia entre arte e realidade, de modo que a arte acontece no interior da realidade, mas esse acontecimento se dá como ruptura com essa mesma realidade na medida em que a arte não pode ser determinada pelas mesmas regras de construção que regem a realidade cotidiana. De uma maneira geral, o teatro de Kantor, em todas as suas fases, pode ser sintetizado conforme a tabela que se segue:

		MONTAGENS	OBJETOS		
TEATRO CRICOT 2	Teatro Independente	O retorno de Ulisses	Cadeira quebrada	Espaço real	DESLOCAMENTO DO REAL
	Teatro Autônomo	O polvo	Manequins gigantes	Negação da ilusão	
	Teatro Informal	A pequena mansão	Armário	Objeto degradado	
	Teatro Zero	O louco e a freira	Máquina de aniquilamento	Entrar na realidade através do objeto descartado pela civilização	
	Teatro Happening	A galinha d'água	Banheira		
	Teatro Impossível	As belas e os feios	Ratoeira humana		
	Teatro da Morte	A classe morta; Wielope Wielope; Que morram os artistas!	Cruzes; cama; armário; bicicleta; o pequeno carro; os bancos de escola; portas; máquina fotográfica; metralhadora; violino/ realejo; berço mecânico; máquina familiar; cama mecânica; instrumento de tortura	Ação da memória sobre a matéria O objeto provoca desestabilização do espaço Teoria dos negativos, caleidoscopia Retorno da ilusão	
	Teatro da Memória	Não voltearei jamais; Hoje é meu aniversário	Banheira metálica; o manto de Ulisses, portas; bancos de escol menores; metralhadores; canhão; cadeira vazia		
	Cricotage	Onde estão as neves de antanho?	Trombeta de Jericó		

Resumindo, a relação de Kantor com a realidade, sintetizada no quadro acima, acontece em dois momentos. O primeiro acontece antes de *A classe morta*, no qual a entrada na realidade se dá por meio dos objetos degradados, renegados pela civilização. O objeto é real mas inútil, morto para a "sociedade do espetáculo" e do consumo. Esse objeto – como a cadeira quebrada na qual Penélope senta constituindo o ato de sentar como uma nova gênese, ou seja, algo que está ocorrendo pela primeira vez – é o elemento que permite que o espetáculo não degenere nos domínios da ilusão e se mantenha na realidade específica da sua condição de objeto degradado.

Isso quer dizer, por um lado, que essa cadeira quebrada não ostenta na realidade do espectador a condição de ser própria para uma rainha – Penélope, a rainha de Ítaca, tece pacientemente sua tapeçaria à espera do retorno do marido da Guerra de Troia –, principalmente por se tratar de um objeto impróprio para o uso de qualquer pessoa. Por outro lado, a cadeira quebrada de Penélope na realidade do espetáculo é a cadeira da heroína e não existe nenhum interesse no falseamento dessa realidade. Penélope utiliza um objeto sem nenhum valor para a sociedade de consumo, que é percebido pelo espectador como algo sem utilidade, mas a rainha de Ítaca desconhece esse dado. Ela reconhece a cadeira como essencial no ato de esperar por Ulisses. Essa é a única cadeira que Penélope conhece e é exatamente por isso que o ato de sentar nessa cadeira quebrada se constitui como um primeiro ato de criação, original, genuíno.

No segundo momento, o objeto comportar-se-á como um agente pelo qual a memória de Kantor encontrará substrato para desestabilizar o espaço e, dessa forma, pelos meios da ação da memória sobre o objeto, decorre a memória como matéria, como substância. Sendo matéria e sendo substância, a memória ocupa lugar no espaço e, assim, na medida em que os objetos, por serem depositários da memória, ocupam a cena e o espaço, altera substancialmente a sua configuração inicial, o que modifica intrinsecamente a realidade na qual o objeto está inserido. Dessa forma, do choque entre um e outro espaço teremos um teatro que desde a sua origem não se caracteriza por ser reflexo do observador diante do espelho, mas sim uma espécie de *deslocamento do real dentro da realidade*, já que aquilo que é observado, seja em *O retorno de Ulisses*, seja em *Hoje é meu aniversário*, constitui-se como uma realidade própria, embora intensamente amparada pelo real cotidiano.

> a ação "artística" deve ser extraída
> do cotidiano prosaico, da realidade que permanece POBRE pela relação com
> a imaginação "rica". (idem, 1991, p.119)

Kantor insiste continuamente em que a arte precisa de leis e de uma moral própria. Por esse caminho, o teatro e a arte de Kantor, de um modo geral, desenvolver-se-ão sobre os parâmetros da transgressão e do pecado em relação aos dogmas artísticos: algo parecido com Marcel Duchamp no sentido de retirar da arte o valor de utilidade, no caso do teatro, da presença dos gestos sem motivação e sem objetivo, sem origem e sem efeito, desprovidos de toda função utilitária e emancipados de toda ação. Nessa realidade alternativa, o sentido do pecado e da transgressão é prerrogativa moral própria e necessária à sua criação. Na arte, a *nuance* é fundamental. A "descoberta da realidade", a promoção do objeto real é distinta de Duchamp. Em Kantor (2000, p.34) existe algo de muito mais religioso: "Eu sinto isto como uma transgressão, um pecado, este sentido do pecado é decisivo em toda a minha criação".

Para ele, por meio dos objetos observam-se fragmentos de vida, objetos que tinham o *status* de *ready-mades* e que no seu vocabulário eram chamados de "objetos encontrados", cuja utilização em seu teatro e também na sua pintura implicava uma relação de fé, de crença na condição do objeto como algo a ser preservado. Para Kantor, o objeto, igualmente como o homem do pós-guerra, era produto do sofrimento, do desespero, da vergonha, da humilhação, da zombaria e da dor. Disso decorre uma problemática: de que maneira uma arte que é fortemente carregada de emoção pode se situar, entretanto, nas antípodas de toda sentimentalidade? Talvez seja por isso que ele, certa vez, escreveu em seu caderno de notas que cada noite, que cada representação se constitui como um ato de sacrifício, o seu sacrifício retificado no palco a partir da memória do sofrimento, da humilhação, da dor e da morte.

A exemplo da pintura barroca, principalmente de Goya, que na tela promoveu a erupção de "outro mundo", o teatro também se tornará definitivamente em Kantor um meio para atingir o mistério. Evidentemente, a morte é o maior mistério e o seu sacrifício é a luta contra o esquecimento, mesmo que a cada noite seja renovada a experiência da dor, da humilhação e da morte.

NO LIMIAR DO DESCONHECIDO 255

Figura 50 – *Derrota em setembro* (1990), de Tadeusz Kantor (acrílico sobre tela): na cruz, o autorretrato de Kantor; o soldado de inúmeras batalhas. A obra está no Muzeum Armii Krajowej w Krakowie, na cidade de Cracóvia (Polônia).

Referências Bibliográficas

ABBAGNANO, N. *Dicionário de filosofia*. São Paulo: Martins Fontes, 2003.

ADES, D. *O dadá e o surrealismo*. Rio de Janeiro: Labor, 1976.

ADORNO, T. W. Educação após Auschwitz. In: _____. *Educação e emancipação*. Rio de Janeiro: Paz e Terra, 1995.

ADORNO, T. W.; HORKHEIMER, M. *Dialética do esclarecimento*. Rio de Janeiro: J. Zahar, 2006.

ALEXANDRIAN, S. *L'art Surréaliste*. Paris: Fernand Hazan, 1975.

_____. *O teatro de formas animadas*. São Paulo: Edusp, 1993.

ALLEGRI, L. *Lo Spazio medievale di Wielopole Wielopole*. In: KANTOR, T. *Protagonismo registico e spazio memoriale*. A cura di Lido Gedda. Firenze: Liberoscambio, 1984.

ARGAN, G. C. *Arte moderna*. São Paulo: Companhia das Letras, 2004.

ARTAUD, A. *La révolution Surréaliste*. In: STANGOS, N. (Org.) *Conceitos da arte moderna*. Rio de Janeiro: J. Zahar, 2000.

ASLAN, O.; BABLET, D. et al. *Le Masque: du rite au théâtre*. Paris: CNRS, 1995.

BABLET, D. *Les revolutions scéniques du XXe. Siècle*. Paris: Sociètè Internationale d'Art, 1975.

_____. Tadeusz Kantor y el teatro Cricot 2. *Cuadernos El Público*. n.11. Madrid: Centro de Documentación Teatral, 1986.

BACHELARD, G. *Poética do espaço*. São Paulo: Martins Fontes, 1993.

_____. *Poética do espaço*. São Paulo: Abril Cultural, 1978 (Col.Os Pensadores).

BANU, G. L'objet thèâtral. In: CORVIN, M. *Dictionnaire encyclopèdique du thèâtre*. Paris: Larousse-Bordas, 1998.

BAUDRILLARD, J. *Le system des Objets*. Paris: Gallimard, 1968.

BAUDRILLARD, J. *O sistema dos objetos*. São Paulo: Perspectiva, 2002.

BELLASI, P.; LALLI, P. *Recitare con Gli Oggetti, microteatro e vita quotidiana*. Bologna: Capelli, 1986.

BOIE, B. *L'homme et ses simulacres*. Paris: Corti, 1979.

BRETON, A. *Manifestos do Surrealismo*. São Paulo: Brasiliense, 1995.

BUSCARINO, B. *Kantor Cyrk Smierci*. Sturzfluge: Polska. 1997.

CARSON, M. *Teorias do Teatro*. São Paulo: Unesp. 1995.

COLLECTIF. *Kantor, l' artiste à la fin du Xxe*. Siècle. Paris: Actes Sud Papiers, 1990.

CORVIN, M. *Dictionnaire encyclopédique du trèâtre*. Bordas: Larousse, 1988.

CRAIG, E. G. *Da arte do Teatro*. Tradução de Redondo Jr. Lisboa: Arcádia, 1963.

DEPUIS, J. F. *História desenvolta do Surrealismo*. Lisboa: Antígona, 1979.

ELIADE, M. *Imagens e símbolos*. São Paulo: Martins Fontes, 1991.

FEYNMAN, R. *Física em doze lições*. Rio de Janeiro: Ediouro, 2006.

FOUCAULT, M. *Microfísica do poder*. Rio de Janeiro: Graal, 1979.

GIANNOTTI, J. A. *O jogo de belo e do feio*. São Paulo: Companhia das Letras, 2005.

GLEISER, M. *A dança do universo*. São Paulo: Companhia das Letras, 1997.

_____. *O fim da terra e do céu*. São Paulo: Companhia das Letras, 2002.

GOMBRICH, E. H. *A história da arte*. Rio de Janeiro: Guanabara Koogan, 1993.

GORDON, M. *The Grand Guignol:* Theatre of fear and terror. New York: Da Capo Press, 1997.

GRAY, C. *O grande experimento da arte russa* 1863-1917. São Paulo: Worldwhitewall, 2004.

GROPIUS, W. *The theater of the Bauhaus*. London: Methuen, 1961.

GROTOWSKI, J. *Em busca de um teatro pobre*. Rio de Janeiro: Civilização Brasileira, 1976.

HAMON-SIRÉJOLS, C. *Le construtivisme au théâtre*. Paris: CNRS, 1992.

HEIDEGGER, M. *Ser e tempo*. Petrópolis: Vozes, 2006.

HUGO V. *Do grotesco e do sublime*. São Paulo: Perspectiva, 2002.

INNES, CH. *El teatro sagrado*. El ritual y la vanguardia. Tradução de J. J. Utrilla. México: F. C. E., 1992.

JURKOWSKI, H. *Métamorphoses* – La marionnette au XX siécle. Charleville-Mézières: Éditions Institut International de la Marionnette, 2000.

KAISER, W. *O grotesco*. São Paulo: Perspectiva, 2003.

KANT, I. *Crítica da razão pura*. São Paulo: Martin Claret, 2001.

KANTOR, T. *Le Theatre de La Mort* – Textes Réunis et Rassemblés par Denis Bablet. Lausanne: L'Age D'Home – 1977.

————. *Les voies de la création théâtrale*, études de Denis Bablet et Brunella Eruli, réunis et présentés par D. Bablet. Paris: CNRS. v.11, 1983.

————. *Leçons de Milan*. Paris: Actes Sud Papiers, 1990.

————. *Ma création, mon voyage. Commentaires intimes*. Paris: Editions Plume, 1991a.

————. *Ô douce nuit – Les classes d'Avignon*. Paris: Actes Sud Papiers,1991b.

————. *Les voies de la création théâtrale*, textes réunis par Denis Bablet. Paris: CNRS. v.18, 1993.

————. *Entretiens, Arts e Esthétique*. France: Carré, 1996.

————. *El teatro de la muerte*. Buenos Aires: Ediciones de la Flor, 2004.

KOBIALKA, M. *A journey through other spaces*. Essays and manifestos, 1944-1990 – Tadeusz Kantor. Los Angeles: University of California Press, 1993.

————. *The Milano Lessons* by Tadeusz Kantor. *The drama review*, 35, 1986.

MANGO, L. *Appunti per uma lettura icônica del teatro di Tadeusz Kantor*. In: *Tadeusz Kantor – Cricot 2*. Milano: Oedipus Edizioni, 2001

MANTOVANI, A. *Cenografia*. São Paulo: Ática, 1989.

MARTINIS, R. *Tadeusz Kantor – Cricot 2*. Milano: Oedipus Edizioni, 2001.

MINK, J. *Marcel Duchamp – l'art contr l'art*. Paris: Taschen, 2004.

NUNES, B. *O tempo na narrativa*. São Paulo: Ática, 2003.

PALAZZI, R. Le théâtre du moi partagé et du moi reconstruit. In: BANU, G. (Org.) *Kantor, l'artiste à fin du XXe. Siècle*. Paris: Actes Sud Papiers, 1990.

PARLAGRECO, S. *L'assente presenza di Tadeusz Kantor*. In: MARTINIS, R. *Tadeusz Kantor – Cricot 2*. Salerno/Milano: Oedipus Edizioni, 2001

PAVIS, P. *Dicionário de teatro*. São Paulo: Perspectiva, 2001.

————. *A análise dos espetáculos*. São Paulo: Perspectiva, 2003.

PIERRON, A. *Le Grand Guignol*: le théâtre des peurs de la Belle-époque. Paris: Bobert Laffont, 1995.

RICKEY, G. *Construtivismo* – origens e evolução. São Paulo: Cosac & Naif, 2002.

ROSENFELD, A. *O teatro épico*. São Paulo: Desa, 1965a (Coleção Buritis).

————. Prefácio. In: SCH, NA-SKI. *O dibuk* (peça). São Paulo: Brasiliense, 1965b.

ROUBINI, J. J. *A linguagem da encenação teatral*. Rio de Janeiro: J. Zahar, 1980

SARTRE, J. P. *O ser e o nada*. Petrópolis: Vozes, 2005.

SCARPETTA, G. *Kantor au present*. Arles: Actes Sud, 2000.

SCHARF, A. Construtivismo. In: STANGOS, N. (Org.) *Conceitos da arte moderna*. Rio de Janeiro: J. Zahar, 2000a.

————. Suprematismo. In: STANGOS, N. (Org.) *Conceitos da arte moderna*. Rio de Janeiro: J. Zahar, 2000b.

SCHULZ, B. *Traité des mannequins*. Paris: Julliard, 1961 (Les Lettres Nouvelles, 15).

SEGRE, C. *As estruturas e o tempo*. São Paulo: Perspectiva, 1986.

SKIBA-LICKEL, A. *L'acteur dans le thèâtre de Tadeusz Kantor*. France: Bouffoneries, 1991 (n.26-7).

STANGOS, N. (Org.) *Conceitos da arte moderna*. Rio de Janeiro: J. Zahar, 2000

UBERSFELD, A. *Le thèâtre et la cite – de Corneille à Kantor*. Bruxelles: AISS-
-IASPA, 1991.

WALTHER, I. F; METZGER, R. *Van Gogh* – L'oeuvre complet – pinture.
Köln: Taschen, 2006.

WITIKIEWICZ, ST. *L'art Théâtral dans le système esthétique de Stanislas Ignacy
Witkiewicz*. Lausanne: Cahier Witkiewicz, 1976 (L'Age Homme, n. 1).

ZEILINGER, A. *A face oculta da natureza*. São Paulo: Globo, 2005.

Artigos

BABLET, D. Tadeusz Kantor et le Théâtre Cricot 2. In: JACQUOT, J. *Les voies
de la création théâtrale*. v.II. Paris: CNRS, 1983.

_____. Théâtre/Public, Festival d'Automne à Paris, n.84, Gennevilliers,
novembre-décembre 1988.

BELL, J. Theater of the thwentieth century as theater of the performing objects.
In: FISCHER, J. (Ed.) *Puppetry Yearbook*. v.1. New York: Mellen Press, 1995.

ERULI, B. *Wielopole-Wielopole*. In: JACQUOT, J. *Les voies de la création
théâtrale*. v.2. Paris: CNRS, 1983.

GOURGAUD, N. ; VERDEIL, J. Est-il accessoire de parler de l'objet thèâtral?
L'objet, n.41.

HALCZAK, A. *Ostatnie cricotages Tadeusza Kantora* (últimas cricotages de
Tadeusz Kantor). Kraków: Didaskalia, 2000.

KANTOR, T. *Wielopole Wielopole – Wydawnictwo Literackie*. Kraków/Wroclaw, 1984.

_____. Kantor, du théâtre à la peinture et inversemente. *Puck*, no.2. Éditions
Institut International de la Marionnete, 1989.

_____. Metamorfozy, Teksty o latach 1938 – 1974. Métamorphoses, textes des
années 1938-1974. *Osrodek Dokumentacji Sztuki Tadeusza Kantora CRICO-
TEKA*, Ksiegarnia akademicka, Kraków, 2000.

KOBIALKA, M. O trabalho de Kantor. *Camarim/Cooperativa Paulista de teatro*.
Ano 8, n.35. São Paulo: [s. d.].

_____. Palestra realizada no Teatro Fábrica São Paulo em julho de 2005

KRZEMIEN, T. *L'objet devient acteur*. Varsovie: Le Thèâtre in Pologne, 1978.

LECOQ, J. Rolê du masque dans la formation de l'acteur. In: ASLAN, O.; BABLET, D. et al. *Le Masque: du rite au théatre*. Paris: CNRS, 1995.

LEONARDINI, J. P. *La morte objet trouvé*. Paris: Temps Actuels, 1982.

METZ. C. Remarques pour une Phenoménologie du narrative. *Revue d'esthétique*. Nouvelle série, 3-4, juil./dec. 1996.

UBERSFELD, A. L'objet theâtral. *Actualité des arts plastiques*, n.40. Paris: CNDP, 1978. p.107-136.

Catálogos

KANTOR, T. *Motivos Españoles* – Catálogo, Muzeum Narodowe Krakowie – Kraków, 1999.

––––––––. *Katalog obrazów i prac na papierze*. Muzeum Narodowe Krakowski, P. *Kantorowskie kostiumy* – Catalogue de l'exposition *Tadeusz Kantor Fantomy realnosci* (*Tadeusz Kantor. Les fantômes de la réalité*), Cricoteka 1996.

KRAKOWSKI, P. *Kantorowskie kostiumy* (*Les costumes de Kantor*). Catalogue de l'exposition *Tadeusz Kantor Fantomy realnosci* (*Tadeusz Kantor. Les fantômes de la réalité*), Cricoteka 1996.

MUSÉE D'ART MODERNE DE LA VILLE DE PARIS. Disponível em: <http://www.mam.paris.fr/>

WIRYDARZ GALERIA SZTUKI – Tadeusz Kantor (1915-1990). Ze "smietnika" Krzystofa Miklaszeskiego.

Revistas

Cadernos de teatro n.68, 87, 128. Rio de Janeiro: O Tablado, 1976.

The drama rewiew, no.30, automne 1996, p.177-83. New York University and Massachusetts Institute of Technology.

La Marionnette et les autres arts. Interférences. *Puck,* n.11. Éditions Institut International de la Marionete.

Scenes – Revue de l'espace Kiron. Paris: Alpha Fnac, no.2, avril, 1986.

Vídeos

Onde estão as neves de antanho? De A. Sapija. Lodz: W.F.O., 1984.

Wielopole Wielopole. De A. Sapija. Lodz: W.F.O., 1984.

Le theâtre de Tadeusz Kantor. De Denis Bablet. CNRS, 1985.

Que morram os artistas! De N. Lilenstein. Paris:Prodution La Sept., 1987.

262 WAGNER CINTRA

A classe morta – De Wajda.

Teatro de Tadeusz Kantor. Entrevistas de Tadeusz Kantor, documentário sobre seus espetáculos *As belas e os feios, A classe morta, Onde estão as neves de antanho?, Wielopole Wielopole, Que morram os artistas!* Cracóvia: Produção T.V.P., 1990.

SOBRE O LIVRO

Formato: 14 x 21 cm
Mancha: 23,7 x 42,5 paicas
Tipologia: Horley Old Style 10,5/14
Papel: Offset 75 g/m² (miolo)
Cartão Supremo 250 g/m² (capa)
1ª edição: 2012

EQUIPE DE REALIZAÇÃO

Coordenação Geral
Marcos Keith Takahashi

Impressão e acabamento

psi7 | βοοκ7